Linda Leonard · Der Ring der Liebe

Linda Leonard

Der Ring der Liebe

Selbstwerdung und Seelenhochzeit – Auf dem Weg zu erfüllter Beziehung

Aus dem Amerikanischen von Susanne Schaup

Kösel-Verlag München

Die Originalausgabe erschien unter dem Titel »On the Way to the Wedding. Transforming the Love Relationship« bei Shambhala Publications, Inc. By arrangement with Shambhala Publications, Inc., P. O. Box 308, Boston, MA 02117.

Für Keith,
der dieses Buch inspirierte

CIP-Kurztitelaufnahme der Deutschen Bibliothek

Leonard, Linda:
Der Ring der Liebe : Selbstwerdung u. Seelenhochzeit – auf d. Weg zu erfüllter Beziehung / Linda Leonard. Aus d. Amerikan. von Susanne Schaup. – München : Kösel, 1987.
Einheitssacht.: On the way to the wedding ⟨dt.⟩
ISBN 3-466-34183-3

Gesamtherstellung: Kösel, Kempten.
Umschlag: Günther Oberhauser, München.
Umschlagbild: Margret Madelung, München.
ISBN 3-466-34183-3

Inhalt

Vorwort: Die Suche nach einem Seelenfreund

Solange ich zurückdenken kann, sehnte ich mich nach einem Seelenfreund. Ich interessierte mich nie sonderlich für die Ehe an sich, weil die Ehe meiner Eltern so schrecklich war. Und als ich jung war, hatte ich für Hochzeiten nur Geringschätzung übrig. Sie galten mir als »bourgeois«, materialistisch, als reine »Show«. Aber ein Seelenfreund, die »andere Hälfte«, wie Plato sagt, derjenige, der mich zu einem Ganzen machen und mich zu dem göttlichen Mysterium führen würde – war dies nicht der Sinn des Daseins, dem das Leben zustrebt?

Ich wuchs als Einzelkind auf in einem Haus voll Zorn und Chaos. Drei Eltern hatte ich, die mich liebten – meine Mutter, meinen Vater und meine Großmutter –, aber weil sie in ihrem eigenen Leben und in ihren Beziehungen unglücklich waren, stritten sie in einem fort, und jeder projizierte seine Vorstellung vom Sinn des Lebens auf mich und erlaubte mir kein eigenes Leben. Da ich von Natur scheu und introvertiert war, flüchtete ich mich in eine Phantasiewelt, wo ich für mich sein konnte. Und in dieser Welt gab es immer einen anderen – einen Freund und Gefährten, mit dem ich verschiedenerlei Abenteuer bestand, mit dem ich lernte und mit dem zusammen meine Seele wuchs. Zusammen bekämpften wir Hexen, schlugen uns mit Riesen und Drachen, wagten uns in Zauberwälder, überquerten Ozeane, erklommen Berge und entdeckten neue, abenteuerliche Länder. Dies war meine geheime, erregende Welt, die sicher und unverletzbar war durch die neugierigen und besitzergreifenden Augen meiner Eltern.

Dem Phantasiegefährten in meiner geheimen Welt konnte ich

meine Gefühle, meine Träume, meine Hoffnungen und Ängste mitteilen und so endlich ich selbst sein. Diese geheimen Gefährten, diese Seelenfreunde wechselten: Manchmal war es ein Mädchen, manchmal ein Junge und manchmal ein Tier. Als ich *Der schwarze Hengst* von Walter Farley las, nahm das Bild meines Seelengefährten neue Gestalt an als ein Paar, »der Junge und das Pferd«. Manchmal war ich in meiner Phantasie der Junge und manchmal das Pferd, aber es war ein Paar, das sich treu und innig liebte und zusammen in der Welt auf Abenteuer auszog, ein Paar, das sich so sehr liebte, daß jeder bereit war, für den anderen zu sterben. In ihrer Beziehung erblickte ich durch meine Kinderaugen eine Hochzeit mit dem Göttlichen, eine geheimnisvolle Vereinigung, die über die alltägliche Welt, in der ich lebte, hinausging und edle Eigenschaften verkörperte: Mut, geistiges Streben, Treue, Loyalität, Vertrauen, Opferbereitschaft, die Konfrontation mit dem Tod. Dies war eine ekstatische, transzendente, geheimnisvolle Beziehung zweier Wesen, die einander mit vollkommener schöpferischer Treue liebten.

Ein weiteres Paar von Seelenfreunden, mit denen ich lebte, waren Heidi und ihr Großvater in den Schweizer Alpen. Heidi brachte ihrem vereinsamten Großvater, der im Alter zynisch geworden war und eine menschliche Beziehung zur Liebe verloren hatte, Leben und Liebe. Obwohl Heidi eine Waise mit einer schwierigen Vergangenheit war, erfüllte sie mit ihrer Lebenskraft, mit ihrem überschäumenden, unternehmenden Geist und ihrer Beziehung zum Geheimnis der Berge und der Natur alle Menschen, die ihr begegneten, mit neuer Lebensfreude und dem Glauben an einen Neubeginn. Auch dies war eine göttliche Hochzeit – der Spontaneität der Jugend und der Weisheit des Alters innerhalb der heilenden Gegenwart der Natur.

Hänsel und Gretel waren ein weiteres Paar in meinem Leben. Diese romantische Freundschaft mit einem Seelenbruder entschädigte mich für den Bruder, den ich nicht besaß, und war sexuell ohne Gefahr. In meiner frühen Jugend, einer Zeit, in der ich von Männern abgeschnitten war wegen des Ekels und der Haßgefühle gegen meinen Vater, die ich auf Männer und auf die

Ehe projizierte, schrieb ich eine Reihe von Kurzgeschichten über meinen Bruder »Bob«. Zusammen kämpften wir darum, von zu Hause fortzukommen in ein besseres Leben. Wie Hänsel und Gretel überlisteten wir die negative Mutter in der Gestalt einer Hexe, die uns daran hindern wollte zu wachsen. Wir zogen aus in den verzauberten Wald und wagten uns ins Unbekannte, um die Fesseln unserer Vergangenheit zu zerreißen.
Schließlich gewannen vier Gestalten in meiner Seelenwelt eine überragende Bedeutung: Dorothy, die Vogelscheuche, der Blechmann und der Feige Löwe im Lande Oz. Dorothy war eine weibliche Gestalt für mich selbst, mit der ich mich identifizierte. Sie liebte ihre Zieheltern, ihre Tante und ihren Onkel, und als sie unversehens von einem Wirbelsturm in eine seltsame, neue Welt versetzt wurde (wie es uns in Träumen so häufig geschieht), nahm sie ihr Schicksal an und ging auf die Reise, die verlangte, daß sie auf eine neue Art nach Hause zurückkehrte. Sie ließ sich auf die neuen Gestalten ein, die ihr begegneten, würdigte die Klugheit der Vogelscheuche, das Herz des Blechmannes und den Mut des Feigen Löwen. Sie lernte, ihre positiven Eigenschaften bei sich selbst anzunehmen und die Gefahren zu erkennen, die sich ihr in den Weg stellten; sie lernte zu unterscheiden zwischen der guten Hexe Glinda, die ihr mit ihren magischen Kräften helfen konnte, und der Bösen Hexe des Westens, die sie töten mußte.
Wenn ich jetzt zurückblicke, erscheinen mir diese frühen Seelenfreunde als ein natürliches Vorspiel auf meinem Weg zur Hochzeit. Der Junge und das Pferd brachten menschliche und tierische Kraft zusammen; Heidi und ihr Großvater vereinigten das junge Mädchen und den weisen alten Mann; Hänsel und Gretel brachten das heranwachsende Männliche und Weibliche in mir zusammen; und Dorothy und ihre Freunde symbolisierten die Integration des weiblichen Selbst mit Intellekt, Herz und Mut in einem magischen Kosmos.
Während alle diese Entdeckungen sich innerlich abspielten, war mein äußeres Leben chaotisch und erschreckend. Mein Vater trank jeden Abend, bis er gewalttätig oder bewußtlos wurde. Meine Mutter arbeitete voll Sorge um unseren Unterhalt und zog

als Ersatz mich zur Gefährtin heran, und meine Großmutter versuchte mich vor der Brutalität zu Hause zu schützen, indem sie mich ermutigte, mich geistig zu entwickeln. Intellektuell war ich mir um ganze Sprünge voraus, aber körperlich war ich um Jahre zurück, und mein Gefühlsleben war sehr verwirrt. In der Mittelschule und im College ging ich nicht mit Jungen aus, weil ich zu jung aussah und mich innerlich fürchtete. Die Projektion meiner Seele richtete sich damals hauptsächlich auf weibliche Lehrkräfte, da ich Führung durch das Weibliche brauchte. Es ging mir vor allem darum, von zu Hause wegzukommen, und ich wandte meine ganze Energie für das Studium und die Vorbereitung für den Beruf auf, der mich von meinem erdrückenden Elternhaus befreien würde. Meine Mutter wollte, daß ich bei ihr blieb, und setzte mich gefühlsmäßig unter Druck, aber ich wußte, daß ich fortgehen mußte, um mich zu retten. Genau damals las ich *Der Springbrunnen* von Ayn Rand. Der schöpferische und unabhängige Architekt Howard Roark wurde mein erster erotischer männlicher Seelenfreund, ein Symbol für den Mann, den ich suchte.

Als ich von zu Hause fortging und meine erste Stellung weit weg annahm, verliebte ich mich zum ersten Mal. Wie Howard Roark war dieser Mann ein Architekt, ein schöpferischer Mensch, der es wagte, seine Vision von organischer Architektur, der Vermählung zwischen einem menschlichen Heim und der Transzendenz der Natur, zu verwirklichen. Für mich symbolisierte dieser Mann den suchenden schöpferischen Geist, der sich weigerte, ein Sklave des Status quo des Kollektivs zu bleiben. Und so schenkte ich ihm mein Herz und meine Seele und konnte kaum glauben, daß ein solcher Mann wirklich existierte, und war in Ekstase, daß eine solche Beziehung möglich war. In meiner Naivität kam es mir nie in den Sinn, daß ein solcher Mann verheiratet sein könnte. Als ich diese Tatsache schließlich erfuhr, war mein Herz zerrissen. Bei meinem großen Idealismus konnte ich die Beziehung nicht fortsetzen, und so begann die Suche meiner Seele auf bewußterer Ebene von neuem, einen Sinn in dieser gebrochenen Welt zu finden.

In meiner Verzweiflung wandte ich mich der Philosophie zu, um verstehen zu lernen. Meine Erfahrung mit Männern und die Kindheitserfahrung mit meinem Vater waren verheerend gewesen. Aber die Hoffnung meiner Seele hatte sich über diese Verheerung hinweggesetzt, und mit kompensatorischem Idealismus stellte ich mir eine große Möglichkeit von Beziehungen vor, schöpferisch und ohne Grenze – eine Vision, die über die Bindungen der menschlichen Endlichkeit hinausging. Jetzt, da ich mir in meiner Verzweiflung dieser zerbrochenen Vision bewußt wurde, mußte ich versuchen zu erkennen, was menschenmöglich war – wenn überhaupt etwas möglich war. Meine erste Enttäuschung in der Liebe hatte mich mir selbst gegenübergestellt, auf eine Weise, wie es selbst in meiner verwundeten Kindheit nicht geschehen war. Ja, es stellte mich allem menschlichen Leiden gegenüber, dem »menschlichen Schicksal«.
In tiefer Depression fing ich an zu suchen. Ich studierte die Philosophen und versuchte einen Weg zu finden, um die Hoffnung meines Herzens mit der Verzweiflung meiner Seele zu versöhnen. Gab es eine Erklärung für das Paradox des Lebens? Nur die Existentialisten sprachen mich an, denn ihnen ging es um die Conditio humana, die Verwundungen der Sterblichkeit, die Krankheit der Seele, die Entfremdung des Individuums, die Notwendigkeit, dem Tod bewußt ins Auge zu sehen, und – was am wichtigsten war –, den »Mut zum Sein«. So verbrachte ich meine Zwanziger, indem ich las, studierte, in Frage stellte, suchte. Ich schrieb meine Magisterarbeit über den Begriff der Freundschaft und versuchte, das Wesen menschlicher Beziehungen zu begreifen. Worum ging es in der Liebe? Während dieser Zeit heiratete ich einen Mann, der ebenfalls auf der Suche war. Seine Suche war auf Gott gerichtet, weil er die Entdeckungen der theoretischen Physik mit dem göttlichen Mysterium versöhnen wollte, das er in der Welt um sich herum erlebte. Doch sein Weg ging nur über den Logos. Ich glaube, daß unsere Ehe eine »Hochzeit« war, eine Begegnung zweier Seelen auf demselben Weg, es war jedoch nur eine partielle Vermählung, mehr eine geistige Begegnung als eine des ganzen Menschen. Unserer

Hochzeit fehlte die Fülle der Erde. Wir waren beide sehr verwundet von unseren Eltern her, und keiner von uns hatte bisher den Abstieg gewagt und sich mit dem innerlichen Leiden auseinandergesetzt. Statt dessen war unsere Betrachtung des Leidens der Welt abstrakt, und wir machten gemeinsam Front gegen die Zerrbilder unserer Zeit. Doch wir isolierten uns von der Welt, wir hörten auf zu wachsen und entfernten uns auf diese Weise auch voneinander.

Nach dem Ende dieser Ehe brauchte ich viele Jahre der Einsamkeit und des Leidens, um den Trennungsschmerz und die Bitterkeit zu verarbeiten, die ich gegen diese »ungelebten« Jahre in meinen Zwanzigern hegte, die ich so intensiv dem Studium und dem apollinischen Vernunftdenken geweiht hatte, daß die dionysische Lebenslust auf der Strecke blieb. Dennoch wurde mein Lebenslauf von diesem ersten mir verbundenen Seelenfreund auf kreative Weise beeinflußt. Bei ihm lernte ich den Einsatz und die nötige Disziplin, um einer schöpferischen Vision bis zum Ende zu folgen. Ich lernte, mich im Reich des Wissens umzutun, eine schöpferische Herausforderung anzunehmen, auch wenn der Flug in die ferneren geistigen Gefilde noch so schwierig oder gefährlich schien. Er war es, der mich ermutigte, meine philosophischen Studien fortzusetzen und mich auf den Erwerb eines Doktorats einzulassen. Zusammen entdeckten wir die Philosophie Martin Heideggers, eine Weise des Denkens, die wir aufregend fanden durch ihren Dialog mit den großen Philosophen und Dichtern der Vergangenheit und ihre wagemutige Auseinandersetzung mit den Rätseln von Sein und Zeit.

Die Philosophie Heideggers stellte mein Denken und meine Erfahrung auf einen schöpferischen Boden und gab mir in meiner eigenen Sinnsuche ein Mittel an die Hand, wie ich den großen Fragen von Leben, Liebe und Tod auf den Grund gehen konnte. Ich schrieb meine Doktorarbeit über Heidegger und entnahm seinem Denken eine Methode, den Begriff des Loslassens auf neue Weise zu sehen. Denn in meinem persönlichen Leben fand ich mich so sehr an Menschen, Orte und Dinge gebunden, daß ich schließlich von ihnen abgeschnitten wurde, in einer Verzweiflung, die mich dem vitalen Leben entfremdete. Die Brüder Karamasow in Dostojewskis Roman symbolisierten die Figuren, die sich in dieser großen Spannung meiner Psyche bekämpften: Dmitri, der von impulsiver Leidenschaft verzehrt wurde, und Iwan, der zynische, alles kontrollierende Rationalist – beide voll Haß gegen ihren Vater, den Trunkenbold, der sie schändlich behandelte. Es war der jüngere Bruder, Aljoscha, der vom selben Vater, aber von einer anderen, mystisch veranlagten Mutter abstammte, der sie beide liebte und ihnen einen anderen Weg zeigte, den Weg des loyalen und treuen Herzens. Es war Aljoscha, den ich in meinem Inneren suchte, der zwanzig Jahre später als der innere »Mann mit Herz« in mein Leben trat. Während ich mit diesen Gegensätzen in mir rang, den Gegensätzen von Begehren und Angst, Bindung und Loslassen, zeigte mir Heidegger eine Denkweise, die diese Erfahrung anerkannte, jedoch weit darüber hinaus zum größeren, geheimnisvollen Rhythmus des Seins vorstieß.

Doch so wesentlich die Philosophie für mich auch war, um den Logos zu befriedigen, den mein Vater uns nicht zu geben vermochte, mein Gefühlsleben befand sich dennoch in einer Krise. Ich brauchte Hilfe, um diese widerstreitenden Kräfte in meiner Seele zu integrieren. Ich hatte einen existentiellen Grund des Verstehens gefunden. Jetzt bedurfte ich des psychologischen Weges, der mich durch das Labyrinth meiner verwirrten Gefühle führen würde. Um diese Zeit entdeckte ich ein tiefsinniges, inspirierendes Buch – *Erinnerungen, Träume, Gedanken,* die Autobiographie von Carl Gustav Jung, dem Pionier der Tiefenpsychologie. Von Jung lernte ich, daß es eine neue, aufregende Welt zu erforschen gab, die Welt der Träume und Symbole. Ich entdeckte, wenn ich der schöpferischen Stimme lauschte, die nachts zu mir sprach, konnte ich den Weg durch das Labyrinth meines Lebens in die offene Lichtung finden, wo ich meinem Seelenfreund vielleicht begegnen würde. Und so ging ich nach Zürich, um zu erfahren, was eine Jungianische Analyse zu Tage fördern könnte. Meine erste analytische Sitzung, in der ich aufgefordert wurde, meine Gefühle mitzuteilen, erschreckte mich, und ich ging mit dem Entschluß weg, nie mehr in diesen irrationalen Bereich zurückzukehren. Doch ein Traum in dieser Nacht weckte mich voll Entsetzen und enthüllte eine Wahrheit meines Daseins. Darauf schwor ich mir, daß ich diesem Weg folgen würde, wo immer er mich hinführen mochte.

In Zürich begann für mich ein neues Leben. Nach dem Scheitern meiner Ehe war ich allein und entschlossen, meinem Schicksalsweg zu folgen. Ich wußte, daß die Arbeit, die zu tun war, eine innerliche war, um die Schrecken meiner traumatischen Kindheit zu verwandeln, damit ich ein schöpferisches Leben führen konnte. Dies erforderte, daß ich in die Tiefen hinabstieg, in die unkontrollierbaren Regionen meiner Psyche. Dort unten begegnete ich vielen der Gestalten, die dieses Buch bevölkern – dem Schattengeliebten, dem dämonischen Geliebten, der männlichen Muse. Und wie es in der Natur meines Lebensweges lag, begegnete ich manchen dieser Gestalten auch auf meinen äußeren Reisen: den expressionistischen Künstlern und deutschen Dichtern der Romantik, die in ganz Europa meine Seele entflammten; dem dunklen Berber, einem afrikanischen Stammesangehörigen, der wie Pluto die reine Persephone in einer finsteren Nacht in London holte; den mich leitenden Musen, meinen Analytikern, die mich durch das Dunkel begleiteten und mich durch die »Nachtmeerfahrt« geleiteten; den Männern von Seele und Herz, für mich personifiziert im Dichter Rilke, die mir zu meinem inneren »Mann mit Herz« verhalfen; und, was am wichtigsten war, der männlichen Bergmuse, die den Feuerring durchbrach, der mich umgab, und vierzehn Jahre später mein äußerer Seelenfreund wurde.

Im Lauf meiner Reise habe ich festgestellt, daß das Leben und das psychische Wachstum sich in zyklischen Spiralen des Auf- und Abstiegs bewegen. Jedem neuen Wachstum bei mir ging der Abstieg des Samens in die dunkle Erde voraus. Ich schickte mich zu meinem ersten größeren bewußten Abstieg an, als ich die Analyse begann, und er erreichte seinen Kulminationspunkt, als ich *Töchter und Väter* schrieb als einen Versuch, die verletzte Vater-Tochter-Beziehung in meinem Inneren zu heilen. Denn ich wußte, daß die Erlösung des inneren Vaters nötig war, um mich für eine gesunde und schöpferische Seelenbeziehung mit einem reifen Mann freizumachen. Mein Buch *Töchter und Väter* gibt die Reise meines Abstiegs wieder, und als ich es schrieb, begegnete ich am intensivsten den Hinternissen der Verzaubering und des dämonischen Liebhabers. Wirklich auseinandergesetzt habe ich mich mit diesen Gestalten aber erst, als ich dieses Buch schrieb. *Der Ring der Liebe* war mein Aufstieg aus den Tiefen.

Zwei hauptsächliche Bilder tauchten in meinen Träumen auf, als ich dieses Buch schrieb, und indem sie mein Leben veränderten, verwandelten sie den Mann mit Herz und den weiblichen Geist. Um meinen Weg zur Hochzeit zu finden, mußte ich diese beiden in meinem Inneren entfalten. Beide Bilder waren zum ersten Mal aufgetaucht, als ich mit der Niederschrift von *Töchter und Väter* ans Ende kam. Darin kam der weibliche Geist zu mir als eine notwendige Zukunft, aber er war noch unbestimmt, während der Mann mit Herz noch immer in Gestalt eines jungen Mannes in den Zwanzigern erschien. Als ich nun dieses Buch zu schreiben begann, erschien der Mann mit Herz in meinen Träumen als ein reifer, vollendeter und berühmter Flötist. Er war sanft und liebevoll und sah mich mit seinen großen, grünen Augen an. Als unsere Augen sich begegneten, verliebten wir uns heftig ineinander, und eine einzelne Träne schimmerte in seinem rechten Auge. Dann erkannte ich zu meiner Bestürzung, daß er verheiratet war. Hier war ein entwickelter Mann mit Herz, aber er war noch nicht verfügbar für mich. In einem anderen Traum um diese Zeit erschien der weibliche Geist als eine Frau, die in der Dachkammer eines Künstlers wohnte, in einem verborgenen Hinterzimmer, das ein Museum war und antike Kunstwerke enthielt, die nur dort zu besichtigen waren. Sie trug ein Tageskleid aus üppiger roter Wolle, das sich am Abend auf geheimnisvolle Weise in ein langes, elegantes Kleid aus silberglänzendem Pelz verwandelte. Sie lud mich zum Abendessen ein, hatte jedoch nicht genug zu essen, um auch meinen Geliebten einzuladen. Hier war der numinose weibliche Geist, aber er hatte keine

Beziehung zu meinem Geliebten. Als ich *Der Ring der Liebe* schrieb und archetypischen Gestalten begegnete, die spontan auftauchten, machte ich eine Wandlung in meinem Inneren durch. Ich erkannte, daß ich nicht mehr das hochfliegende »ewige Mädchen« sein konnte. Diese Identität entsprach nicht mehr der Stärke und dem Bewußtsein, das ich erlangt hatte, noch meinem gegenwärtigen Alter, noch der neuen verbindlichen Beziehung zu meinem Seelenfreund. Ich mußte diese alte, beengende Identität opfern. Irgendwie war das Schreiben dieses neuen Buches ein Prozeß, der mich zentrierte und es mir ermöglichte, meine Energien zu verwandeln. Schließlich wurde mir ein Hochzeitstraum geschenkt, der mir ein neues Bild des sich der Liebe öffnenden weiblichen Geistes gab.

Ich befand mich in einer Freilichtaufführung des *Rings* in einer Stadt, die mich an Zürich erinnerte. Ich war rechtzeitig gekommen, um die beiden letzten Opern zu sehen. Es war Pause, und so ging ich auf die Bühne, eine offene Lichtung am Rande eines Waldes. Zu meiner Rechten im Wald befand sich ein Hochzeitspaar in bunten Kostümen, das in der Oper singen sollte. Es wurden zwei große Preise verlost, einer für jede Oper. Ich schaute auf meine Eintrittskarten und hatte beide Gewinnzahlen.

Ich hatte diesen Traum einige Wochen, bevor ich einer Aufführung von Richard Wagners Opernzyklus *Ring des Nibelungen* beiwohnte. Nachdem ich den *Ring* gesehen hatte, verstand ich die Bedeutung meines Traumes. Im *Ring* geht es zum Teil um eine verwundete Vater-Tochter-Beziehung und den Kampf zwischen Liebe und Macht. Im Mittelpunkt der beiden letzten Opern steht die Befreiung der Tochter Brünnhilde, des Geistes der Kriegerin, deren Göttlichkeit ihr von ihrem Vater entzogen wurde, weil sie es wagte, sich ihm zu widersetzen, indem sie versuchte, die göttliche Liebe der beiden menschlichen Liebenden zu retten. Brünnhilde, die Herz, Mut und Weisheit verkörpert, wird von dem Helden Sigfried befreit und verliebt sich in ihn, wobei sie menschliche Leidenschaft erlebt. Sie empfindet die Ekstase der menschlichen Liebe, aber auch ihr Leid und die

Macht der Rachsucht, als sie meint, Sigfried habe sie verraten. Schließlich erkennt sie, daß sie ihre besitzergreifende Liebe für die größere Liebe des Mitleids opfern muß. Brünnhilde war ein Bild des weiblichen Geistes, den ich in meinem Inneren integrieren mußte, um den Weg zur Hochzeit gehen zu können.

Zehn Jahre davor, als ich begonnen hatte, *Töchter und Väter* zu schreiben, hatte meine erste Analytikerin mir geraten, Brünnhilde als weibliches Bild anzunehmen, das mir dabei helfen konnte, die Vater-Tochter-Wunde zu heilen. Ich mußte jedoch zuerst den Abstieg zur Wut und zu den Tränen meiner eigenen Wunde erfahren, ihre Demütigungen und Schrecken, bevor ich zu einer bejahenden, mächtigen weiblichen Gestalt in Beziehung treten konnte. In meinem Abstieg durch meine Demütigung gewann ich Mitleid mit meinem Vater und seinem Leiden und entdeckte, daß die Erlösung nicht von außen kommen konnte, sondern nur dadurch, daß ich den weiblichen Geist in meinem Inneren fand. Nur indem ich mir gestattete, die Wunde in ihrer ganzen schrecklichen Tiefe voll zu erleben, konnte ich den Mut, das Mitleid und die Weisheit erwerben, die ich brauchte, um in Beziehung zu einem Seelenfreund zu treten.

Damit ich meine Verwundung durch Beziehungen in ihrer ganzen Tiefe anzuerkennen vermochte, brauchte ich den Glauben, daß die Wunde transformiert, daß man an Leiden wachsen konnte. Viele Jahre hatte ich allein verbracht, nachdem meine Ehe in Verzweiflung geendet hatte, und ich fragte mich, ob ich jemals dem Seelenfreund begegnen würde, nach dem ich mich sehnte. Es war Rilke, der mir über diese Zeit hinweghalf. Ich las über seinen Kampf um Sinn und Glauben, und das half mir, meine Verzweiflung in Bejahung zu verwandeln. Rilke war viele Jahre lang mein Seelenfreund und half mir, meinen inneren Mann mit Herz zu finden. Ich hatte den Flötenspieler meiner Träume mit ihm assoziiert, denn Rilke, ein Musiker des Wortes, kannte den Wert von Tränen. Er wußte, daß Leiden dem Wachstum den Boden bereitet und daß unser inneres Leben in einem Zyklus der Wandlung wächst wie die Jahreszeiten. Sein Gedichtzyklus, die *Duineser Elegien*, waren sein Herzwerk.

Immer wieder kehre ich zur Weisheit der Rilkeschen Gedichte zurück. Sie inspirieren mich und geben mir Hoffnung; sie geben mir Tiefe des Gefühls zugleich mit Objektivität. Ich wollte mein Verständnis von Rilke in diesem Buch mitteilen, denn er ist für mich ein Beispiel des Wandlungsprozesses auf dem Weg zur Hochzeit. Er zeigt eine Art und Weise, wie das Gelübde geleistet werden kann. Nachdem ich über Rilke geschrieben hatte und damit fertig war, träumte ich von einem schöpferischen Menschen, der eine Muse für mich war, dem Mann, der mich zu Rilke hingeführt hatte. Und dann wußte ich, daß eine Hochzeit des weiblichen Geistes mit dem Mann von Herz stattfinden würde.

Die äußere Beziehung zu meinem Seelenfeund war ein wichtiger Teil des Weges zur Hochzeit in meinem Inneren. Ich mußte den Geist der inneren Kriegerin ausbilden, um in unseren Gesprächen mithalten zu können und zu lernen, wann ich geben und wann ich empfangen sollte. Mein Seelenfreund inspirierte mich und forderte mich heraus, zu wachsen und die künstlichen Grenzen zu überschreiten, die ich mir gesetzt hatte. Zur gleichen Zeit mußte ich lernen, die Grenzen zu akzeptieren, die eine Beziehung erfordert. Im Verlauf dieser Beziehung mußte ich die inneren Hindernisse konfrontieren, die im ersten Teil dieses Buches auftauchen: den Schattengeliebten, den Märchenprinzen und die »besondere« Prinzessin, die Verzauberung, den dämonischen Geliebten und den Ring der Macht. Ich mußte die Lektionen in der Beziehung zwischen »Schönheit und Biest«* beherzigen. Und schließlich erkannte ich, daß der Wandlungsprozeß, der in den letzten Kapiteln geschildert wird – Schleier, Gelübde und Ring der Liebe –, nötig ist für eine schöpferische Beziehung, ebenso wie für die Kreativität eines individuellen Lebens.

Die Seelenhochzeit erfolgt nicht immer mit einem konkreten äußeren Seelenpartner. Rilke ist ein Beispiel dafür. Er vermählte sich mit seiner inneren schöpferischen Muse, und seine Gedichte

* Engl. Titel *Beauty and the Beast*; engl. *beast* bedeutet einerseits: wildes Tier (bsd. vierfüßiges), andererseits: brutaler oder ungefälliger Mensch. Im folgenden »Biest« verwendet, wobei der animalische Bedeutungsaspekt, wo vom Zusammenhang naheliegend, mit enthalten ist. (Anm. d. Übers.)

sind ein Kind dieser Beziehung. Ob man die Hochzeit in einer äußeren Beziehung lebt, in Arbeit in der Welt oder in einem meditativen Leben, es ist die innere Wandlung, die den transzendenten Boden für die Hochzeit bereitet.

»Die Wanderschaft«, der erste Teil dieses Buches, untersucht einige wichtige archetypische Hindernisse in unserer Psyche, Einflüsse des Elternhauses und der Kultur, die innere Gestalten unserer Psyche bilden. Die Märchen und Sagen, die Träume und Geschichten, die ich von meinen Freunden, von meinen Klienten und von meinen eigenen Lebenskämpfen berichte, halfen mir alle, einen Sinn und einen Weg in den dunklen Wäldern unserer geheimnisvollen Reise durch das Leben zu finden. Ich gebe sie wieder, wie sie mir zugeflossen sind, wie eine Quelle hier und dort entspringt, wie die Sterne verschiedenartig in der Nacht scheinen und mögliche Wege beleuchten.

»Lieben«, der zweite Teil, geht einigen Schwierigkeiten nach, die sich den Liebenden bei ihrer Begegnung stellen: Angst vor dem Unbekannten, Possessivität, Macht, Zorn, Eifersucht; sie müssen lernen, sich zu trennen und wieder zusammenzukommen. Auch dies sind Geschichten von lebenden Menschen und solche, die über Epochen weitergegeben wurden. Sie haben mir auf meiner Suche nach Liebe und beim Erlernen der Liebe geholfen.

»Das Wundern«, der dritte Teil, erforscht die Hochzeit der Seele, die existentielle Begegnung mit dem Göttlichen, die Suche nach Sinn in der menschlichen Existenz. Die Geschichte von Rilkes Suche, wie sie in seinen Werken zum Ausdruck kommt, spiegelt den Weg zur Hochzeit für uns alle, ob wir eine Hochzeit mit einem Geliebten, mit unserer schöpferischen Arbeit in der Welt oder mit dem Göttlichen anstreben. Denn sie drückt das universelle Streben aus, das Leben in unserem gespaltenen menschlichen Dasein zu bejahen, eine Bejahung, die jeder authentischen Hochzeit den transzendenten Boden bereitet.

Erster Teil: Die Wanderschaft

Als ich zum ersten Mal eine Liebesgeschichte hörte, begann ich nach dir zu suchen und wußte nicht, wie blind ich war.

Es ist nicht so, daß Liebende sich schließlich irgendwo begegnen. Sie waren schon immer im Inneren des anderen.

Rumi

1 Durch die Wälder

> Liebhaben von Mensch zu Mensch: das ist vielleicht das Schwerste, was uns aufgegeben ist, das Äußerste, die letzte Probe und Prüfung, die Arbeit, für die alle andere Arbeit nur Vorbereitung ist.
>
> Rainer Maria Rilke
> *Briefe an einen jungen Dichter*

Die Hochzeit ist ein Bild, das uns Menschen entzückt. Wir sehnen uns nach dem Hochzeitstag, wir träumen davon und machen Pläne für ihn. Wir halten umständliche Zeremonien ab mit entsprechender Tafel, Kleidung, Gesang und Tanz. Unsere Mütter und Väter nehmen daran teil und projizieren oft ihr ungelebtes Leben auf dieses Ereignis. Für viele von uns verkörpert es eine vom Göttlichen gesegnete spirituelle Verbindung. Aber paradoxerweise fürchten wir uns auch oft vor der Hochzeit, die wir als den Höhepunkt unseres Lebens betrachten, und sabotieren unbewußt ihre Verwirklichung. Der folgende Traum rückt dieses Paradox ins Bild: die Vorfreude und Bereitschaft, aber auch die Unfähigkeit zur Bindung, weil wir nicht wissen, wer unser Partner ist; wir scheuen davor zurück, zu fragen, oder haben Angst davor, eine Wahl zu treffen.

Mein Hochzeitstag war gekommen. Ich war aufgeregt und ging zur Tür, um meinen Bräutigam zu begrüßen. Doch als ich die Türe öffnen wollte, errötete ich, denn mir wurde klar, daß ich nicht wußte, wer der Bräutigam war. Ich war in großer Verlegenheit, und nicht imstande, irgend jemanden zu begrüßen, weil ich keinen Fehler machen wollte. Alle anderen, die an der Hochzeit teilnahmen, kannten den Bräutigam, nur ich fürchtete (schämte) mich zu fragen.

Als sich vor kurzem die Möglichkeit zu heiraten für mich auftat, war ich voll Freude. Mein ganzes Leben schien eine Reise zu diesem Endziel zu sein. Ich hatte Philosophie studiert, war eine Jungsche Psychoanalytikerin geworden, hatte sogar ein Buch über Väter und Töchter geschrieben, um mich für eine Begegnung mit einem Partner frei zu machen. Nun war ich diesem Mann begegnet, und er hatte mir einen Heiratsantrag gemacht. Ein neues Buch darüber begann in meinem Geist Gestalt anzunehmen. Es fiel mir auch ein Titel ein: *On the Way to the Wedding*, und nachts hatte ich numinose Träume von wirklichen und mystischen Brautpaaren. Aber dann trat eine Reihe von inneren und äußeren Ereignissen ein, die meinen Weg blockierten. Wir konsultierten die Orakelweisheit des *I Ging* und bekamen das Hexagramm *Das Hemmnis* mit bewegten Linien, die zu dem Zeichen *Der Brunnen* führten. Für mich war die Hochzeit nicht nur ein äußeres Ereignis. Sie hatte für mich ja immer die Bedeutung einer bindenden Seelenbeziehung zu einem Mann, den ich liebte, einer Beziehung, in der wir beide, herausgefordert durch das Mysterium des anderen, auf schöpferische Weise wachsen würden. Aber sie bedeutete auch eine Vereinigung mit dem inneren Geliebten, mit jenem Mann mit Herz, der so oft in meinen Träumen erschien. Als inneres Ereignis bedeutete sie nichts Geringeres als eine spirituelle Wandlung, die mich zu einer neuen Beziehung zum Kosmos führen würde. Sie bedeutete eine Hochzeit von Himmel und Erde in meinem Inneren.

Der Weg zur Hochzeit war da, aber wie Dorothys goldene Pflasterstraße in Oz führte sie durch viele Landschaften, und ich würde vielen seltsamen und erschreckenden Gestalten begegnen, wenn ich diese Straße entlangging. Andererseits würden auch hilfreiche Gestalten auftreten. Auf dem Weg zur Hochzeit würde es viele Hindernisse geben, mit denen ich fertigwerden mußte. Und darin war ich nicht allein, denn als Psychoanalytikerin hatte ich viele derselben Hindernisse bei meinen Klientinnen entdeckt und mit ihnen darüber gesprochen. Oft brachte ein Heiratsantrag ein neurotisches Muster zum Vorschein, das in ihrem Leben dominierend war und eine Hörigkeit den Eltern gegenüber und eine Barriere für die Bindung an den Geliebten spiegelte. Oder

die Hindernisse wurden, was vielleicht noch häufiger vorkam, am intensivsten in dem Mangel einer Beziehung empfunden, entweder zu einem anderen Menschen oder zum Leben selbst.
Eine Frau, die jahrelang beruflich selbständig gewesen war, aber sich nach einem Partner sehnte, hatte Angst davor, ihre Eltern zu enttäuschen, als sie sich in einen Mann einer anderen Religionszugehörigkeit verliebte. Obwohl sie ihre Eltern schon insofern konfrontiert hatte, indem sie weit weg gezogen war und einem »männlichen« Beruf nachging, wurde sie ängstlich, als die Möglichkeit einer Heirat sich auftat. Ihre Mutter hatte ihr beigebracht, daß das Leben aus Arbeit und Pflichterfüllung bestand und daß sie kein Recht auf Vergnügen hatte oder auf das, was sie wirklich wollte. Als Folge davon hatte sie eine negative Märtyrerstimme verinnerlicht. Ein anderer Klient, ein Mann, wurde von einer Eifersucht verzehrt, in der sich offenbar die Eifersuchtsanfälle seines Vaters wiederholten. Er war argwöhnisch und wollte, daß die Frau, die er liebte, alle Beziehungen zu ihren männlichen Freunden abbrach, und provozierte jedes Mal, wenn ihn eine Eifersuchtsphantasie überkam, einen Streit mit ihr. Sie wiederum befand sich ständig auf der Flucht vor einer possessiven Mutter und hatte die Tendenz, vor jeder Situation zu flüchten, in der sie sich dominiert fühlte. Um seinen Anschuldigungen zu entkommen, suchte sie Erleichterung in Drogen, aber diese Flucht führte sie wieder zu dem Mangel an Präsenz in dieser Beziehung zurück. Und er trieb sie ständig von sich weg durch seinen Kampf, sie zu besitzen.
Manchmal wird der Weg zur Hochzeit durch die Unfähigkeit blockiert, eine Beziehung einzugehen oder auch nur einen passenden Partner kennenzulernen. Immer wieder höre ich die Klage, »Es gibt keine reifen Männer«, oder »Wo sind die Frauen, die wirklich eine Beziehung wollen?« Hinter dieser Klage versteckt sich oft ein so idealisiertes Bild des inneren Geliebten, daß kein Mensch an es herankommt. Eine solche Person hat vielleicht einen Vater oder eine Mutter gehabt, die sie aufgrund einer allzu engen Bindung zu sehr idealisierte, oder es hatte sich ein idealisiertes Elternbild entwickelt, um für die Abwesenheit oder die

Zurückweisung durch einen Elternteil zu kompensieren. Manche dieser Männer und Frauen, die sich in diesem Syndrom verstrickt haben, verlieben sich in verheiratete Partner, die wundervoll, aber zwangsläufig unverfügbar sind.
Ein weiteres Hindernis auf dem Weg zur Hochzeit ist die Unfähigkeit, harte Zeiten durchzustehen. Wenn der Glanz der ersten Verliebtheit zu verblassen beginnt, sehen diese Leute sich anderweitig nach einem helleren Licht um. Manchmal haben die Hindernisse auch kulturelle Wurzeln. Wie eine Frau es ausdrückte: »Wer wünscht sich schon eine lebenslange Knechtschaft?« Viele Frauen weigern sich, auf eine Rolle hereinzufallen, die von ihnen verlangt, daß sie ihr persönliches und berufliches Wachstum für ein Dasein als Hausmädchen oder hübsche Puppe opfern. Und viele Männer haben es satt, die ganze finanzielle Verantwortung für eine Beziehung zu tragen und alle Entscheidungen alleine zu treffen.
Ein wichtiger gemeinsamer Faktor in all diesen Beispielen ist die Angst vor einer Veränderung. Eine Ehe bedeutet Veränderung, und die Leute wollen das Risiko nicht auf sich nehmen. All diesen Hindernissen liegt die Angst vor dem Tod zugrunde, vor dem Absterben des Alten, so daß eine neue, schöpferische Beziehung entstehen kann. Die größte Herausforderung für die Hochzeit ist letzten Endes der Tod. Denn heiraten heißt, dem anderen zu sterben, seine eigenen Ichwünsche, Phantasien, Illusionen und Zwangsvorstellungen aufzugeben und das große Mysterium der Beziehung zu honorieren. »Tod und Hochzeit« ist ein häufiges Thema in Träumen. Eine Frau träumte, daß sie auf ihrer eigenen Hochzeit in einem schönen weißen Kleid erschien. Die Atmosphäre war voll von heiterem Glanz und Wärme. Plötzlich wurde die Hochzeit zu einem Begräbnis, und jetzt war das Kleid schwarz und die Atmosphäre düster. Zur Zeit dieses Traumes war sie achtzehn Jahre alt und hatte gerade einen Heiratsantrag abgelehnt.
Eine Frau in einem anderen Lebensstadium, die auf die fünfzig zuging, träumte ebenfalls von einer Todeshochzeit:

Ich war auf meiner Hochzeit, als ich plötzlich eine schwarzgekleidete Frau bemerkte. Als ich den Bräutigam ansah, bemerkte ich, daß seine Brust mit Ketten gefesselt war. Plötzlich erlitt der Bräutigam eine Herzattacke, und ich dachte nach, wie ich ihm helfen konnte.

Als sie gefragt wurde, was sie für den Bräutigam tun könnte, antwortete die Träumerin, die in Wirklichkeit eine Krankenschwester war, die beste Kur für ihn wäre Ruhe. Sie selbst bedurfte der Ruhe für ihr Herz, denn zur Zeit des Traumes war sie überarbeitet und konnte in ihrem Leben keine Freude erleben. Ihre erste Ehe hatte sie mit einem verknöcherten Mann geschlossen, der sie bevormundete, und so hatte sie als »ewiges Mädchen« gelebt. Später heiratete sie ein zweites Mal, und zwar einen jungenhaften Mann, und übernahm die Rolle der Arbeit und Kontrolle einer »geharnischten Amazone«.[1] Als sie den Traum hatte, suchte sie einen inneren Prinzen, mit dem sie sich in ihrem Inneren vermählen konnte, aber diese Gestalt war noch in Ketten und hatte ein schwaches Herz. Sie mußte den Tod ihrer Neigung zur Kontrolle zulassen und ihrem Herzen Ruhe gönnen, bevor sie heiraten konnte.
Wenn der Weg zur Hochzeit durch ein Hindernis blockiert ist, zeigt uns die Psyche oft einen neuen Weg. Der folgende Traum einer Frau, die von ihrem Vater abgelehnt wurde und daher an einem negativen Selbstimage litt, veranschaulicht, welchen Weg zur Überwindung der Hindernisse die Psyche ihr zu zeigen versuchte:

Ich näherte mich einer alten, aus Holz gebauten Kirche im neuenglischen Stil mit einem Menschen, den ich kannte. Im Inneren war so etwas wie eine bunte Fastnachtsprozession im Gange. Alles war voll Musik, Lichtern, Farben, Kerzen und Fröhlichkeit. An den Seiten der Kirche befanden sich Nischen, so formal religiös und düster wie der Katholizismus, in dem ich aufgewachsen war. Ich wußte, daß diese Nischen Hindernisse waren, und so entschied ich mich, in der bunten Prozession mitzugehen. Vorne stand ein schwarzer Pfarrer. Er war farbenfroh, musikalisch und voll Überschwang. Er führte die Trauungszeremonie durch und traute mich mit dem Mann, mit dem ich gekommen war. Die Leute in der Prozession sangen, als er mir am Ende der

Zeremonie eine riesige regenbogenfarbene Schleife umband. Ich drehte mich um, um den Mann anzuschauen, den ich geheiratet hatte, und es war mein Vater. Ich war überrascht, aber ich fühlte mich wohl dabei.

Ein Hindernis für die Hochzeit dieser Frau war ihre Angst, daß sie so sein könnte wie ihr Vater, distanziert, abweisend, perfektionistisch. Ihr Vater war aufgrund der Scheidung ihrer Eltern immer fort gewesen, und sie empfand, daß sie ihm nie nahekommen konnte. Er schien sich nur insofern für sie zu interessieren, als er das Urteil fällte, daß sie seinen Idealen nicht entsprach. Sie neigte dazu, von diesem Typ von Mann angezogen zu werden, und fürchtete immer, daß er sie abweisen würde. Und wenn der Mann sich von ihr angezogen fühlte, verlor er seine Attraktion für sie. Dann hatte sie Schuldgefühle und fürchtete, daß sie wie ihr Vater war.

Der Traum vermittelte ihr ein positives Bild ihres inneren Vaters, denn für sie bedeutete die Hochzeit symbolisch die Überwindung des abweisenden Vaters. Die düsteren religiösen Nischen waren die Hindernisse der moralistischen Kritik, der sie sich ständig selbst unterwarf. Im Traum hatte sie sich entschieden, an diesen düsteren Nischen vorbeizugehen und sich statt dessen der bunten, singenden und fröhlichen Prozession anzuschließen. Der schwarze Pfarrer, ein warmherziger, instinkthafter Mann mit Herz, segnete diese Hochzeit, und die Regenbogenschleife, die er ihr umband, symbolisierte eine günstige, optimistische Auffassung ihrer selbst. Sie hatte diesen Traum am Beginn ihrer Analyse. Die Psyche zeigte ihr einen Weg zur Hochzeit.

Eine Hochzeit erfordert nichts Geringeres als eine persönliche Wandlung, und dies führt uns zu einem weiteren Thema. Viele von uns hatten formelle Trauungen und Hochzeiten erlebt, denen das Mysterium der Wandlung fehlte. Wir erlebten die Illusion einer Hochzeit, die physische, äußere Zeremonie, jedoch nicht die innere, spirituelle Vereinigung mit dem geheimnisvollen anderen. Manche von uns haben aus diesem Grund auf das Hochzeitsritual verzichtet, weil es das bedeutungsvollste aller

Ereignisse zu trivialisieren schien. Wir hatten die äußere Zeremonie mit dem inneren Ereignis verwechselt.

Auf der tiefsten Ebene ist die Hochzeit, die wir erstreben, in Wirklichkeit eine Hochzeit in unserem Inneren. Damit ich eine heile, gesunde Beziehung zu einem anderen Menschen haben kann, muß ich in mir selbst heil und gesund werden. Wenn Menschen in die Analyse kommen, nennen sie oft ein äußerliches Problem, wie: »Ich finde keinen Liebhaber«; »Meine Beziehungen haben nicht Bestand«; »Mein Partner behindert meine Freiheit und Kreativität«; »Ich finde keinen Sinn im Leben«. Im Grunde spiegeln all diese äußeren Probleme nur einen inneren Konflikt wider. Und hier beginnt die Arbeit der Liebe – die Arbeit der Innenschau, damit wir die Hindernisse identifizieren können, die der Entwicklung zu einem heilen und gesunden Menschen im Wege stehen. Manche Hindernisse kommen von außen, aus der Kultur oder aus der Art und Weise, wie wir im Elternhaus erzogen wurden. Diese Hindernisse müssen wir anschauen und identifizieren, und sobald diese schwierige Aufgabe im Gange ist, müssen wir nach innen blicken und herausfinden, wie wir diese Hindernisse verinnerlicht haben. Denn im Inneren haben wir die Macht, sie zu verändern. Dann müssen wir die Conditio humana an sich betrachten – die universellen Konflikte, die uns allen, jedem auf seine besondere Weise, gemeinsam sind. Denn solange wir mit den Grundlagen der menschlichen Existenz nicht im reinen sind, kann es keine echte Hochzeit geben.

2 Der Märchenprinz und die »besondere« Prinzessin

Selten oder sozusagen nie entwickelt sich eine Ehe glatt und ohne Krisen zu einer individuellen Beziehung. Es gibt keine Bewußtwerdung ohne Schmerzen.

C. G. Jung
Die Ehe als psychologische Beziehung

Ein Paar, dem wir auf dem Weg zur Hochzeit begegnen, sind der Märchenprinz und die »besondere« Prinzessin. Der Märchenprinz ist die magische Gestalt, die die Prinzessin aus ihrer Gefangenschaft befreit und sie danach für immer erhält und für sie sorgt. Viele Frauen in unserer Kultur, besonders diejenigen, die zum Verhaltensmuster des »Püppchens« neigen, ließen sich von dieser Gestalt bezaubern und haben Männer geheiratet, von denen sie erhofften, daß diese sie aus einer schwierigen Lebenssituation retten würden, und daher blickten sie nie nach innen, um mit ihren Konflikten fertigzuwerden, oder nach außen, um festzustellen, wer dieser Mann war, den sie heirateten. Andere, die dieses Ideal hegen, bleiben allein und isoliert, weil sie ihren Märchenprinzen nicht finden können. Wie in dem Märchen von Rapunzel liegt oft eine Verzauberung durch die Mutter vor, die einen Einfluß auf die Entwicklung nimmt, und machmal wird die Tochter in einem Turm der Phantasie eingesperrt.

Als Rapunzel zur Welt kam, wurde sie von ihren Eltern einer Zauberin übergeben, die das neugeborene Kind als Entschädigung für den Diebstahl eines Krautes namens Rapunzel aus ihrem Garten forderte. Rapunzels Eltern hatten ein besonderes Kind ersehnt, aber die Mutter konnte kein Kind bekommen, und beide

trauerten über diesen Mangel. Eines Tages blickte die Frau aus ihrem Haus über den hohen Zaun, der einen verbotenen Garten abgrenzte, und sah eine Rapunzel und empfand eine unwiderstehliche Lust, sie zu verspeisen. Seiner Frau zuliebe betrat der Mann den verbotenen Garten, der einer Zauberin gehörte, und stahl die Pflanze. Aber die Zauberin ertappte ihn und sagte, sie würde sein Leben nur dann schonen, wenn er ihr dafür ihr erstes Kind gäbe. In seinem Schrecken willigte der Vater ein.
Rapunzel wuchs zu einem sehr schönen Mädchen heran, und als sie zwölf Jahre alt war, sperrte die Zauberin sie in einen hohen Turm, den niemand außer ihr betreten konnte. Der Turm hatte keinen Türen, nur ein Fenster ganz hoch oben, von dem Rapunzel in die Welt hinaussah. Wenn die Zauberin ihr ein geheimes Zeichen gab, ließ Rapunzel ihre langen, goldenen Zöpfe hinab, auf denen die Zauberin zu ihr emporkletterte und den Turm betrat.
Eines Tages kam ein schöner junger Prinz, und als er ein Singen vernahm, blickte er nach oben und sah das schöne Mädchen am Turmfenster. Er dachte nach, wie er zu ihr gelangen könnte, und als er das Signal der Hexe hörte und sah, wie sie an den langen blonden Zöpfen Rapunzels emporkletterte, beschloß er, dies ebenfalls zu versuchen. Rapunzel war überrascht, als statt der Hexe eines Tages ein schöner Prinz durch ihr Turmfenster trat. Sie blickte ihn voll Staunen an, denn sie hatte noch nie einen Mann gesehen außer ihrem Vater. Da sie sah, daß er jung und schön war, willigte sie ein, seine Frau zu werden, denn sie dachte, er würde sie mehr lieben als die Zauberin. Der Prinz kam oft zu ihr, das Signal der Zauberin benützend, doch eines Tages gab Rapunzel ihr Geheimnis preis und erzählte ihrer Kerkermeisterin von dem seltsamen Besuch. In ihrem Zorn über den Eindringling in ihrem privaten Reich und über Rapunzels Betrug schnitt die Zauberin Rapunzels goldene Zöpfe ab. Dann verkleidete sie sich selbst als Rapunzel und ließ beim Signal des Prinzen die langen Zöpfe hinab, so daß der Prinz hinaufklettern konnte. Als der Prinz oben angekommen war und die Zauberin antraf, sprang er in seiner Verzweiflung vom Turm hinab und fiel in

einen Strauch voll Dornen, die seine Augen durchbohrten und ihn blind machten. Die Zauberin bestrafte Rapunzel damit, daß sie sie in die Einöde schickte, um dort allein zu leiden. Dort gebar sie Zwillinge, einen Knaben und ein Mädchen, und lebte im Elend. Mittlerweile wanderte der Prinz jahrelang blind umher und suchte Rapunzel. Schließlich kam er in die Einöde, wo die weinende Rapunzel ihn fand. Als sie sich umarmten, fielen zwei ihrer Tränen auf seine Augen und heilten seine Blindheit. Nach vielen Jahren des Leidens waren beide wieder vereint.

Das Märchen von Rapunzel ist die Geschichte vieler Frauen, die in einen Turm eingesperrt sind und von einer verschlingenden, possessiven, hexenartigen Mutter von einer Beziehung abgeschnitten werden. Obwohl sie sich nach einer Beziehung sehnen, büßen sie ihre Chancen oft ein, wenn sie der Mutter von dem Mann erzählen, worauf diese dann versucht, die Beziehung zu zerstören. Und wie Rapunzel müssen sie oft ihre Mutter verlassen und ihre eigene Reise antreten, bewußte Lebenserfahrungen durchleiden, die Einöde der Leere und Verwundungen betreten, die dunkle Nacht der Seele, bevor sie selbständig sind und bereit für die harte Arbeit einer Beziehung.
Eine junge Frau, mit der ich arbeitete, war auf ihrem Weg zur Hochzeit durch eine solche Konstellation blockiert. Ihr Vater, den sie innig liebte, war vorzeitig und unerwartet gestorben, als sie elf Jahre alt war. Sie war die jüngste Tochter, und die verwitwete Mutter wurde sehr possessiv und wollte sie, als Ersatz für den Vater, zu ihrer neuen Gefährtin machen. Einerseits zeichnete die Mutter diese Tochter als etwas Besonderes aus, doch andererseits bekrittelte sie ständig ihre Erscheinung, wies sie in einem fort auf ihre pubertäre Akne hin und kritisierte alle ihre Freunde. Nancy sah wie ihre Mutter aus und war sogar nach ihr benannt worden. Da sie so etwas Besonderes für ihre Mutter war, meinte Nancy, sie hätten eine gute Beziehung. Aber sie litt an ihrer Unfähigkeit, eine gute Beziehung zu einem Mann aufrechtzuerhalten. Ihr Muster war, immer »ewige Jünglinge« als Partner zu wählen, die emotional und finanziell von ihr

abhängig wurden, bis an die Grenzen des gewaltsam Zudringlichen. Das waren keine Männer, die ihr Geborgenheit geben konnten. Insgeheim empfand Nancy sich auch als unattraktiv wegen ihrer Akne und fürchtete, in ihrer Persönlichkeit sei etwas so defekt, daß jede Heilung aussichtslos war.

Als sie in die Therapie kam, litt sie an einer tiefen Verwundung ihres Selbstwertgefühl. Ihre erste Therapeutin schöpfte Verdacht, daß etwas nicht stimmte mit Nancys Vergötterung ihrer Mutter und mit ihrer Behauptung, daß ihre Beziehung so wunderbar sei. Als das therapeutische Gespräch sich entfaltete und Nancys Träume hochkamen, wurde offenbar, daß die Mutter Nancy für ihre eigenen Bedürfnisse erzogen und nicht zur Kenntnis genommen hatte, daß Nancy eine ganz andere Person war, die ihr Leben nicht nach dem Bild der Mutter ausleben konnte. Die Mutter hatte Nancy unbewußt von Männern weggesperrt in einen Turm der häßlichen Erscheinung, um sie für sich allein zu haben. Diese Situation war so extrem, daß Nancy sich um ihres eigenen Überlebens willen von ihrer Mutter so sehr distanzierte, daß sie zunächst jeden Kontakt mit ihr abbrechen mußte. Denn als Nancys natürliche Interessen, Begabungen und ihre Schönheit zutage kamen, versuchte die Mutter, dieser neuen Tochter, die sie nicht kontrollieren konnte, das Wasser abzugraben, indem sie ihr Gefühle der Schuld und Minderwertigkeit vermittelte, weil sie sie selbst war. Eine lange Zeit konnte Nancy die Macht, die ihre Mutter über sie hatte, nicht abschütteln, und ihre anfängliche Arbeit in der Therapie bestand zum Großteil darin, ihre eigene Kraft und ihr Selbstvertrauen zu finden.

In Nancys Entwicklung hatte es keinen Vater gegeben, der dieser dominierenden, possessiven Mutter hätte entgegenwirken und ihr positive Gefühle in bezug auf ihre weibliche Schönheit und ihren Wert hätte vermitteln können. Zum Glück war ihr erster Therapeut ein sensibler und warmherziger Mannn, der Nancy bestätigen und ihr helfen konnte, eine notwendige Trennung von der sie untergrabenden, übergreifenden Mutter zu erwirken, die zu der Zeit eine starke innere Gestalt in Nancys Psyche geworden war. Nancy wurde selbständig und spürte ihre eigene Kraft, aber sie wollte immer noch eine besondere Prinzessin sein, und zu dieser Phantasie gehörte, daß sie einem Märchenprinzen begegnen würde, der für sie sorgen würde. Ihre ältere Schwester hatte eine solche Beziehung zu einem Märchenprinzen, die von ihrer Mutter gebilligt wurde, und Nancy beneidete sie sehr. Gleichzeitig hatte sie schreckliche Angst, von Männern verlassen zu werden, da sie beim Tod ihres Vaters Verlassenheit erlebt hatte. Ihre Phantasie vom Märchenprinzen war die eines Schattengeliebten, der sie an den toten, idealisierten Vater band, der zwar für sie sorgen, sie aber auch jeden Augenblick verlassen konnte. Damit band sie sich noch immer unbewußt an ihre Mutter, weil dies die Art von Beziehung war, die ihre Mutter für ihre ältere Schwester gebilligt hatte.

Um von ihrer Phantasie vom Märchenprinzen loszukommen, schrieb Nancy ein Märchen. Darin liebte die jüngste Prinzessin ihre Mutter und Geschwister noch inniger, um den Verlust des Vaters, des Königs, zu kompensieren. Sie waren eine besondere königliche Familie, die durch den Tod des Königs abseits von der Welt geraten war. Dieser Umstand band sie um so enger aneinander, und die jüngste Prinzessin fühlte sich sicher und geborgen. Doch als die anderen älter wurden und heirateten, fühlte sie sich ausgeschlossen. »Die jüngste Prinzessin trauerte, und als sie heirateten, schlug sie sich wütend an den Kopf.« Sie wollte nichts von Veränderung hören, denn im Paradies der jüngsten Prinzessin war kein Platz für das Älterwerden. Es gab auch keinen Platz für Abschiede, und ganz gewiß keinen für einen Gatten, nicht einmal für ihren eigenen. Dann hatte sie einen Traum. (Dieser Traum kam Nancy in Wirklichkeit, als sie zweiunddreißig Jahre alt war.) In dem Traum befand sie sich mit ihrer Mutter auf einem Friedhof. Eine Ziegelmauer umgab eine Familiengruft mit sechs Gräbern. In einem von ihnen lag bereits der König begraben. Die Mutter sagte, daß die anderen Gräber für sie und ihre Kinder bestimmt seien. In dieser Familiengruft gab es keinen Platz für Ehegatten oder irgend jemand anderen. Nachdem sie über den Traum nachgedacht hatte, erkannte die Prinzessin, daß sie von ihrer Traumkindheit mit ihrer Traumfamilie Abschied nehmen mußte, denn diesen Traum zu behalten, bedeutete den lebendigen Tod, wie das Bild der abgeschlossenen Familiengruft zeigte. Es machte nichts, daß die Prinzessin bereits zweiunddreißig Jahre alt war, als sie aus ihrer Märchengeschichte heraustrat und eine wirkliche Frau wurde, keine Königin mehr. Es machte nichts, denn, so sagte sie, »ein Tag des Lebens als wirkliche Person ist mehr wert als eine Ewigkeit als Phantasiekönigin«. Jetzt war sie frei, um echtes Leben zu leben und andere zu lieben, unbehindert von den Bindungen ihrer Kindheit. Und so fand sie neue Menschen, die sie lieben konnte, einschließlich eines sehr besonderen Mannes, der sie gerade so liebte, wie sie war.

Nancy schrieb dieses Märchen über ein Jahr bevor sie dem Mann begegnete, den sie später heiratete. Aber das Schreiben half ihr, sich aus der Umklammerung durch den Komplex der »besonderen Prinzessin« zu lösen, der ihren Weg zur Hochzeit blockierte. Das Aufschreiben ihres Märchens führte außerdem zu einem anderen Traum, in dem sie Särge in der Dachkammer ihrer Großmutter erbrach. Sie hatte sich davor gefürchtet, die Särge zu öffnen, aus Angst, daß sie vielleicht stinkende Leichen enthielten. Als sie aber die Särge erbrach, kamen ihr statt dessen zwei kleine weibliche Figuren entgegen, die lebten und magisch aussahen und Kleider trugen, die aussahen wie Smaragde. Die beiden winzigen Frauen hatten einen gemeinsamen Namen: Freude. Für Nancy symbolisierte dieser Traum die Trennung von ihrer Familie und die Befreiung ihres weiblichen Selbst – die freudige Möglichkeit ihres Frauseins. Es war, als ob das Auftreten ihres weiblichen Geistes eine Voraussetzung für die Hochzeit war.

Als Nancy sich von ihrer Mutter trennte und begann, ihr eigenes, weibliches Selbst zu entwickeln, ihre eigene Kraft zu spüren und sich selbst einen Wert zu geben, wurde sie selbständiger. Sie wagte eine Karriere auf einem Gebiet, das ihre Mutter verachtete. Aber sie sehnte sich immer noch nach einer intimen Beziehung und machte sich Sorgen, daß ihr neues Wachstum dies erschweren würde. Schließlich lernte sie einen interessanten Mann kennen, der eine echte Bindung wünschte. Doch sofort trat ihre

Angst, verlassen zu werden, wieder auf, und die Enttäuschung darüber, daß dieser Mann nicht in der Lage und bereit sein würde, für ihren Unterhalt zu sorgen. Im Verlauf ihrer Therapie hatte sie eine Reihe von Träumen über Geld, die ihren Wunsch spiegelten, finanziell nicht für sich selbst aufkommen zu wollen. Insbesondere ein Traum offenbarte, daß ihr Wunsch nach finanzieller Sicherheit mit unverfügbaren Männern verbunden war. Sie träumte, daß sie einen Geliebten hatte, der ein Versicherungskaufmann war, aber er war anderweitig verheiratet. In dieser Zeit träumte sie auch, daß sie in das Haus ihres Verlobten zog (einer Mischung aus einem früheren Freund, der ein »ewiger Jüngling« und finanziell abhängig war, und ihrem gegenwärtigen Freund) und das Klavier ihres Vaters dorthin mitnahm. In dem Traum besaß der Mann, den sie heiraten wollte, bereits ein Klavier, aber es war bei weitem nicht so gut wie das ihres Vaters. Nancy assoziierte das besondere Klavier ihres Vaters mit ihrem Ideal des Märchenprinzen und sah, daß im Vergleich zu ihm ihr Verlobter ihr nicht gut genug erschien. Dadurch war sie in der Lage, einige Hindernisse ihrer Beziehung zu untersuchen, zum Beispiel die Angst, daß ihre Kreativität sich mit einer Beziehung nicht vereinbaren ließe. Sie erkannte, daß sie unbewußt ihr Dasein als »besondere Prinzessin«, die auf eine spezielle Weise kreativ war, immer noch damit assoziierte, daß sie die Tochter ihres Vaters war. Aber dies machte ihre Kreativität abhängig von ihrem Vater und verminderte den Wert einer Beziehung zu anderen Männern.

Als der Termin näherrückte, an dem sie in das Haus ihres Verlobten einziehen sollte, hatte Nancy eine Anzahl wirrer Träume, in denen sie etwas an ihm auszusetzen fand. Häufig stand sein Mangel an Wohlhabenheit im Mittelpunkt. In einem davon hatte er nicht nur kein Geld, sondern er hatte auch unterschiedliche religiöse Werte. In diesem Traum war er ein »Jesus Freak«, was Nancy verabscheute. Dies war der letzte Strohhalm, dachte sie in dem Traum, und dann sah sie ihren Schwager und verliebte sich in ihn. Im wirklichen Leben war ihr Schwager wohlhabend, und sie beneidete ihre Schwester, die zu

Hause bleiben konnte und sich nicht selbst erhalten mußte. Nancy hatte das Gefühl, daß das Schicksal ihr übel mitgespielt hatte. Ihre Schwester besaß anscheinend alles – einen gut aussehenden und reichen Mann, eine makellose Haut, Geborgenheit in ihrem Leben zu Hause und die Billigung ihrer Mutter. Ihre Schwester schien nie zu leiden und sagte immer, daß sie glücklich sei, obwohl ihre nervöse Reiselust dagegen sprach. Nancy, deren Leben auf die Suche nach inneren Reichtümern ausgerichtet war, die Suche nach Ganzheit und Kreativität, wurde von der hämischen Stimme eines inneren Dämons gefragt: »Brauchst du innere Reichtümer, wenn dein Leben nicht verwundet ist und wenn du Geld und äußeren Erfolg hast?« Trotz ihres persönlichen Wachstums in den letzten acht Jahren – dem Beginn ihrer erfolgreichen Karriere in einem Heilberuf, einem scharfen Verstand und einer Gabe der intuitiven Schau, einer bezaubernden Persönlichkeit und nun endlich einem Heiratsantrag von einem reifen, interessanten und besonderen Mann, den sie liebte – brachen die alten Ängste und Zweifel wieder in ihr Leben ein. Im Traum tauchte, personifiziert durch ihren Schwager, das Kollektivbild des Märchenprinzen, der sie von allen Leiden erlösen und ihr für immer ein geborgenes und glückliches Leben schenken würde, als Hindernis für die echte Möglichkeit einer kreativen inneren und äußeren Hochzeit auf.

Gleichsam als Gegengewicht zu diesem Hindernis enthüllten ihre Träume ein anderes Bild – die schöpferischen Möglichkeiten der Liebe. In einem Traum schmiegten sie und ihr Verlobter sich auf einem Sofa aneinander. In einem anderen erschien ihr Verlobter als Helfer, aber ein solcher, der von ihr Bewußtsein und Stärke verlangte. In diesem Traum hing sie gedankenverloren ihrem Vater nach, als aus einem verborgenen Schrank sich die Hand und der Arm ihres Verlobten herausstreckten und sie von ihrer Phantasie wegzogen. In Wirklichkeit forderte die Beziehung zu ihrem Verlobten sie als reife Frau mit ihrer eigenen Stärke, die frei war von der infantilen Abhängigkeit von Vater, Mutter und Geschwistern. Diese Beziehung verlangte von ihr, daß sie als erwachsener Mensch den Hindernissen zu ihrer Hochzeit gegenübertrat, sich mit allen Ängsten und mit allen Grenzen, die sie an ihrem Geliebten fand, auseinandersetzte und akzeptierte, daß weder er noch sie vollkommen war. Sie mußte sich auf ein Gespräch mit ihm einlassen und das Wagnis auf sich nehmen, die schöpferischen Möglichkeiten zu verwirklichen, die in ihrer Beziehung enthalten waren.

In ihrer Analyse betrachteten wir alle diese Hindernisse und Projektionen, und wir versuchten zu klären, welche Projektionen und Wünsche sie aufgeben mußte, weil diese die Wunden ihrer Kindheit und Jugend und eines Kollektivbilds von der Ehe kompensierten, das ihrer Individualität nicht entsprach, und was die echten Bedürfnisse ihrer Persönlichkeit und die Veränderungen waren, die ihre Beziehung verbessern könnten. Zu diesem Zeitpunkt hatte Nancy viele Jahre Analyse hinter sich und das nötige Selbstvertrauen gewonnen, um ihrem Geliebten gegenüberzutreten. Anstatt ihren Ängsten und Sorgen anheimzufallen und sie hysterisch mit ihrem Freund auszuagieren, hob sie sie für das therapeutische Gespräch in unseren Sitzungen auf. Sie entwickelte ein Gespür für die richtige Zeit und eine Objektivität, die es ihr ermöglichte, mit ihm in bewußter und konstruktiver Weise ein Gespräch zu führen.

Der therapeutische Prozeß erfordert Zeit, und sein Verlauf ist nicht gradlinig und direkt. Er gleicht eher einem Strom, der um felsige Hindernisse herumfließt, sich hierhin und dorthin windet, in verschiedenen kleine Bächen weiterströmt, in kreisender Bewegung zu seinem Ursprung zurückkehrt und mit erneuter Kraft in neue Richtungen dahinfließt. In derselben Weise kam Nancy immer wieder zu ihren ursprünglichen Konflikten zurück, aber jedes Mal verliehen die Anstrengung und das Bewußtsein, der Mut und die Aufnahmebereitschaft ihren Wunden gegenüber ihr Tiefe und gab ihrem Leben eine neue Richtung. Jetzt war sie in der Lage, ihrem ureigenen Geheimnis als menschliches Wesen einen Wert zu geben und mit einem geheimnisvollen anderen in Dialog zu treten.

Die Geschichte vom Märchenprinzen und der »besonderen« Prinzessin kann sowohl für Männer als auch für Frauen ein

Hindernis in der Beziehung spiegeln. Viele Männer verstricken sich in der Rolle des Märchenprinzen, suchen nach der ganz besonderen Prinzessin und meinen ständig, daß sie Frauen retten müssen. Dieses Muster tritt in unserer Kultur vielleicht besonders deutlich zutage, und Männer beginnen, sich der Falle bewußt zu werden, die es für sie bedeutet. Sie werden dieser ganzen Verantwortung müde, der Erwartung, daß sie in jeder Hinsicht Frauen umsorgen müssen, angefangen von finanzieller Sicherung und dem Treffen wichtiger Entscheidungen, bis zu der Erwartung, daß sie ihre Partnerin »glücklich machen« müssen. Wie der Prinz im Märchen von Rapunzel müssen diese Männer sich oft mit einer internalisierten, verschlingenden Mutter auseinandersetzen. Sie müssen die Zauberin hinter den goldenen Zöpfen erkennen und begreifen, daß sie von ihrer naiven Wahrnehmung des Weiblichen geblendet wurden. Sie müssen die lange Zeit des Leidens, der bewußten Suche und Arbeit annehmen, die nötig ist, um ihre Projektionen von äußeren Frauen zu lösen und darauf hinzuarbeiten, das Weibliche in ihrem eigenen Inneren zu erlösen und ihr männliches Selbst zu stärken.

Ein Märchenprinz, der in die Analyse kam, um sich zu finden und seine Beziehung zur Arbeit und zur Ehe zu verbessern, war durch seine Unfähigkeit behindert, nein zu sagen zu den Forderungen von Frauen oder sie zu enttäuschen. Anstatt seiner Frau, die von ihm väterlich beschützt werden wollte, wirklich gegenüberzutreten, tendierte er dazu, sich entweder innerlich zurückzuziehen oder sich ihr zu sehr anzupassen und sie zu unterstützen. Seine Mutter hatte zwischen kaltem Rückzug und hysterischen Ausbrüchen geschwankt, wodurch sie abhängig blieb. Sein Vater war verantwortungsbewußt und arbeitete schwer, aber er war emotional unverfügbar für seinen Sohn. Paul wurde dazu erzogen, ein guter, pflichtbewußter Sohn zu sein, seine Gefühle zu verbergen und das zu tun, was seine Eltern von ihm erwarteten, wie es dem kollektiven amerikanischen Bild des Mannes und des ehelichen Glücks entsprach.

In seinem Bemühen, es jedem recht zu machen und das zu tun, was man von ihm erwartete, opferte Paul seinen Selbstbehauptungswillen, und dadurch fühlte er sich in seiner Handlungs- und Entscheidungsfähigkeit oft gelähmt. Unbewußt nahm dies die Form passiver Aggressivität in seinen Rückzugsstimmungen an. Seine Phantasie von der besonderen Prinzessin projizierte er auf eine Frau, die er liebte. Er liebte auch seine eigene Frau und konnte sich zwischen den beiden Frauen nicht entscheiden. Paul wollte keiner von ihnen wehtun, und so tat er nichts und befand sich in einem ständigen Zustand von Schuldgefühlen, die ihn veranlaßten, unentwegt schlecht von sich zu denken, und die seine Energie für Leben und Arbeit erschöpften. Diese Unentschlossenheit quälte ihn und führte dazu, daß beide Frauen in der Luft hingen und mit ihm böse waren. Paul lebte viele Jahre lang in diesem Teufelskreis der Qual.

Das Bild des Märchenprinzen war dasjenige, das er bewußt auslebte – der gut aussehende, goldblonde Retter war weder verletzlich noch brutal. Aber seine Träume enthüllten eine andere Seite von ihm, eine Unterwelt voll von Gestalten, welche die ganze, von diesem Märchenprinzen repräsentierte Ordnung und Verantwortlichkeit bedrohten. Da gab es zunächst einen wilden, ungebärdigen Jungen, der einen alten Mann belästigte, indem er im Haus eine Menge Lärm und Krach verursachte. Dann gab es eine Reihe von Gangstern, die in einem Traum ihn und seine Frau bedrohten und zusammenschlugen und die Aktentasche stahlen, die alle seine schöpferischen künstlerischen Arbeiten enthielt. In einem anderen Traum versuchte einer dieser Männer den Kasten seines Musikinstruments zu beschädigen. Als nächstes wurde er nicht nur mit männlichen Gangstern konfrontiert, sondern auch mit einem wilden Mädchen, das ihn zu verführen und dann zu töten versuchte – ganz das Gegenteil seines reinen, romantischen Bildes des Weiblichen. Sie steckte unter einer Decke mit einer noch gefährlicheren Gestalt, einem Anführer der Mafia, der Paul zu töten versuchte, indem er ihm Gift in die Venen spritzte. Paul wehrte sich in einem Kampf auf Leben und Tod. Seine Träume zeigten ihm, daß er eine wilde, aggressive Seite besaß, und solange er das nicht anerkannte, würde sie ihm seine schöpferische Kraft nehmen und ihn umbringen. Dies bedeutete, daß er seine Frau konfrontieren mußte, anstatt sich zurückzuziehen, daß er das Risiko des Kampfes und Konflikts auf sich nehmen mußte, das Risiko, andere zu verletzen und zu leiden. Paul und seine Frau litten ohnehin schon, denn ihrer Beziehung fehlte die Intimität und Tiefe der bewußten Auseinandersetzung von zwei reifen, selbständigen Erwachsenen, die miteinander wachsen und mit ihren Differenzen ins reine kommen. Und diese Möglichkeit der Tiefe war es, die ihn zu der anderen Frau hinzog. Allerdings war es eine Tiefe wie bei Rapunzel, die in einem Turm der Phantasie eingesperrt war, da es die tägliche Mühe des Zusammenlebens nicht gab.

Neben den wilden Gangsterbildern hatte Paul noch zwei wichtige Träume über die Verwandlung des »Prinzen«. In einem war er weit fortgereist, in ein geheimnisvolles Königreich, das hoch oben in Bergklippen versteckt lag, wo er einem mystischen, weisen Meister begegnete, der ihn viele Dinge lehrte und ihm sagte, daß er einem neuen Entwicklungsstadium entgegenging – der Reife. Dann wurde er in einem Behälter vom Gipfel des Berges auf die Erde hinabgelassen, wo er das Gelernte verwirklichen sollte. In einem anderen Traum war er ein Prinz, und sein ihn beschützender Mentor sagte ihm, daß er sich bereit machen sollte, König zu werden. König zu sein bedeutete, daß er das Bild des Märchenprinzen aufgeben mußte, daß er seine dunkle Seite annehmen und die männliche Stärke gewinnen sollte, die ihm Tiefgang verleihen würde. Seine Träume deuteten an, daß er erst dann bereit wäre zur Hochzeit mit dem Weiblichen, wenn er die Stärke seiner Männlichkeit spürte und auszudrücken vermochte. Im Verlauf der Therapie begann Paul, diese Transformation zu erleben. Er gab seine Stellung als Retter in einem der helfenden Berufe auf, eine Arbeit, die ihn innerlich nicht engagierte, und gründete ein eigenes Unternehmen in einem künstlerischen Beruf, was er schon immer gewollt hatte. Er konfrontierte seine Frau und bestand darauf, daß sie sich in einer Therapie mit ihren ehelichen Konflikten auseinandersetzten. Statt in passivem Rückzug und symbiotischer Abhängigkeit zu verharren, erklärte er, daß er eine Zeit der Trennung brauchte, um sich seiner selbst

als Mann und seiner Frau als Frau bewußt zu werden. Diese Zeit der Besinnung ermöglichte es ihm, sich bewußt dafür zu entscheiden, an seiner Ehe zu arbeiten, ein Versprechen, das auf der gereiften Stärke seiner sich entwickelnden Männlichkeit beruhte.
Der Philosoph Martin Buber hat dieses Dilemma der Beziehung zwischen Menschen in seinem Buch *Ich und Du* beschrieben. Als Menschen besitzen wir zwei einander entgegengesetzte Weisen, uns selbst und andere zu betrachten. Eine Haltung ist die von Ich-Es, die andere die von Ich-Du. Die Ich-Es-Haltung gehört der praktischen Welt an und ist darin notwendig. Sie trennt, geht auf Distanz, organisiert, gebraucht, macht das Leben behaglich und sicher. Wir können ohne sie nicht auskommen. Aber diese Ich-Es-Haltung spricht niemals das ganze Wesen an. Die Ich-Du-Haltung dagegen kann nur aus dem ganzen Wesen sprechen, denn: »Wer Du spricht, hat kein Etwas, hat nichts. Aber er steht in der Beziehung.«[1]
Die Beziehung zum Du ist direkt und läßt sich nicht unter Kontrolle stellen. Weder Zweck noch Begehren, weder Voraussicht noch Phantasie, kein Ideensystem kann laut Buber zwischen das Ich und das Du treten. Das Du kann nicht gefunden werden, indem man es sucht; vielmehr begegnen wir dem Du durch Gnade. Jedes Mittel, das wir anwenden, um das Du zu finden oder zu erlangen, ist ein Hindernis. Die Begegnung von Ich und Du erfolgt in einem geheimnisvollen Augenblick, der sich nicht festlegen läßt, denn wenn der Augenblick der Begegnung anhalten würde, wäre er bereits objektivierbar und daher ein »Es«. So leben wir in dem Paradox zwischen den Welten von Ich-Es und Ich-Du, indem wir die Ich-Du-Beziehung suchen, die man nicht suchen kann, indem wir an diesem Augenblick festhalten, den man nicht festhalten kann. Sobald man sich die Ich-Du-Beziehung erklärt hat, nimmt die Beziehung die Form von Ich-Es an. So ist jedes Du dazu verurteilt, ein Es zu werden oder wieder in den Zustand einzutreten, wo es ein Ding wird. Vom Du können wir nichts bekommen; nur

über die Ich-Es-Haltung finden wir Sicherheit und Geborgenheit, den Erwerb einer Identität oder das, was wir gebrauchen können.

Die Du-Momente erscheinen in dieser festen und zuträglichen Chronik als wunderliche lyrisch-dynamische Episoden, von einem verführenden Zauber wohl, aber gefährlich ins Äußerste reißend, den erprobten Zusammenhang lockernd, mehr Frage als Zufriedenheit hinterlassend, die Sicherheit erschütternd, eben unheimlich, und eben unentbehrlich.[2]

Der Märchenprinz und die besondere Prinzessin sind Identitäten, welche die ganze Person zu einem Es reduzieren, zu einem kontrollierbaren Gegenstand, einem »Ding«, mit dem man in der praktischen Welt umgeht. Während diese Art von Identität es leichter macht, mit dem Leben fertigzuwerden, uns sogar das Gefühl der Sicherheit und des Behagens vermittelt, bezahlen wir dafür mit dem Verlust des Geheimnisses. Wir verlieren das Geheimnis des anderen, des Du. Die Ironie besteht darin, daß sowohl der Märchenprinz als auch die besondere Prinzessin auf der Suche nach einem einzigartigen Geheimnis der Beziehung sind. Sie suchen im anderen das Du, aber indem sie häusliche Sicherheit und alles unter Kontrolle haben wollen, geben sie sich als Gegenstände her, die man besitzen kann, und beschränken sich damit auf bloße Teile ihres gesamten Wesens.
Die Konflikte von Nancy und Paul gleichen denen, die viele von uns in der westlichen Welt heute erleben, Männer wie Frauen, da wir mit äußeren kollektiven Vorstellungen erzogen wurden, wie wir sein und wie unsere Ehen aussehen sollen. Diese Kollektivbilder gehen oft an unserer »Besonderheit« als den einmaligen Menschen, die wir sind, vorbei. Wir verwechseln diese Besonderheit mit Billigung von der Außenwelt und vergessen, daß das Besondere an uns jenes Geheimnis des Wachstums ist, die einzigartige *Weise*, in der wir von innen her sind. Indem wir versuchen, unsere Identität zu kontrollieren und uns einem Bild anzupassen, das von außen her, von unseren Eltern oder von der Gesellschaft, auf uns projiziert wurde, werden wir zu einem Objekt reduziert, zu einem Es. Unser Leben wird weltlich und

banal, wir lassen uns von trivialen Dingen faszinieren, und das Geheimnis geht verloren – das Geheimnis unseres einmaligen Selbst, das Geheimnis des anderen, das Geheimnis des Kosmos. Wir versäumen, tiefer in unser Inneres zu gehen, wir vergessen, daß Leiden eine Quelle der Kreativität und daß das Leben ein Werk der Liebe und des schöpferischen Bemühens ist. Mit den Worten von Rilke:

Auch zu lieben ist gut: denn Liebe ist schwer. Liebhaben von Mensch zu Mensch: das ist vielleicht das Schwerste, was uns aufgegeben ist, das Äußerste, die letzte Probe und Prüfung, die Arbeit, für die alle andere Arbeit nur Vorbereitung ist.[3]

3 Der Schattengeliebte

> ... weil mein Wesen klarer in ihm ausgeprägt ist als in mir selber. Woraus auch unsere Seelen gemacht sein mögen, seine und meine gleichen einander... Ich kann es nicht ausdrücken, aber sicher hast du, haben wir alle die Vorstellung von einem Dasein, das über das eigene Sein hinausführt. Wozu wäre ich erschaffen, wenn ich nichts als ein irdisches Wesen wäre? Meine schlimmsten Nöte sind Heathcliffs Nöte gewesen. Mein einziger Gedanke im Leben ist er. Wenn alle zugrundegingen und er übrigbliebe, würde ich fortfahren zu sein; und wenn die anderen alle lebten und er vernichtet würde, so würde sich die Welt in etwas sehr Fremdes verwandeln, und ich würde nicht mehr dazugehören... Nelly, ich bin Heathcliff! Er ist immer in meinem Sinn, nicht als Vergnügen, so wenig ich mir selber stets ein Vergnügen bin, sondern als mein eigenes Sein.
>
> Emily Brontë
> *Sturmhöhe*

Der Schattengeliebte kann ein mächtiges Hindernis auf dem Weg zur Hochzeit sein. Dieses idealisierte Bild eines imaginären Geliebten mit seinen bestechenden Andeutungen des Göttlichen, besitzt eine Faszination, die bloße sterbliche Geliebte langweilig und gewöhnlich erscheinen läßt. Der Schattengeliebte ist eine Gestalt in der Psyche, ein Teil der psychischen Wirklichkeit aller Menschen, derjenige, der uns Göttlichkeit verheißt, die Erfahrung des Unendlichen, der magischen Vereinigung mit höheren Welten. Als solcher kann der Schattengeliebte uns zu unserer inneren Kreativität und Spiritualität führen und unsere äußeren Hochzeitsbeziehungen segnen. Doch solange diese Gestalt als Teil unserer selbst verstanden und erfahren werden kann, kann sie uns im Bereich der »unmöglichen Möglichkeit« festhalten.[1] Dieses innere Bild kann nach außen auf einen äußeren Geliebten projiziert werden oder in ein inneres Drama, das in einem Kunstwerk Ausdruck findet. Wie dem auch sei, für eine Wandlung muß es bewußt in die Persönlichkeit integriert sein, so daß die Beziehung oder innere Vision konkret verwirklicht werden kann.

Einige Männer und Frauen verlieben sich hoffnungslos in ihre Lehrer oder Therapeuten oder in Personen, die in der Öffentlichkeit stehen, die für sie eine Beziehung zum schöpferischen Prozeß und den Geheimnissen des spirituellen Lebens symbolisieren. Da diese »Liebesobjekte« gewöhnlich nicht verfügbar sind, sind sie Schattengeliebte, da eine tägliche Beziehung zu ihnen unmöglich ist. Andere verlieben sich in verheiratete Männer oder Frauen und schränken dadurch ihre Möglichkeiten einer lebbaren Beziehung ein. Wieder andere verlieben sich in eine Person nach der anderen, und wenn sie schließlich ihr Muster von Verliebtsein und Ernüchterung in der Beziehung anschauen, erkennen sie, daß sie ein Ideal geliebt haben, das sich von einer Person zur anderen wandelte, da kein Geliebter diesem Ideal entsprach. Und dann gibt es auch viele, die sich überhaupt nicht verlieben können. Niemand, so scheint es, besitzt das besondere Geheimnis, das ihre Aufmerksamkeit zu fesseln vermag. Es ist, als gäbe es in ihrem Inneren einen »Geliebten«, der ihre ganze Energie beansprucht. Viele Menschen, die in der Phantasie leben und ihre Visionen oder schöpferischen Ideen nicht in einem Kunstwerk oder einer Tat in der Welt zu verwirklichen wagen, stehen ebenfalls unter dem Bann des Schattengeliebten.

Obwohl der Schattengeliebte von jedem Menschen Aufmerksamkeit beansprucht, wird die Art und Weise, wie ein bestimmtes Individuum sich zu ihm verhält, oft von Entwicklungsfaktoren beeinflußt. Frauen, die als Kind einen Vater hatten, den sie liebten und idealisierten, deren Väter es jedoch nicht zuließen, daß diese Idealisierung ein menschliches Maß annahm, sind anfällig für die Verführung durch einen Schattengeliebten. Der Vater kann früh gestorben oder aufgrund von Krankheit oder Scheidung abwesend sein, oder er war übermäßig an seine Tochter gebunden, so daß sie im Banne einer Schattenliebe für ihn verharrt. Dasselbe gilt für Männer, die von ihren Müttern fasziniert oder abgestoßen bleiben. Nehmen wir zum Beispiel den Maler Edvard Munch, dessen Mutter starb, als er ein Kind war und der sich später in eine unerreichbare verheiratete Frau verliebte. Seine Bilder drücken den Schmerz und die Verzweiflung dieses Verlustes aus. Auch das Verhältnis zwischen Bruder und Schwester kann, wenn sich eine unbewußte Identifizierung gebildet hat, der Ursprung einer sich entwickelnden Verführung durch den Schattengeliebten sein.

Die Gestalt des Schattengeliebten kommt sehr häufig in Sagen und in der Literatur vor und ist ein Lieblingsmotiv von Oper und Ballett. So hat uns die Sage vom Fliegenden Holländer jahrhundertelang bezaubert. Sie stammt spätestens aus dem 17. Jahrhundert und war im 19. Jahrhundert sehr populär, insbesondere durch die Opernversion Richard Wagners. Der Fliegende Holländer ist ein Schiffskapitän, dessen Schicksal es ist, ewig die Meere zu befahren, von allen Menschen ausgestoßen, weil er es wagte, das Kap der Guten Hoffnung zu umsegeln (den Rand der Welt), und dadurch den scheinbaren natürlichen Grenzen von Raum und Zeit und der grenzenlosen Macht des Ozeans trotzte. Er kann nur erlöst werden, wenn er eine Frau findet, die ihn treu bis in den Tod liebt und sich für ihn opfert. Aber er darf nur einmal in sieben Jahren an Land gehen, um eine Frau mit einer solchen überirdischen Liebe zu finden. Der Holländer ist des Lebens müde, enttäuscht von seiner vergeblichen Suche nach der Liebe, die ihn erlösen könnte, und zornig, daß andere die Freude genießen, die ihm versagt ist, und findet jetzt sogar seine frühere Abenteuerlust sinnlos. Was ihn früher herausforderte und bewegte, ist jetzt sein Fluch.

An Land gibt es eine Frau, Senta, die Tochter eines norwegischen Kapitäns, die von dieser Legende gefesselt ist – so sehr, daß das Bild eines solchen Mannes an einer Wand im Hintergrund ihres Hauses hängt. Träumerisch versinkt sie in Betrachtung dieses Bildes und singt die Ballade von der Geschichte des Holländers, die sie oft gehört hat:

Bei bösem Wind und Sturmes Wut
umsegeln woll er einst ein Kap;
er flucht' und schwur mit tollem Mut:
»In Ewigkeit laß ich nicht ab!« –
Hui! – Und Satan hört's! – Johohe! – Hojohe!
Hui! – Und Satan hört's! – Johohe! – Hojohe!
Hui! – Und verdammt zieht er nun
durch das Meer ohne Rast, ohne Ruh!
Doch, daß der arme Mann noch Erlösung fände auf Erden,
zeigt Gottes Engel an, wie sein Heil ihm einst könne werden!
Ach möchtest du, bleicher Seemann, sie finden!
Betet zum Himmel, daß bald
ein Weib Treue ihm halt!
Vor Anker alle sieben Jahr,
ein Weib zu frei'n, geht er an Land: –
er freite alle sieben Jahr, . .
noch nie ein treues Weib er fand!
Hui! – »Den Anker los!« – Johohe! Hojohe!
Hui! – »Die Segel auf!« – Johohe! Hojohe!
Hui! – »Falsche Lieb, falsche Treu!
Auf in See! Ohne Rast! Ohne Ruh!« –[2]

Senta stellt sich träumerisch vor, daß sie die Frau mit der tiefen Seele sei, die den Holländer zu erlösen vermag, aber zur gleichen Zeit hat sie einen Heiratsantrag von Erik, einem jungen Jäger, erhalten, der sie treulich liebt. Die Mädchen der Stadt, die fleißig an ihren Spinnrädern arbeiten, schelten Senta, daß sie ihre Jugend und Schönheit an diese Phantasie des Holländers vergeudet, aber Senta ist überwältigt von seiner leidenden Seele und sehnt sich danach, ihn zu retten. Doch als Erik in Sorge ist wegen ihrer Verliebtheit in den Mann auf dem Bild und in der Ballade, antwortet Senta: »Ich bin ein Kind, und weiß nicht, was ich singe! . . . Fürchtest du ein Lied – ein Bild?«[3]
Vor der Küste hat Daland, Sentas Vater, Anker geworfen, um einen heftigen Sturm zu überstehen, gerade an der Stelle, wo der Holländer landen will, denn wieder einmal sind sieben Jahre um. Der Holländer singt sein Schicksal: »Nirgends ein Grab! Niemals der Tod!«[4] – und wünscht sich nichts als den Tod. Aber als Daland herankommt und ihn fragt, wer er sei, erzählt der Hollän-

der ihm einen Teil seiner merkwürdigen Geschichte und bietet ihm eine Schatzkiste, wenn er für eine Nacht sein Gast sein dürfe, und alle seine Besitztümer für die Hand von Dalands Tochter. Daland erwidert: »Wohl, Fremdling! hab ich eine schöne Tochter, mit treuer Kinderlieb ergeben mir; sie ist mein Stolz, das Höchste meiner Güter, – mein Trost im Unglück, meine Freud im Glück!«[5]

Daland gibt seine Einwilligung, denn, wie er sagt, das Ziel eines jeden Vaters ist es, einen reichen Mann mit einer aufrichtigen Seele für seine Tochter zu finden. Und die Hoffnung steigt im Herzen des Holländers, denn er glaubt, daß eine Tochter, die ihren Vater liebt, auch ihrem Ehemann treu sein wird und ihn daher erlösen kann.

So ist sie mein . . . Wird sie mein Engel sein?
Wenn aus der Qualen Schreckgewalten
die Sehnsucht nach dem Heil mich treibt,
ist mir's erlaubt, mich festzuhalten
an einer Hoffnung, die mir bleibt?[6]

Als Daland mit dem Fremden nach Hause kommt, verlieben sich Senta und der Holländer sofort und können die Augen nicht voneinander lassen. Senta sieht das gequälte Gesicht und sehnt sich danach, diese gepeinigte Seele zu retten und damit ihren Kindheitstraum zu erfüllen. Der Holländer erblickt eine Frau mit dem Ausdruck holder Trauer und himmlischen Mitleidens, das Antlitz seiner tiefsten Träume, das Inbild der Rettung seiner Seele. Als Daland seine Tochter auffordert, den Antrag des Holländers anzunehmen und sie zustimmt, sind alle drei, Vater, Tochter und der Liebende, überglücklich. Aber dieses Glück ist von kurzer Dauer, denn der Holländer zweifelt daran, daß irgendeine Frau eines solchen Opfers fähig ist, und schreckt gleichzeitig vor den Gefahren zurück, in die sie sich begeben würde, wenn sie sein Schicksal teilte. Als der Holländer daher das menschliche Flehen Eriks um Sentas Liebe vernimmt, zerbricht sein Vertrauen, und aus Furcht davor, daß sie ihn verraten würde, gibt er sich als der Fliegende Holländer zu erkennen, der ewig Verdammte, und verläßt sie, um für immer fortzusegeln. Verzweifelt reißt sich Senta von Erik und Daland und den Mädchen der Stadt los, die sie zurückhalten wollen, läuft an den Rand der Klippe über dem Meer, und den Holländer rufend, schwört sie ihm Liebe bis in den Tod und stürzt sich ins Meer. Augenblicklich sinkt das Schiff des Holländers, und die beiden erscheinen verklärt in inniger Umarmung, wie sie aus dem Wrack des Schiffes am Meeresgrund in den Wellen aufwärts schweben. Die Oper endet mit dem »Liebestod«, einem Höhepunkt der Liebe im Tod.

In dieser Legende, die viele von uns täglich aufs neue inszenieren, sehen wir ein Hindernis für eine Beziehung. Auf seiten der Frau besteht das grandiose Bild eines verdammten Liebhabers, einer leidenden Seele, die nur sie retten kann. Durch den Wunsch ihres Vaters nach Reichtum und die extreme Liebe zu seiner Tochter ist sie auf dieses Bild eingeschworen. Die Legende zeigt uns außerdem ein Hindernis für die männliche Seite: ein Leben des ständigen Wagemuts und Abenteuers, das sich über die gewöhnlichen Grenzen und die Sicherheit so weit hinwegsetzt, daß er sich nicht binden oder ein menschliches Leben führen könnte. Die einzig mögliche Verbindung der beiden endet im »Liebestod«, einer Liebe im Tod, die nur in der übernatürlichen Welt möglich ist.

Manchmal leben sich beide Seiten dieser Legende in einer einzigen Person aus, wie es bei mir der Fall war. Ich war immer anfällig für die Verführung durch den Schattengeliebten und lebte jahrelang beide Seiten dieser Legende, immer in Verzweiflung und voll Sehnsucht nach einer Beziehung. Einerseits war ich Senta, die sich danach sehnte, im anderen das Außergewöhnliche zu finden. Das schien ein Vermächtnis von meinem Vater oder für ihn zu sein, da ich immer den schöpferischen, sensiblen, aufregenden Mann suchte, der mein Vater in meiner Vorstellung hätte sein können, wenn er nicht der Trunksucht erlegen wäre. Der Künstler und Dichter faszinierte mich, und ich lebte diese Phantasie aus, indem ich mich in die deutsche Romantik und den deutschen Expressionismus stürzte. Der romantische Rebell wurde mein Schattengeliebter. Zuerst suchte ich ihn aus der Ferne durch Lektüre, aber als ich nach Europa ging, wollte ich unmittelbar so viel wie möglich über ihn erfahren. Ich reiste durch ganz Europa zu den Stätten und Gräbern der schöpferischen Männer, die ich bewunderte – nach Kreta, um dem Geist Kazantzakis nachzuspüren, und zu den kleinen Städten in den Bergen der Toscana, die er so liebte; nach Norwegen, wo ich voll Ehrfurcht die herrlichen Gemälde von Munch sah; nach Duino in Italien, nördlich von Triest, wo Rilke die erste Fassung der *Duineser Elegien* empfing; zum Turm von Muzot im Tal von Raron in der Schweiz, wo seine Schöpferkraft zum letzten Mal zum Ausdruck kam und wo er begraben sein wollte; und dann nach Prag, wo Rilke geboren war und wo Kafka schrieb und umherwanderte. Ich fuhr nach Tübingen und saß in dem kleinen runden Turm am Neckar, wo Hölderlin lebte und seine Tage im Wahnsinn endeten. Als ich sein Schreibpult sah, das in Augenhöhe mit der Linie des Wassers stand, fühlte ich, daß ich sein Leben an der Grenze zwischen Bewußtsein und Unbewußtem sowie den Drang, in die Tiefen einzutauchen, verstand. Ich fuhr nach Paris, um die französischen Impressionisten zu sehen, den Fußstapfen Victor Hugos zu folgen, und dann nach Süden in die Provence, wo Chagall, Matisse und Picasso malten. In Irland fuhr ich nach Innisfree, zu der Insel, die Yeats so geliebt hatte, und auf die Aran Islands, die J. M. Synge nicht losließen. Ich ging nach Berlin, weil ich den Ort sehen wollte, wo Käthe Kollwitz gelebt und gearbeitet hatte und wo der Vater meines Vaters geboren war. Und natürlich besuchte ich die Hütte in Todtnauberg im Schwarzwald, wo Heidegger seine Werke verfaßt hatte, und den Turm C.G. Jungs in Bollingen. Im Laufe dieser Reisen lebte ich die Seite des Fliegenden Holländers aus, indem ich suchte und etwas wagte, von einem Ort zum andern flog, mich in meiner Einsamkeit jedoch immer nach einem Seelengefährten sehnte. Schließlich begann ich, die Welt meiner eigenen Träume zu betreten, und reiste an die Orte, zu denen meine Träume mich führten – zum Himalaja, wo ich meinen

Träumen von tibetischen Tempeln folgte, nach Peru auf dem Pfad der Inkas nach Machu Picchu, und nach Afrika, um den Kilimandscharo zu besteigen – ein lebendiger Traum meiner Kindheit. Diese Reisen gaben mir einen Sinn, und ich berührte Teile meiner Seele, denen ich vorher nicht begegnet war. Sie stellten mir die Aufgabe der Wandlung in der Suche der Psyche nach dem Eros. Aber sie trieben mich immer weiter an in meinem Lebensmuster der »Höhenfliegerin«. Wann blieb ich lange genug stehen, um dem Mann zu begegnen, den ich suchte? Gab es zwischen diesem romantischen Bild meines Schattengeliebten und meiner eigenen Verwirklichung seiner schöpferischen Suche überhaupt Raum und Zeit, daß eine echte Beziehung entstehen konnte? Die Bürde der Einsamkeit und Sehnsucht war offenbar der Preis, den ich dafür entrichten mußte, daß ich dem Weg meiner Träume folgte.

Wer mein erstes Buch gelesen hat, weiß, daß das Schreiben schließlich mein eigener Weg zur Erlösung wurde. Ich lernte, daß ich mich auf meinem Weg über das Schreiben auf Wanderschaft und in das Staunen begeben mußte, und daß ich nicht einfach den Worten anderer folgen konnte. Und so schrieb ich *Töchter und Väter*, um die verwundete Beziehung zu meinem Vater und zur Welt der Männer zu verarbeiten. Das Schreiben erforderte, daß ich zur Ruhe kam, daß ich mich einließ, daß ich von einem Ort aus schrieb und »für Worte einstand«, wie der Dichter Wendell Berry es ausdrückte. Das Schreiben erlaubte mir, die Möglichkeiten meiner Phantasie zu erkunden, und setzte mir gleichzeitig die Grenzen meiner Fähigkeiten. Ich war kein Rilke, aber ich war imstande, innerhalb meiner Grenzen etwas Sinnvolles für andere zu schreiben. Und wie Rilke führte das Schreiben auch mich zu einem tiefen Strom des Leidens in meinem Inneren hinab. Ich begreife nicht wirklich, was mit mir während der tränenreichen Zeit geschah, als ich *Töchter und Väter* schrieb, aber es passierten zwei unerwartete Dinge. Meine Träume und der Prozeß des Schreibens offenbarten mir, daß ich zum weiblichen Geist als Mittelpunkt zurückkehren mußte, und dazu mußte ich meine Projektionen der Kreativität von äußeren

Männern lösen. Ich nehme an, daß das Schreiben selbst die Rücknahme dieser Projektionen erforderte. Das zweite unerwartete Ereignis war, daß ich einige Tage, nachdem das Buch veröffentlicht war und ich es in Händen hielt, den Mann kennenlernte, mit dem ich jetzt lebe. Diese Beziehung verlangte von mir, daß ich ihre Grenzen akzeptierte – Grenzen, die der Fliegende Holländer nicht hinnahm. Ich bin dabei zu lernen, wie ich die Energie dieser archetypischen Gestalt der Kreativität und Liebe im Leben verwandeln kann, anstelle einer romantischen Liebe, die nur in einer übernatürlichen Welt möglich ist. Elizabeth Barrett Browning drückte dies, nachdem sie ihrem späteren Ehemann, Robert Browning, begegnet war, folgendermaßen aus:

> Ich lebte früher gern mit meinen Träumen.
> Sie zog ich menschlicher Gesellschaft vor,
> Und, statt zu lauschen manchem blöden Tor,
> Mocht ich zum Ritt das Flügelroß mir zäumen.
> Des holden Irrens in den lichten Räumen
> Ward ich dann müd – die Laute gab dem Ohr
> Kaum einen Ton, und meine Seele fror;
> Es wurde Herbst in ihren Wunderbäumen.
> Da kamest du, Geliebter, mir zu sein,
> Was vorher eitler Wunschgebilde Schein;
> Denn du verkörperst, das ist dein Beruf,
> Die Welt von Schönheit, die ich mir erschuf,
> Und senkst in meine Seele deinen Frieden –
> Ein Traumglück, dem Gott Wirklichkeit beschieden.[7]

Auch die Beziehung zwischen Bruder und Schwester ist häufig eine Quelle von Fixierungen auf den Schattengeliebten, die auf der inneren oder äußeren Ebene eine kreative Beziehung blockieren können. Der französische Film *Invitation au Voyage* bringt die Geschichte eines Zwillingspaares, eines Bruders und einer Schwester, deren Beziehung so eng ist, daß ihre Identitäten sich verwirren. Die Geschichte wird vom Standpunkt des Bruders erzählt, der seine Zwillingsschwester vergöttert, einen Rockstar, die eine Berühmtheit geworden ist. Er zieht immer hinter ihr her, wenn sie Aufnahmen macht oder auftritt, und ist eifersüchtig auf ihre Beziehungen zu Männern. Eines Abends bereitet er ihr, bevor sie wieder auf Tournee geht, ein Milchbad vor. Während sie sich in diesem Milchbad wohlig ausstreckt, trifft sie ein elektrischer Schlag, als das Kabel einer Lampe an der Decke durch einen Zufall in die Badewanne fällt, und sie stirbt. Der Bruder ist entsetzt, und als er sich vom Schock ihres Todes erholt hat, geht er selbst auf die Reise und nimmt ihren Leichnam in einem Bastkoffer mit. Er verteilt Publicity Posters in den Städten, durch die er kommt, als ob sie noch am Leben wäre. Die ganze Zeit hören wir immer wieder einen der Songs, die sie aufgenommen hatte, mit den Versen »Ich leide – folge mir nicht«. Als er sein Ziel erreicht, den Ort, wo sie an Bord eines Schiffes gehen sollte, errichtet er auf einem Hügel einen Scheiterhaufen und bestattet sie im Feuer. Dann geht er aufs Schiff und zieht ihre Kleider an. Der Film endet, als er, als seine Schwester verkleidet, die Schiffsreise antritt. Jetzt ist er eins mit ihr geworden.

In dieser Filmstory ist die Schwester zu einer unwiderstehlichen Schattengeliebten geworden, die so mächtig ist, daß der Bruder aus Liebe zu ihr seine eigene Identität verliert. Dies geschieht umgekehrt auch oft mit Schwestern, die ihre Brüder vergöttern. So war der Weg zur Hochzeit für eine Frau blockiert, die den größten Teil ihres Lebens nach dem Zwillingsgefährten ihrer Seele gesucht hatte. Schließlich fand sie ihn – er trug sogar denselben Namen wie der brüderliche Seelengefährte ihrer Träume, und sie schienen in allen Lebensbereichen, von den wichtigsten Werten bis zur kleinsten Einzelheit, einig zu sein. Aber als sie anfingen, miteinander zu leben, kam ihr die schokkierende Erkenntnis, daß die Unterschiede viel größer als die Ähnlichkeiten waren. Dies bestätigte die Furcht, die ihre Hoffnungen immer begleitet hatte, nämlich daß es einen solchen Zwillingsgefährten der Seele in Wirklichkeit gar nicht gäbe. Früher hatte sie distanzierte Männer gewählt, damit sie sich mit ihrer tiefsten Sehnsucht nicht auseinanderzusetzen brauchte, und jetzt, da sie sich endlich gestattet hatte, einen Mann zu lieben, den sie für ihren geheimen Seelengefährten hielt, mußte sie mit

ihrer Enttäuschung fertig werden. Sie betrachtete ihre Vergangenheit und lernte zu verstehen, wie diese Schattenliebe sich zu solcher Intensität entwickeln konnte. Sie war das erste Kind von Eltern, die sich so sehr einen Sohn gewünscht hatten, daß sie die Möglichkeit, vielleicht eine Tochter zu bekommen, gar nicht in Betracht zogen. Sie hatten einen männlichen Namen für das Kind ausgesucht, aber keinen Gedanken für einen Mädchennamen aufgewendet. Als sie geboren wurde, waren die Eltern so schokkiert, daß sie einige Wochen lang nicht einmal einen Namen für sie wählten. Wie es vielen Töchtern geht, die erstgeborene Kinder sind, spürte sie die bittere Enttäuschung ihrer Eltern, daß sie nicht ein Sohn war. Später erfuhr sie den Namen, der ursprünglich für sie ausgewählt worden war, und gab ihn ihrem imaginären Zwillingsbruder. Dies war zufällig der Name des Mannes, in den sich später so verliebte. Als diese Beziehung schließlich in Brüche ging, erkannte sie, daß sie von ihrem Ideal des Schattengeliebten verführt worden war, und mußte dieses Ideal des geliebten Zwillingsbruders sterben lassen und seinen Tod betrauern. Nachdem sie sich von ihm befreit hatte, begegnete sie einem Mann, den sie in Kürze heiraten wird.
Häufig wird der ältere Bruder vergöttert, vor allem dann, wenn der Vater abwesend, passiv oder selbst verwundet ist. Wenn der vergötterte Bruder eine positive väterliche Rolle für die Schwester spielt, dann kann ihre Wahl eines Partners oder ihre Unfähigkeit, einen passenden Partner zu finden, unmittelbar auf seinen Einfluß zurückzuführen sein. Eine Frau aus jüdischer Familie hatte einmal einen derartigen Schattengeliebten. Sie war nie imstande, einen Mann kennenzulernen, der sich mit ihrem begabten, edlen Bruder messen konnte. Sie war in ständiger Verzweiflung darüber, daß sie keine Männer traf, die sie anzogen. Als sie sich schließlich doch verliebte, war der Mann nicht jüdisch, und ihr Bruder mißbilligte die Beziehung. Um heiraten zu können, mußte sie ihre Identität von der des Bruders trennen und zur Kenntnis nehmen, daß er ein endliches menschliches Wesen war. In diesem Fall hatte der Bruder die Anziehungskraft des Märchenprinzen, und sie mußte aus dem Wunsch heraus-

wachsen, eine besondere »jüdisch-amerikanische Prinzessin« zu sein, die standesgemäß versorgt werden mußte, und ihre eigene weibliche Würde finden.

Wenn der vergötterte Bruder sich plötzlich gegen seine Schwester wendet, kann das große Verwirrung stiften und sie an den Schattengeliebten vom Typ des leidenden, verwundeten Heathcliff fesseln. Eine Frau erzählte mir, daß sie ihren Bruder vergöttert hatte, der neun Jahre älter war. Als sie in die Pubertät kam, liebkoste er ihre Geschlechtsteile und starrte sie an. Weil sie ihn vergöttert hatte, war sie außerstande, irgend jemandem von diesem traumatischen Ereignis zu erzählen. Wie die meisten Opfer eines Inzests, empfand sie Scham, Schuldgefühle und Zorn über diesen Verrat. Sie hatte sich mit ihm identifiziert, und jetzt war diese Identität zu einer Schande geworden. Als der Bruder älter wurde, machte er wenig aus seinem Leben und war beruflich erfolglos. Die Schwester, die mit ihm identifiziert war, vermochte es nicht, über ihren Bruder hinauszuwachsen, und fühlte sich schuldig, wenn sie es tat. Eines Tages sagte ihre Therapeutin zu ihr: »Sie sind nicht Ihr Bruder!« Diese Worte durchbrachen plötzlich ihre Phantombindung an ihn, und sie begann den Ablösungsprozeß von ihm. Der Abbruch der schattenhaften Identifizierung mit ihrem Bruder befreite sie zu ihrer eigenen beruflichen Entwicklung und zu ihrem eigenen Leben.

Der zornige, leidende Mann wurde zum Bild des Schattengeliebten für eine andere Frau, deren Vater und Brüder tief verwundet waren. Sie verinnerlichte diesen verwundeten Mann als eine Gestalt in ihrer eigenen Psyche. Sie war eine sehr attraktive und charismatische Frau und vermochte Männer mühelos anzuziehen. Aber eine äußere Hochzeit war nicht möglich, bis die innere Hochzeit des vertrauenden, spontanen Brautpaares gefeiert werden konnte. Ihr Vater war ein unbeständiger und sensibler »ewiger Jüngling«, der von einer mächtigen, hexenartigen Mutter der Alten Welt beherrscht wurde und mit einer naiven, fürsorglichen Frau verheiratet war, für die er immer ein Sohn bleiben wollte. Als sein ältester Sohn ungefähr neun Jahre alt war, begann der Vater eine inzestuöse Beziehung zu ihm. Gina, die einzige Tochter und das mittlere Kind, war damals fünf oder sechs Jahre alt. Der Vater setzte dem älteren Sohn mit seinen Belästigungen einige Jahre lang zu, und später, als der jüngere Sohn in die Pubertät kam, belästigte er auch ihn. Gina erlebte keinen tätlichen sexuellen Übergriff seitens ihres Vaters, aber die angsterfüllte Atmosphäre eines emotionellen Inzests ging in der ganzen Familienkonstellation um wie ein Gespenst. Als sie als Kind ihren Vater lieben wollte, war er emotional unverfügbar, und so wandte sie sich ihrem älteren, gutaussehenden, beliebten, sportlichen Bruder zu, den sie vergötterte. Aber der Junge entzog sich langsam seiner Familie und lebte in einer gequälten inneren Welt von Wut, Angst, Scham und Verwirrung. Er schien auf geheimnisvolle Weise sowohl seiner naiven Mutter aus dem Weg zu gehen, die es »hätte wissen müssen«, wie auch seinem um acht Jahre jüngeren Bruder, der offensichtlich das nächste Opfer war. Auch versuchte er, seiner ihn »anbetenden« Schwester aus dem Weg zu gehen, gegen die er den Verdacht bzw. das Mißtrauen hegte, daß sie es »wußte«, und die er dafür verachtete, daß sie es »*nicht* wußte«, über die er sich jedoch zerrissen fühlte, weil es die »Unschuld« ihrer Liebe war, in der er Zuflucht und Hoffnung suchte.

Gina war neunundzwanzig und ein Jahr in Therapie, als sie von diesen tiefen Wunden ihrer Familie erfuhr. Der ursprüngliche Grund, eine Therapie zu beginnen, war der, daß sie sich mit einer intensiven, unspezifischen Angst auseinandersetzen wollte, die sie in ihrem Leben lähmte. Von Anfang an spielte ihr älterer Bruder eine große Rolle in ihren Träumen. Da er für sie eine so positive äußere Gestalt war, neigten wir dazu, auch seine Traumpräsenz so zu betrachten. Als sie ihn in einem frühen Traum verteidigte, als er der Familie verkündete, er sei »bisexuell«, überlegten wir, was dies in ihrer Psyche für eine Bedeutung haben könnte, und interpretierten es auf einer rein symbolischen Ebene als die Ankündigung einer inneren androgynen Gestalt, ein Symbol der Integration männlicher und weiblicher Eigenschaften. Jetzt, mehrere Jahre später und nachdem wir die Tiefe des Schocks durchgestanden hatten, können wir in Demut und mit einem Maß an Humor auf diese Traumoffenbarung, daß ihre Brüder in Wirklichkeit von ihrem Vater belästigt worden waren, zurückblicken. Die plötzliche und unsanfte Enthüllung des Familiengeheimnisses stürzte Gina in einen schwarzen Abgrund. Es war ein Abstieg in den tiefen, depressiven Bauch des Walfisches, zu einer anscheinend endlosen Nachtmeerfahrt. Es war fast, als ob sie die Identität ihres Bruders angenommen hätte – die von Natur überaus lebhafte, leidenschaftliche und beinahe naiv vertrauensselige Frau zog sich zurück und wurde mißtrauisch gegenüber ihrer Familie, vor allem ihrem älteren Bruder, ihren Freunden, manchmal gegenüber dem therapeutischen Prozeß und sogar dem Mysterium des Lebens. Einige Jahre später schrieb sie folgendes über ihre Erfahrung:

> Der Schein von Harmonie und »Normalität« in der Familie wird zu einer Obsession eines Inzestopfers, und der Schein wird aufrechterhalten, indem man lernt, jedes echte, dem eigenen Selbst treue Gefühl um jeden Preis zu leugnen und zu zensieren. Das Inzestopfer zensiert ständig, vermeidet die Konfrontation und ist auf der Hut vor dem nächsten Übergriff auf seine Psyche. Als ich, die unwissende Schwester, meinen Platz in einer solchen Familienkonstellation suchte, verinnerlichte ich das Inzestopfer als eine innere Gestalt *meiner* Psyche. Jetzt lebt in *mir* die Gestalt einer verwundeten Frau in einem dichten Panzer, die bereit ist, den nächsten »Angriff« auf ihre Psyche abzuschießen.

Ihre Wunden schmerzten sie so tief, als ob sie selbst das Inzestopfer gewesen wäre! Dies ist zum Teil ihrer starken Identifikation mit ihrem Bruder (Brüdern) zuzuschreiben, aber emotionell war sie tatsächlich ein Inzestopfer der unbeständigen Familienkonstellation, die sie wie in einer Symbiose in ihrem Mittelpunkt festhielt: als das mittlere Kind und die »Unberührte« wurde sie zur Vermittlerin – zu derjenigen, die alle retten sollte. Wie sie sagte, »leiden alle an etwas, vor dem sie gerettet werden müssen. Ich muß dahinterkommen, was es ist, und sie retten.« Sie war eine einfühlsame, intuitiv begabte Person und sehr medial veranlagt, und wie es bei medial veranlagten Kindern oft vorkommt, spürte sie intuitiv, daß in ihrer Familie etwas schwer im argen

lag, daß ihr Vater und ihre Brüder Schmerzen litten – insbesondere der ältere Bruder, der selbst eine empfindsame, medial veranlagte Person war. Langsam wurde sie zu einer ängstlichen, angepaßten Persönlichkeit, die verzweifelt versuchte, die Billigung dieses Bruders zu gewinnen und Harmonie in der Familie herzustellen. Aber sie wußte nicht, was es war, das so im argen lag, und manchmal empfand sie Verachtung für sich, daß sie es nicht wußte. Gina nahm bewußt die Sorge, die Panik und die Last der Scham- und Schuldgefühle für ihre Familie auf sich. Und es war Gina, die sich in Therapie begab, um zu begreifen, was mit ihrem Leben nicht stimmte.
Im Laufe des gesamten therapeutischen Prozesses wiesen ihre Träume immer wieder auf ihre Brüder hin, sowohl vor als auch nach der Aufdeckung des Inzestgeheimnisses. In einem Traum hatte ihr älterer Bruder den »Schlüssel« zum Verständnis. In einem anderen Traum sagte ihr Mann ihr, daß es noch ein weiteres Geheimnis gäbe, das noch entsetzlicher sei als das Geheimnis des Inzests, das vor kurzem gelüftet worden war. Ein dritter Traum brachte ihr ein bedeutsames Bild des Entsetzens, der Scham- und Schuldgefühle und der gänzlichen Zerschmetterung, die sie als Resultat der Kontrolle ihres Bruders über die Ausrichtung ihrer Lebenskraft empfand.

Ich sitze mit meinem Bruder auf einem Pferd und reite abwärts auf einem langen Ritt in den Bergen. Mein Bruder hat das Pferd in seiner Kontrolle. Er hält die Zügel, und ich sitze hinter ihm. Ich liebe das Pferd sehr, auf dem wir reiten. Alles ist in Ordnung, bis ich in Panik gerate, als mein Bruder plötzlich das Pferd vom Weg abführt, aber er hat die völlige Kontrolle über das Pferd! Er lenkt das Pferd in einen großen Ventilator mit sehr scharfen Speichen, die sich entgegen dem Uhrzeiger drehen. Irgendwie komme ich von dem Pferd herunter, ich weine und bitte ihn, es nicht zu tun, und frage ihn, warum er diesem Pferd etwas so Schreckliches antun will. Er ist unerreichbar und antwortet nicht. Ich bin voll Entsetzen, da ich weiß, daß das Fleisch und Blut des Pferdes bald herumfliegen werden. Dann befinde ich mich wieder auf dem Weg, aber das Blut strömt wie in einem Sturzbach und schwemmt mich den Weg hinunter. Ich gehe unter und erbreche von dem Gestank. Dann bin ich am Fuß des Berges, und mein einziger Gedanke ist, das Blut von meinem Körper zu waschen, und ich frage mich, ob der Geruch dieses Horrors jemals weggehen wird.

Was war los mit dem Bruder, der so viel wußte, der das Idol ihrer Kindheit war, der ihr trotzdem mißtraute und ihr seine Verachtung zeigte, der sie sowohl liebte als haßte und sie offenbar in so etwas Gräßliches hineinführte? Nachdem sie die harte Arbeit des Erinnerns und des Bemühens um Verständnis im Kontext ihres ganzen Lebens geleistet hatte, drückte sie es unter anderem auf folgende Weise aus:

Ich geriet in eine schwere Suchtabhängigkeit von meinen Brüdern und der Billigung durch sie; ich freute mich maßlos, wenn Weichheit und schmerzhafte Liebe zum Vorschein kamen (sie komponierten für mich und machten mir kleine Geschenke), ich war verwirrt und erschrocken über die plötzliche und unerwartete Ablehnung und Verachtung... Mein »Schattengeliebter«, der innere Mann, den kein sterblicher Mann je erreichen kann, wurde ... der Fliegende Holländer, der ewig leidende, verdammte Mann, der nur durch die treue Liebe einer reinen Frau von seinem Schicksal erlöst werden konnte. Und so blieb ich, obwohl ich verheiratet war, die »unberührte Braut« und bewahrte mich gefühlsmäßig für »meine Brüder« auf, für den leidenden Mann, meinen »Schattengeliebten.«

Eines der wichtigsten Dinge wurde Gina offenbar, als sie das *I Ging* konsultierte, kurz nachdem sie von dem inzestuösen Mißbrauch ihres Bruders gehört hatte und davon aufgewühlt war. Das Hexagramm, das sie erhielt, war »Das heiratende Mädchen«, eines der vier Hochzeitshexagramme in diesem Orakelbuch taoistischer Weisheit. Sie war wie vom Schlag gerührt, als sie las: »Das ist das Bild des Mädchens, das dem Mann seiner Wahl folgt... das heiratende Mädchen ... (zeigt) den älteren Bruder, der seine jüngere Schwester dem Gatten zuführt.«[8] Wörtlich übersetzt, bedeutet der Titel des Hexagramms »Das Mädchen, das in Besitz übergeht«.[9] Gina sah auf einmal deutlich ihre »Ehe« mit ihrem Bruder und seine Ehe mit ihr in den Ansprüchen, die er an sie stellte. Das Hexagramm bringt dieses Bild des Eintritts eines Mädchens, das nicht die Hauptfrau ist, in das Haus ihres

Mannes und gibt einen Kommentar zu den notwendigen Voraussetzungen zur Veränderung dieser vorübergehenden Situation. Sie erkannte mit Trauer, daß sie die Verbindung zu ihrem Bruder abbrechen mußte, bis sie sich in der Lage fühlte, ihm begegnen zu können, ohne sich an ihn zu verlieren, ohne das Gefühl zu haben, daß sie ihn »retten« mußte, und ohne mit seiner »Hauptfrau« um seine Anerkennung und Liebe zu konkurrieren. Dieses Ringen, sich von ihrem heißgeliebten Bruder zu trennen und sich von ihm zu unterscheiden, mit dem sie sich früher identifiziert hatte, dauerte über ein Jahr.

Aber Gina erkannte auch die doppelte, weiterreichende Bedeutung, die das Hexagramm für sie hatte. Mit der Enthüllung des Inzestgeheimnisses hatten die Brüder ihr ein Geschenk gemacht, das sie auf den Weg führte, auf dem sie ihre eigene Identität finden konnte: sie hatten sie losgelassen und ihr die Möglichkeit gegeben, die innere Braut und den inneren Bräutigam in sich zu vereinen. Sie sah die Notwendigkeit ein, wie in dem Hexagramm stand, »durch die Ewigkeit des Endes das Vergängliche« zu erkennen. Weiter heißt es im Kommentar: »Das heiratende Mädchen bezeichnet den großen Sinn von Himmel und Erde. Wenn Himmel und Erde sich nicht vereinigen, so gedeihen alle Wesen nicht.«[10] So vermittelte dieses Hexagramm Gina ein Bild ihrer verwundeten Kondition, der Unterwerfung ihrem Bruder gegenüber, und es zeigte ihr auf wunderbare Weise den Weg der Heilung, der im Verständnis der Fakten ihrer vergangenen Entwicklung (des Vergänglichen) im Licht einer zeitlosen Perspektive lag. Dies war die Aufgabe ihrer Wandlung.

Sie war mit der Gabe der Vision und der Ehrfurcht vor dem Mysterium des Göttlichen gesegnet, und so hatte Gina aus dem Sinn ihrer Traumoffenbarungen sowie aus dem *I Ging* und bestimmten synchronen Ereignissen immer Hoffnung geschöpft. Sie neigte jedoch zu einer Haltung von »alles oder nichts«. Entweder sie reduzierte ihr Leben auf die Fakten ihrer konkreten Existenz, die ihr wegen der Inzestverwundung unerträglich vorkam, oder sie wollte in eine Welt des Ewigen flüchten, in der sie vom Schmerz menschlicher Verwundungen endlich befreit wäre.

Einmal drückte sie dies folgendermaßen aus: »Unglücklicherweise bin ich mir allzu schmerzlich dessen bewußt, daß ich mich noch immer nicht entschlossen habe, ›auf diesem Planeten zu sein‹, und mich mit meinem Menschsein noch nicht abgefunden habe. Ich setze mich immer noch gegen die Ordnung des Universums zur Wehr, indem ich mir menschliche Erfahrungen vom Leib halte und in einem sakralen Raum der Phantasie lebe. Wann werde ich meine Phantasien aufgeben und in das menschliche Leben eintreten?« Ginas Aufgabe der Wandlung bestand darin, in der Spannung menschlichen Leidens und des göttlichen Mysteriums zu leben. Da wurde ihr folgender Traum geschenkt, der ihr diese Aufgabe vor Augen führte:

Ich bin in einem Land Südasiens, in dem ein Putsch stattgefunden hat. ... Eine Masse verzweifelter Menschen versucht herauszukommen, »Rette sich, wer kann.« Chaos herrscht, es ist unmöglich, und ich bin verloren – sogar unsere eigene Polizei ist betrunken und mörderisch unberechenbar. ... Ich bin wie gelähmt, ohne Zuflucht, und weiß, daß dies mein Ende sein wird. In diesem entscheidenden Augenblick sehe ich einen australischen Arbeiter, der einen Straßengraben aushebt. Er fängt meinen Blick auf und vermittelt mir, daß er Angst um mich hat, daß es aber einen Ausweg gibt, der nur wenigen offenbart wird. Jenseits der Straße wird eine abwärtsführende Passage sichtbar, und seine Stimme leitet mich zur richtigen Stelle. Ich habe jetzt ein verwundetes kleines Mädchen und eine Frau bei mir. Schon das Hinuntergehen ist so, als würde ich in den Frieden und die Rettung hineingehen. Links ist ein Gebäude, und eine blinde Nonne erwartet uns an der Tür. Sie läßt eilig zuerst das verwundete Kind ein, und ich weiß, daß es gut aufgehoben ist. Die Nonne wirft einen Blick nach rechts und deutet mir an, wo ich hingehen soll: dort befindet sich ein einfacher Altartisch mit einer Puppe und einer Blumenvase darauf. Ich fühle mich sofort dazu hingezogen, und meine Freundin folgt mir und kniet vor dem schlichten Symbol der Muttergottes nieder. Ich bin in einem Kloster, das nur das Allernötigste enthält, aber es ist voll vom Geist Gottes, und ich weiß, daß andere zur Vorbereitung für ein neues Leben hier Unterkunft finden und früher gefunden haben. Danach werde ich in einem Raum links von diesem Tisch geschickt zur Mutter Oberin, die mich unterweisen wird. Ich schluchze, bete inbrünstig und schütte alle Leiden meines Lebens und meiner Familie aus. Ich sage der Muttergottes, daß ich alles zurückgelassen habe, daß ich jetzt völlig allein bin; wie soll ich weitermachen, ich habe keinen Lebenszweck, ich will nicht mehr leben ... im wesentlichen alles durch »Telepathie« ... und ich erschrecke vor Ehrfurcht, als diese Gestalt lebendig wird und zu mir mit weiser und ganz wundervoller Stimme spricht, sanft lächelt und sagt: »Ja, Gina, du hast ein schweres Leben gehabt, ich weiß alles, was du und alle deine Nächsten durchgemacht haben, aber *du* bist jetzt in Sicherheit. ... und du sollst wissen, *daß ich dich um dein körperliches Leben beneide*. Jetzt ist alles geklärt, damit du einen neuen Weg gehen kannst, und du mußt ihn gehen, da meine Göttlichkeit von deinem Menschsein abhängt und davon, daß du das dir bestimmte menschliche Leben voll und ganz lebst. Wir können unsere Arbeit nicht tun, ohne daß du die deinige tust. Du mußt weitermachen. Dir ist eine Arbeit auferlegt.« Ich wache auf, und mir ist, als wäre ein Leuchten im Zimmer, eine göttliche Präsenz, und ich liege eine ganze Weile wach und kann mich von der Gewalt dieser »Vision« nicht losreißen.

Der erste Teil des Traumes zeigt auf dramatische Weise die Angst und das Chaos, indem sie lebte, wie ihre Welt verletzt worden war, so daß sie offenbar keine Zuflucht hatte. Sie *war* die »heimatlose« Frau und fühlte sich tatsächlich verloren wie zahlreiche Kinder aus inzestuösen und/oder Alkoholikerfamilien. Es gab jedoch einen Ausweg, den nur der australische Straßenarbeiter kannte. Hier war eine innere, männliche Gestalt, die sich in Gina einfühlen und ihr außerdem den Weg in die Sicherheit weisen konnte. Dieser Arbeiter aus dem »Land unter unseren Füßen« symbolisierte die harte Arbeit, die dazu erforderlich wäre, die Notwendigkeit, hinunterzugraben in die Psyche und den Abgrund, und die produktive Arbeitsbeziehung zur Erde, die sie honorieren mußte. Er war die Gestalt des Arbeiters in ihrem Inneren, der sie folgen mußte, um den sakralen Bereich der Sicherheit, den heiligen Raum der Muttergottes, die ein Urbild des weiblichen Geistes war, zu erreichen. Ja, es war ihr, wie sie später erkannte, als ob sie »in die Tiefen von Schmerz, Depression und Chaos hinabgestiegen wäre, wo die mächtige Göttin Ereschkigal residiert, wo die Möglichkeit weiblicher Verwandlung noch lebt und Frauen Kraft gibt, dem Männlichen ebenbürtig zu begegnen.« Und in ihren Träumen war dieser geheiligte Raum nicht oben, sondern tief unten im Herzen der Erde; nicht abseits vom endlichen physischen Dasein, sondern inmitten der Wirklichkeit ihres sterblichen menschlichen Lebens. Das Herz des Heilens lag nicht in der Flucht aus ihrer menschlichen Verwundung, sondern daß sie ihr menschliches Leben *auslebte*, ein Bild des »verwundeten Heilers«, und ihr wurde mitgeteilt, daß das Göttliche ihr *Sein* zu dieser Aufgabe brauchte. Ihre Reise sollte nicht in bewußten selbstmörderischen Bildern oder in einem Traumbild enden, daß sie »erlöst von menschlichem Leiden in das weiße Licht des Friedens und der Erlösung« eingehen könne. Hier, in diesem anderen magischen Traum tat sich ein Bild des Weges zur Hochzeit für Gina auf – die kosmische Hochzeit des Menschlichen mit dem Göttlichen! Mutig hat sie die schwierige Arbeit zu diesem Endziel auf sich genommen und versucht, sowohl für menschliche Beziehungen als auch für die Erfahrung des Göttlichen »aktiv empfänglich« zu bleiben.

Die Schattengeliebte kann auch eine mächtige Kraft in der Psyche eines Mannes sein. Sie kann wie eine ephemäre Vision vor seinen Augen umhertanzen und ihn so blenden, daß er zu den wirklichen Frauen um ihn nicht in Beziehung treten kann. Manch einer wurde von diesem sylphidenhaften inneren Bild verzaubert, das ihn von der Hochzeit fortlockt. Das Ballett *La Sylphide*, eine romantische Sage aus dem alten Schottland, ist ein solcher Tanz der Schattengeliebten. Ein junger schottischer Landmann, James Reuben, verläßt gerade das Haus seiner Mutter, um zu heiraten. Die Hochzeit steht unmittelbar bevor. Er ist bereits für die Feierlichkeit gekleidet und schläft ein. Er ist in eine Traumwelt versunken, als eine wunderschöne geflügelte Sylphide in einem langen, durchsichtigen weißen Kleid erscheint und um seinen Stuhl tanzt. Im Traum folgt James diesem anmutigen Geschöpf aus einer anderen Welt und erblickt in ihrem Gesicht ein Lächeln der Liebe, von dem er meint, es könne in der gewöhnlichen Welt weiterbestehen. Plötzlich erwacht er und streckt die Arme nach der Sylphide aus, doch erschreckt von dem Übergang in die Wirklichkeit, entzieht sie sich seinem Zugriff und verschwindet. Die Vision war so stark, daß James nicht glauben kann, daß es nur ein Traum war. Da tritt seine Mutter ein mit Effie, seiner Braut, und James nimmt mit Bestürzung wahr, daß er sie ganz vergessen hat. Er küßt sie und sagt ihr, daß er schon lange auf diesen Tag ihrer Hochzeit gewartet habe. James' Mutter umarmt das Paar, und James vergißt seinen Traum in der Gegenwart seiner Geliebten. Die Brautjungfern kommen, und die Vorbereitungen für das Hochzeitsfest beginnen. Doch als James die zuckenden Flammen im Kamin erblickt, lenkt ihn eine flüchtige Erinnerung an die Sylphide ab. Er sieht, wie sich etwas in der dunklen Ecke bewegt, wo er die tanzende Sylphide zum letzten Mal sah, doch statt der schönen Sylphide, erscheint eine schreckliche Gestalt – die alte Gret, die Dorfhexe. Beim Anblick dieses runzeligen, schmutzigen, gespensterhaften Gesichts schickt James sie fort und geht zornig weg. Die alte Gret ist eine Wahrsagerin, und so hält Effie ihre Hand hin und fragt sie, ob ihre Ehe glücklich sein werde und ob James sie liebe. Die alte Gret bejaht die erste Frage, verneint jedoch die zweite. Entrüstet jagt James die Alte fort, und Effie, beruhigt durch seine Reaktion, glaubt an seine Liebe. Und als James in Effies Augen blickt, glaubt er es auch. James' Mutter kommt und führt Effie fort, um sie für die Hochzeit anzukleiden.

Sobald er wieder allein ist, steigen James Zweifel an der bevorstehenden Hochzeit auf. Die Sylphide war so berückend, und in diesem Augenblick erscheint sie ihm wieder, jetzt mit einem Ausdruck süßer Trauer, weil sie weiß, daß James heiraten wird. Sie sagt ihm, daß sie ihn liebe, und daß sie sterben müsse, weil ihr Leben nun aller Schönheit entbehre. James gesteht ihr seine Liebe, und die Sylphide tanzt im Zimmer umher, und er sieht ihr hingerissen zu. Aber er hat auch Angst – was soll aus der Hochzeit werden? Die Sylphide verschwindet wieder, und die Braut und die Hochzeitsgäste treten ein. Sie trinken dem Paar zu, die Musik spielt auf, und James und Effie beginnen zu tanzen. Doch da kehrt die Sylphide zurück, die nur James sehen kann, und zum Erstaunen aller wendet er seinen Blick von seiner Braut ab. Der Tanz des Paares wird nun ein Pas de trois, denn die Sylphide ahmt jede Bewegung Effies nach, die James' verzweifeltes Bemühen, dem Tanz der Sylphide zu folgen, nicht bemerkt. Die Hochzeitszeremonie beginnt, und gerade als die Ringe getauscht werden sollen, nimmt die Sylphide den Ring aus seiner Hand. Die Gäste sind entsetzt, und Effie bricht in Tränen aus. Die Sylphide flüstert James zu, daß sie sterben würde, wenn er eine andere heiratete. James erschrickt zutiefst und trifft seine Wahl: er will die Sylphide. Der sich so seltsam betragende Bräutigam verschwindet, und der Hochzeitsschleier wird abgenommen. James' Mutter und sein Freund Gurn, der Effie heimlich liebt, trösten die verlassene Braut.

James verläßt den Schauplatz der Hochzeit, um seiner Sylphide zu folgen, und betritt einen Wald. Er trägt ein zartes Vogelnest mit bunten Eiern und wird jetzt für die Vermählung mit der Sylphide angekleidet. Er findet eine kleine, finstere Höhle, wo die alte Gret und ihre Mithexen gerade einen Trank in einem schwarzen Kessel gebraut haben, aus dem sie ein wunderschönes Zaubertuch zogen. Als James sich der Höhle nähert, erscheint plötzlich die Sylphide und tanzt schweigend unter den Bäumen. Von ihrem Zauber betört, schenkt er ihr das Nest mit den Eiern. Aber die Sylphide fürchtet sich vor dem Nest, denn die lebendigen Vögel des Waldes unterstehen einer anderen Macht als sie. Sie tanzt mit dem Nest davon und kehrt mit anderen Sylphiden zurück, die sich um die Liebenden scharen und ihnen ihre Huldigung darbringen. James fordert die Sylphide zum Tanz auf, aber auf geheimnisvolle Weise ist sie jedes Mal verschwunden, wenn er sie in den Arm nehmen will. Dies geschieht viele Male – einmal ist sie da, dann wieder nicht, und James gerät außer sich. Warum erscheint und verschwindet sie so rätselhaft im Wald, wo sie einander lieben dürfen? Ist seine Liebe eine Illusion?, fragt er sich in Verwirrung. Dann vernimmt er ein Rascheln von Zweigen an der Stelle, wo die Sylphide das letzte Mal verschwand, und aus der Höhle tritt die alte Gret. In Verzweiflung sagt er zu der Zauberin: »Die Sylphide ist nie bei mir. Ich suche sie und kann sie nicht finden. Ich strecke die Arme aus, um sie an meiner Seite zu berühren, aber sie entzieht sich meiner Umarmung.«[11]

Die alte Gret bietet ihm Hilfe an mit ihren okkulten Kräften und reicht ihm das Zaubertuch. Wenn James es der Sylphide um die Schultern lege, würde sie sich ihm nie mehr entziehen können. James verneigt sich dankbar vor der Alten, und ihre Augen funkeln triumphierend. Sie zieht sich in die Höhle zurück, als die Sylphide sich wieder nähert. James umfängt sie in glühender Umarmung und legt ihr das leuchtende Tuch um die Schultern. Aber die Sylphide schreit auf vor Schmerz, ihre Flügel flattern zu Boden, und mit einem Ausdruck des Entsetzens stößt sie ihn von sich und fällt tot auf die Erde. Die Sylphiden nehmen ihre tote Schwester zärtlich in ihre geflügelten Arme und tragen sie fort. Überwältigt vom Kummer über die Zerstörung der Romanze bricht James in Tränen aus unter dem höhnischen Gelächter der Zauberin, das von den Wänden der finsteren Höhle widerhallt, und der fröhlichen Hochzeitsmusik der Dudelsackpfeifen aus der Ferne. Die Hochzeit, das Heim und das Glück, das er mit Effie hätte haben können, sind ihm jetzt für immer verloren, denn sie heiratet seinen Freund Gurn.

Der Mann, der den Zauber der Sylphide will, möchte ihn eigentlich in seinem Inneren besitzen. James ist ein an seine Mutter gebundener Mann, der bis zu seinem Hochzeitstag bei seiner Mutter lebte, und die Geschichte erwähnt keinen Vater. Er ist außerdem romantisch veranlagt und steht der Welt der Träume und Visionen nahe – so sehr, daß sie sich bis zu einem Grad in sein Leben mischen, daß eine Unterscheidung zwischen beiden unsicher und wirr ist. Effie, die Braut, ist schön und anziehend, und James liebt sie wirklich. Doch im Vergleich mit der betörenden Sylphide ist ihr alltäglicher Liebreiz farblos und undramatisch. Die Sylphide steht natürlich mit der Hexe und Zauberin in Verbindung – sie erscheinen und verschwinden an denselben dunklen Orten. Und die Hexe kennt das Geheimnis der Sylphide: Ihre Wunderflügel vermögen nur zu fliegen, solange niemand sie besitzt. Obwohl sie James zuflüstert, daß sie sterben würde, wenn er eine andere liebte, ist die Wahrheit vielmehr die, daß sie sterben wird, wenn er sie zu sehr liebt. Sie ist wirklich eine Partnerin für ihn, jedoch nicht für eine Vermählung in der irdischen Welt. Hier liegt sein Irrtum. Er will seine Liebe zu ihr auf die irdische Ebene bannen – auf Herd und Heim und häusliches Glück –, während sie dem Bereich des Spirituellen angehört, des freien Flugs der schöpferischen Phantasie. Wäre er mit der alten Gret, der Zauberin, richtig umgegangen, hätte er vielleicht beide Bereiche und beide Hochzeiten, die innere und die äußere, integrieren können. Die alte Gret versteht die Spaltung in ihm, und sie benützt sie, um ihn zu zerstören. Seine erste Reaktion auf sie war Widerwillen und Zorn, und er schickt sie weg. Aber als er im Wald erkennt, daß sie Kräfte besitzt, die ihm helfen können, schmeichelt er ihr und ist gewillt, alles zu tun, um seine Sylphide an sich zu binden. In keinem von beiden Fällen zeigt er Achtung vor der Hexe oder ihrem Wissen – er verurteilt einfach oder schmeichelt. Sein Leben mit seiner positiven Mutter hat ihm kein Verständnis der Macht des Weiblichen gegeben. Noch dazu hatte er keinen Vater, der ihn zu einer männlichen, instinkthaften Weisheit als Gegengewicht dazu hätte führen können.

Der moderne Prototyp von James ist sehr verwirrt bezüglich dessen, was er will. Oft begegnet ein Mann einer Frau, die äußerlich entweder eine Sylphide oder Effie zu sein scheint, und dann entdeckt er, daß sie beides ist und die Hexe dazu. Wenn er in sein Inneres blickte, würde er dieses Trio, das integriert werden muß, auch in sich selbst erkennen. In bestimmter Weise ist die Hexe ein Schlüssel zur Integration. Sie kennt die dunklen Höhlen, die man bei beiden Hochzeiten betreten muß – der Hochzeit der Kreativität und der Hochzeit des Herdes. Wenn er ihr Ehre erweisen würde, könnte sie sogar alle drei zusammenbringen – die Sylphide, James und Effie – und die Hochzeitszeremonie vollziehen.

Wenn die Schattengeliebte als das geheimnisvolle Wesen geehrt wird, das uns in die Geheimnisse der Psyche einführt, kann eine Hochzeit mit der Muse stattfinden. Doch ebenso wie die Sylphide stirbt und ihre Flügel verliert, die Flügel der Phantasie, wenn man sie besitzen oder einfangen will, so verlieren wir auch die Seele, wenn wir sie bannen und auf eine Person oder etwas Konkretes projizieren.

Das Ringen darum, die Schattengeliebte auf einer inneren Ebene als schöpferische Muse zu ehren, war die Aufgabe der Wandlung für einen Mann, der folgenden Traum hatte:

Ich bin mit einer geheimnisvollen, schönen jungen Frau zusammen. Sie ist eine Konzertpianistin. Ich versuche, sie zum Spielen zu überreden, vor einem Auditorium aufzutreten, aber sie zögert. Außerdem spreche ich mit einer älteren weiblichen Gestalt (einer weisen alten Frau?), der Leiterin eines Orchesters oder einer Musikschule. Ich möchte ihre Unterstützung gewinnen, um die junge Frau zu beeinflussen, die mir entgegenhält: »Aber du liebst Musik doch gar nicht!« Und das stimmt – der Wunsch und die Anerkennung sind vorhanden, aber es fehlen die Kenntnisse, das Verständnis, die Liebe oder der Glaube.

Der Traum kam zu einer Zeit in seinem Leben, als es unmittelbar darum ging, sich auf sein seelisches Wachstum einzulassen. Er hatte jahrelang eine Frau geliebt, die für ihn die Seele verkörperte. Sie war es, die ihn dazu angeregt hatte, in die Analyse zu gehen, um herauszufinden, wohin die Reise seiner Seele ihn führen würde. Er war jedoch schon verheiratet, und obwohl er diese Frau sehr liebte, liebte er auch seine eigene Frau und Familie. Jahrelang lebte er in Unentschlossenheit – er konnte sich weder für die eine noch für die andere Frau völlig entscheiden. In mancher Hinsicht war sein Leben so wie das von James am Tag vor der Hochzeit mit Effie. Die meiste Zeit war er in seinen Traum von der mystischen Sylphide versunken, die er auf die »andere Frau« projizierte. Dann erwachte er jedoch wieder und sah die reizende und praktische Frau, mit der er zwar verheiratet war, für die er sich jedoch im Grunde seines Wesens nicht gänzlich entschieden hatte. Er war Architekt von Beruf, und derselbe Konflikt präsentierte sich in seiner Arbeit. Er hatte Angst davor, der künstlerischen Vision seines Herzens vollen Ausdruck zu verleihen, weil er fürchtete, auf der praktischen Ebene zu scheitern.
Innerlich quälte er sich mit Selbstzweifeln, Schuld- und Schamgefühlen wegen seiner Unfähigkeit, eine Entscheidung zu treffen. Wie bei James gab es bei ihm eine innere Hexe, die seine

Fähigkeit zu echter Bindung untergrub. Er war mit einer Mutter aufgewachsen, die in ihren verzweifelten und verbitterten Gefühlen gegenüber Liebe und Glauben, Geheimnis und allen mystischen Dingen wie eine Hexe fungiert hatte. Die Spaltung, die er zwischen der praktischen Welt und der Welt der Kunst, zwischen seiner praktischen Frau und der Frau erlebte, die für ihn Trägerin der Seele war, spiegelte eine Spaltung in seinem Inneren. Bevor er sich wirklich für eine Frau oder für sein künstlerisches Werk entscheiden konnte, mußte er diese innere Spaltung heilen. Dies erforderte, daß er sich mit der Gestalt der Hexe in seinem Inneren auseinandersetzte, die jetzt als Schelm auftrat, wie die Hexe in *La Sylphide*, die James zu dem Glauben verleitete, daß er menschlich besitzen könne, was überirdisch und nur in ehrfürchtiger Weise zu würdigen ist. Um diese innere Hexe in den Griff zu bekommen, mußte er zuerst ihre Existenz in seiner Psyche anerkennen und ihr gegenübertreten. Im Verlauf der Analyse gewann er die Stärke für die Begegnung mit ihr, ein notwendiger Schritt zur Verwandlung des inneren Weiblichen. Für ihn bedeutete dies, daß er seine zornigen Gefühle gegenüber Frauen ausdrücken mußte, Gefühle, die er zu verbergen trachtete und die sich folglich gegen ihn selbst richteten und ihn einer verzweifelten Tatenlosigkeit überließen. Als sich dies in der Therapie herausstellte, gegenüber Frauen in seinem Arbeitsleben und seiner eigenen Frau, wurde die Kommunikation besser. Im weiteren Verlauf begab sich auch seine Frau in Therapie und begann ihre eigene Seelenarbeit. Außerdem mußte er die Realität der anderen Frau konfrontieren, die sich zu einer Heirat entschloß, nachdem sie viele Jahre auf ihn gewartet hatte. Ihre Heirat machte ihn wütend, andererseits löste diese Realität die konkrete Frau von dem Sinn des Lebens, den er auf sie projiziert hatte.

Dies Ergebnis machte ihn frei für die Begegnung mit seiner inneren Seelenfrau, die zum ersten Mal in dem obigen Traum auftauchte. (Früher war sie immer in Gestalt der anderen Frau erschienen.) In dem Traum war seine geheimnisvolle Muse anwesend, wollte aber nicht spielen. Er wußte, daß er die ganze erfahrene Weisheit des Weiblichen anrufen und diese Hilfe gewinnen mußte, um seine Muse dahin zu bringen, daß sie ihre Kreativität ausdrückte. Aber die Muse konfrontierte ihn und sagte: »Aber du liebst Musik doch gar nicht!« Als er erwachte, erkannte er seine Aufgabe der Wandlung: er mußte das Mysterium der schöpferischen Muse in seinem Inneren honorieren, damit er sich mit Liebe und Glauben voll auf sie einlassen konnte und die Fähigkeit gewann, diese innere Kreativität in seinem Leben zum Ausdruck zu bringen.

4 Die Verzauberung

Der Mond ist keine Tür. Es ist selbst ein Gesicht,
Weiß wie ein Knöchel und schrecklich aufgeregt.
Er schleppt das Meer nach wie ein finstres Verbrechen;
    er schweigt
Mit dem klaffenden O kompletter Verzweiflung.
    Ich wohne dort.
...
Die Eibe zeigt aufwärts. Ihre Gestalt ist gotisch.
Die Augen erheben sich an ihr und finden den Mond.
Der Mond ist meine Mutter. Sie ist nicht süß wie Maria.
Ihre blauen Gewänder lassen kleine Fledermäuse
    und Eulen los.
Wie gerne möcht ich an Zärtlichkeit glauben.

Sylvia Plath
Der Mond und die Eibe

Viele Paare finden ihren Weg zur Hochzeit blockiert durch eine Lähmung ihrer Kraft zu handeln, zu entscheiden, sich zu binden. Diese Lähmung, die man gewöhnlich in der kindlich-knabenhaften oder kindlich-mädchenhaften Seite von sich selbst erlebt, kann eine Person im Zauberbann der Melancholie oder des Wunschdenkens gefangenhalten. Wenn dieser Zustand der Unentschlossenheit und der Unfähigkeit, im Leben oder in einer Seelenbeziehung eine endgültige Verpflichtung einzugehen, vorliegt, dann ist es so, als wären die schöpferischen Energien wie unter einem Zauberbann.

Das Ballett *Schwanensee* ist eine romantische, aber tragische Geschichte von einer Vermählung, die auf der menschlichen Ebene durch Verzauberung blockiert wurde. Im Hintergrund stehen eine mächtige Mutter, ein böser Zauberer und eine dunkle, aber betörende Gestalt der Phantasie. Das Ballett beginnt mit

dem einundzwanzigsten Geburtstag des Prinzen Sigfried, der seine Jugend und Freiheit bei Wein und Tanz auf einer Jagdgesellschaft aus Anlaß seiner Volljährigkeit feiert. Sein unbeschwerter Sinn wird durch die Ankunft seiner Mutter unterbrochen, die ihn daran mahnt, daß er jetzt ein Mann sei und die Pflicht habe, auf dem feierlichen Geburtstagsfest, einem Hofball, der am folgenden Abend stattfinden soll, eine Braut zu wählen. Der Prinz ist zwar beunruhigt, antwortet jedoch voll Pflichtbewußtsein auf den Befehl seiner Mutter, aber sobald sie die Gesellschaft verlassen hat, fährt er fort mit Tanz und Spiel, um sich die Sorgen über den Verlust seiner unbeschwerten Jugend zu vertreiben. Als ein Schwarm von Schwänen in den Lüften vorbeifliegt, regt ein Freund Sigfried zu einer Jagdpartie an, in der Hoffnung, ihn vom nächsten Morgen abzulenken.
Beim Jagen erblickt Sigfried eine prachtvolle Schwanenkönigin, welche die Schwäne, die sich auf einem großen See niedergelassen haben, anführt. Verzaubert betrachtet er den Schwan näher, und zu seiner Überraschung verwandelt er sich in die schönste Frau, die er je erblickt hat, ein zauberhaftes Geschöpf, das sowohl ein Schwan als auch eine Frau zu sein scheint. Der Prinz verliebt sich augenblicklich in sie, und als er nähertritt, erschreckt er sie. Doch als sie merkt, wie sanft er ist, enthüllt sie ihm, daß sie Odette, die Schwanenkönigin sei, und erzählt ihm ihre Geschichte. Sie ist eine Prinzessin von edler Geburt, die unter dem Zauberbann eines bösen Zauberers steht. Der Zauberer verwandelte sie in einen Schwan, und nur zwischen Mitternacht und Morgengrauen darf sie in ihre menschliche Gestalt zurückkehren. So muß es bleiben, es sei denn, es fände sich ein Mann, der sie liebt, heiratet und ihr ewige Treue schwört. Nur dann kann sie erlöst und wieder eine menschliche Frau werden. Wenn ihr Gefährte aber untreu wird, bleibt sie für immer ein Schwan. Odette erzählt ihm auch, daß der See, an dem sie sich befinden, aus den Tränen ihrer Mutter über ihre Verzauberung entstand. Sigfried schwört ihr seine Liebe und Treue. Da erscheint der Zauberer, und im Zorn legt Sigfried seinen Pfeil und Bogen an, um ihn zu töten. Doch Odette hält ihn ab, denn wenn der

Zauberer getötet wird, bevor der Zauberbann gebrochen ist, würde sie mit ihm sterben. Als der Zauberer verschwindet, umarmt der Prinz Odette und fordert sie auf, am nächsten Abend zum Hofball zu erscheinen, da er dort auf Befehl seiner Mutter eine Braut wählen müsse. Odette antwortet ihm, daß sie nicht auf dem Ball erscheinen könne, solange sie nicht verheiratet sei und der Zauberer noch Macht über sie habe. Sie warnt Sigfried außerdem, daß der Zauberer jedes Mittel anwenden würde, um seine Macht zu erhalten, und daß er versuchen würde, Sigfried mit List zu einem Bruch seines Gelöbnisses der Liebe und Treue zu verleiten. Wenn dies geschähe, würde Odettes Schicksal der Tod sein. Noch einmal schwört Sigfried ihr ewige Liebe. Beim Herannahen der Morgendämmerung verwandelt Odette sich wieder in ihre Schwanengestalt, entschwindet und läßt Sigfried untröstlich zurück.

Am nächsten Abend versammeln sich die Gäste zum Hofball unter dem Vorsitz von Sigfrieds Mutter, der Königin. Die Königinmutter hat sechs Prinzessinnen ausgewählt, die als Bräute für ihren Sohn in Frage kommen, doch Sigfried denkt an seinen Schwur gegenüber Odette und interessiert sich nicht für die Prinzessinen. Zornig und eifersüchtig wegen der mangelnden Aufmerksamkeit ihres Sohnes, schilt die Königin ihn für sein seltsames Verhalten. In diesem Augenblick kündigt eine Fanfare die Ankunft zweier neuer Gäste an, des geheimnisvollen Barons von Rothbart und seiner Tochter Odile. Sigfried starrt Odile verzaubert an, denn obgleich sie ganz in Schwarz gekleidet ist, ist sie das Abbild seiner geliebten Odette. Odile erwidert seinen Blick mit kaltem und doch leidenschaftlichem Interesse und streckt ihm ihre Hände entgegen. In der Ferne erscheint eine Vision von Odette, der Schwanenkönigin. Sie winkt Sigfried, aber er sieht sie nicht, betört von der dunklen Odile, die er irrtümlich für Odette hält. Der Baron lächelt triumphierend, als er sieht, wie Sigfried von Odile in ihren Bann gezogen wird. Denn er ist in Wirklichkeit der böse Zauberer, der sich und seine listige Tochter verwandelt hat, um Sigfried zum Bruch seines Versprechens zu verleiten. Lächelnd wendet er sich der Königinmutter zu, die von den Schmeichelreden des Barons und der Erscheinung seiner Tochter gefesselt ist und hofft, daß ihr Sohn sich mit Odile verloben wird. Im Banne Odiles tanzt Prinz Sigfried nun mit ihr – keinen zärtlichen Tanz wie mit Odette, sondern einen blendenden, kalten, hochmütigen. Berückt von Odiles Schönheit und ihrer Ähnlichkeit mit Odette, ist Prinz Sigfried in diesem Tanz nicht mehr der Führende. Odile stellt mit atemberaubender Präzision ihre Macht über ihn zur Schau, und als der Prinz sie stützen will, entzieht sie ihm ihre Hand und steht allein auf Zehenspitzen in meisterhaftem Selbstgenügen. Wieder erscheint eine Vision von Odette in der Ferne, aber Odile tritt kokett zwischen Sigfried und die Vision, und so sieht er sie nicht. Triumphierend umkreist ihn Odile in schnellen Wirbeln, die endgültig ihre Macht über ihn kundtun. Völlig verzaubert hält Sigfried beim Baron um die Hand von Odile an. Der Baron willigt ein und verlangt von Sigfried den Schwur, daß er nie eine andere lieben werde. Sigfried ergreift ein Unbehagen bei diesen Worten, die ihm vertraut klingen, aber seine Liebe zu Odile ist so groß, daß er den Schwur leistet. Als das Bild Odettes wieder auftaucht, drückt die Musik ihren Verzweiflungsschrei aus, während der Baron und Odile in grausames Gelächter ausbrechen und triumphierend ihren Betrug offenbaren. Sigfried ist entsetzt und sieht jetzt in der Ferne die weinende Odette, die hilflos die Arme nach ihm ausstreckt. Aus Schuldgefühl und Entsetzen darüber, daß er den bösen Machenschaften des Zauberers zum Opfer gefallen ist, stürzt Sigfried ohnmächtig zu Boden.

Am Ufer des Sees beklagen die Schwanenmädchen das Schicksal ihrer Königin. Odette kehrt zurück und erzählt ihnen, daß sie von Sigfried verraten wurde, weil der Zauberer ihn als Baron überlistet hat, und daß sie sterben muß. Die Schwanenmädchen raten ihr, noch zu warten und Sigfried anzuhören, der bloß ein Sterblicher ist und keine Kenntnis haben konnte von der Zauberkraft des Barons. In seiner Verzweiflung sucht Sigfried nach Odette, und als er sie findet, schwört er ihr seine Liebe und bittet sie um Vergebung. Odette verzeiht ihm und drückt ihre Liebe zu dem Prinzen zärtlich in einem Tanz aus, aber sie erinnert ihn daran, daß sie sterben muß, denn nur im Tod kann sie von der Macht des Barons erlöst werden. Da erscheint der Baron, Sigfried stellt sich ihm entgegen, und die Liebenden umarmen sich einen Augenblick lang. Doch dann stürzt sich Odette in den See, um zu sterben, und Sigfried folgt ihr nach und ertrinkt. Sigfrieds Liebesopfer bricht die Macht des Barons, der tot umfällt. Die Schwanenmädchen neigen sich vor Kummer über den Verlust ihrer Königin und in Dankbarkeit Sigfried gegenüber, dessen Opfer sie von dem Zauberer befreit hat. In der Ferne gleitet eine edelsteingeschmückte Zauberbarke auf dem See dahin, in der Odette und Sigfried, nach dem Tod in Liebe vereint, sich umarmen. Die Schwanenmädchen winken dem tragischen Paar zum Abschied zu.

In der Legende vom Schwanensee haben wir das Bild eines jungen Prinzen (eines »ewigen Jünglings« oder *puer*) mit einer dominierenden Mutter, die sein Leben beherrschen will. In dem Ballett steht sie in Verbindung mit einem bösen Zauberer (als Symbol ihres nichtintegrierten, ehrgeizigen, männlichen Dranges nach Macht), der das Weibliche in Gestalt der Schwanenkönigin, eines Symbols des vom menschlichen Leben abgeschnittenen göttlichen Weiblichen, verzaubert hat. Es gibt in der Geschichte keinen Vater, der die hexenhafte Mutter konfrontieren und für den Sohn ein positives männliches Vorbild sein könnte, und daher stellt sich dem Prinzen die Aufgabe, sich von der hexenhaften Mutter und der bösen Kraft, die das Weibliche verzaubert hat, selbst zu befreien, sich zu behaupten und seine eigene Wahl zu treffen. Dies erfordert das ständige Bewußtsein der Macht der Hexe und des bösen Zauberers, eine Voraussetzung für die Hochzeit mit dem Weiblichen.

Männer mit einem solchen Entwicklungshintergrund haben gewöhnlich ein schwaches Selbstbild, da ihre maskuline Stärke von der dominierenden Mutter und dem Mangel eines starken männlichen Rollenmodells untergraben wurde. Wenn die Mutter eines Mannes hexenhaft war – entweder kalt und abweisend oder possessiv und verschlingend –, wird er oft von verführerischen, aber kalten Frauen angezogen, wie Prinz Sigfried von der schönen, schwarzen schwanengleichen Odile. Weil er von seiner Mutter keine Wärme und liebevolle Fürsorge empfing, meint er oft, daß er nicht verdiene, geliebt zu werden. Und da er die harte Stimme der nörgelnden Mutter bei jeder Bewegung der Unabhängigkeit und Freiheit, die er unternahm, gehört hat, ist er oft bis weit ins Erwachsenenalter hinein in seiner Handlungsfähigkeit gelähmt. Denn auch wenn die Mutter tot oder weit weg ist, hat sich ihre schnatternde Stimme in seinem inneren Ohr festgesetzt. Dies hindert ihn daran, mit dem göttlichen Weiblichen innen und außen in Beziehung zu treten.

Richard, ein gutaussehender Mann in den Fünfzigern, kam in die Analyse, weil er an seiner Beziehung zum Weiblichen arbeiten wollte. Er hatte *Töchter und Väter* gelesen und empfand die quälende Falle des »Püppchen«-Musters in seinem eigenen Leben. Richard stand im Prozeß einer Scheidung von einer Frau, die große Ähnlichkeit mit Odile hatte. Ihre Jugend, Schönheit und Intelligenz hatten ihn angezogen, und er versuchte in jeder Weise, ihre Wünsche zu erfüllen. Er ging sogar so weit, eine neue Karriere in einem Beruf zu versuchen, der sie interessierte, der seinem introvertierten, sensiblen, nachdenklichen Temperament jedoch nicht entsprach. Als er auf diesem Gebiet ihrer Wahl nicht sehr erfolgreich war, spürte er, daß sie ihn herablassend behandelte und ihm ihre Aufmerksamkeit entzog. Sie hatte einen Sohn aus einer früheren Ehe, und der Junge trat als Fokus ihrer Energien an die Stelle von Richard. Richard wurde in dieser Beziehung zu einem Anhängsel, zu jemandem, der für ihren Sohn sorgte, aber nicht würdig war, als Ehemann behandelt zu werden. Am Ende der Beziehung hatte er das Gefühl, daß er ausgenützt, um seines Geldes willen genommen, aber nie um seiner selbst willen geschätzt worden war.

Richard war als einziger Sohn einer wohlhabenden Familie aufgewachsen. Seine Mutter war eine Matriarchin, eine Königin mit Macht und Geld, und beherrschte jeden in ihrer Umgebung, einschließlich Ehemann und Sohn. Der Ehemann zog sich in seine eigene Welt zurück, und so konzentrierte die Mutter ihre ganze Aufmerksamkeit auf den Sohn. Sie hätschelte ihn, zog ihn an wie den kleinen Lord Fauntleroy, und erlaubte ihm nicht, mit einer Gruppe von Kindern seines Alters zu spielen. Jeden Abend las sie ihm die Geschichte von Ferdinand dem Stier vor, der Blumen trug und nicht raufen wollte. Sie machte ihn zu ihrer kleinen männlichen Puppe, zu einem Gegenstand ihres Besitzes. Wenn er versuchte, etwas zu tun, was er wollte, anders zu sein als sie, schalt sie ihn unbarmherzig und nannte ihn selbstsüchtig. Einerseits entmutigte sie ihn, Fähigkeiten und Stärken zu entwikkeln und andererseits nörgelte sie, daß er nicht so kompetent und erfolgreich war wie der Sohn ihrer Träume. Er war außerordentlich intelligent, und in diesem Punkt konnte sie nichts an ihm aussetzen. Aber wo immer sie konnte, schwächte sie sein Selbstvertrauen und seine männliche Stärke und versuchte, ihn von ihrer Liebe und ihrem Geld abhängig zu halten. Und so kam es, daß er trotz glänzender Begabung seinen eigenen Instinkten nicht vertraute, weder auf seinem Arbeitsgebiet noch in der Liebe. Er wuchs mit der Angst auf, daß er ein reicher Playboy sei, der es in der Welt nie zu etwas bringen würde, und er empfand, daß alle seine Verwandten auf ihn herabsahen. Immer wenn er etwas erreichen wollte, grub ihm die innere Stimme seiner Mutter das Wasser ab. Obwohl er in seiner ersten Ehe ein guter Vater gewesen war und seine Kinder interessante Menschen mit einem sinnvollen Leben waren, und obwohl er in der Organisation einer überregionalen Bewegung zur Brechung der Macht der großen Konzerne eine produktive Rolle gespielt hatte, hörte Richard noch immer die Stimme der Hexe, die seine Existenz als Mann negierte. Und jetzt, in seiner zweiten Ehe, hörte er dieselbe Stimme von seiner Frau. Es war, als ob das Schicksal ihn in diese Ehe hineingetrieben hätte, um ihn noch einmal mit der dominierenden Hexe zu konfrontieren – äußerlich projiziert auf die Gestalt seiner Frau und innerlich in der Stimme, die ihn ständig herabsetzte.

In unseren Sitzungen weinte er oft darüber, wie gedemütigt und ausgenützt er sich fühlte, und knapp unterhalb seiner Tränen saß die Wut. Einmal, als er allein in der Wüste war, ließ er seine Wut in einem imaginären Dialog mit seiner Mutter heraus. Er sagte alles, was er ihr hatte sagen wollen, und stellte ihr die Frage, die er nie zu stellen gewagt hatte: Hatte sie ihn zu ihrem Geliebten gemacht anstelle ihres Mannes, als dieser sich als schwächlich erwies? In dieser aktiven Imagination stellte sich die Verbindung zwischen seiner Mutter und seiner Frau deutlich heraus. Obwohl die Scheidung im Gange war und die äußere Trennung vollzogen wurde, war Richard immer noch wie verhext von seiner Wut und Verbitterung wegen der erlittenen Demütigung. Zum Teil hatte er einen Zorn auf seine eigene Naivität, daß er von der äußerlichen Schönheit seiner Frau verführt worden war und die eiskalte Hexe darunter nicht erkannt hatte. Etwa um diese Zeit hatte seine Frau versucht, einen alten Freund von ihm zu verführen, und der Freund war naiv darauf hereingefallen. Richard war wütend auf seine Frau, weil sie sich auf diese Weise rächte, indem sie versuchte, ihm seinen besten Freund abspenstig zu machen, und er war wütend auf den Freund, weil er sich von ihr hatte zum Narren halten lassen. Dieser äußere Vorfall spiegelte das inwendige Muster, das ihn gefangenhielt – die rachsüchtige Hexe, die ihn von seiner männlichen Stärke trennte, und der naive Junge, der das immer noch duldete. Als Richard diese Verbindung zwischen dem äußeren Ereignis und dem inneren Muster erkannte, fühlte er sich befreit. Die Energie, die dieses äußere Ereignis in Form von Verbitterung und Wut verschlang, wurde jezt für kreativere Unternehmungen frei, sowie für eine Bindung an eine andere Art von Frau, eine warmherzig gebende Frau, die ihn liebte.

Wie Sigfried mußte Richard zuerst den Betrug der schwarzen Odile erkennen, um das Opfer der Hingabe an die reine Odette in seinem Inneren leisten zu können. Die Odette von *Schwanensee* war kein naives Mädchen. Sie kannte den Betrug und die Bosheit des Zauberers, der sie verhext hatte, und sie wußte, daß nichts Geringeres als der höchste Treueschwur vonnöten war, um sich von dieser bösen Macht zu befreien. Diesen bewußten Treueschwur mußte Richard sich selbst gegenüber leisten. Die neue Frau in seinem Leben hatte Verständnis dafür. Auch sie war einer Hexenmutter zum Opfer gefallen und hatte durch den resultierenden Selbstverrat gelitten. Sie unterstützte Richard bei seiner Suche nach seinem authentischen Selbst und bei der Verwirklichung seiner schöpferischen Versuche. Sie hatte ihren eigenen Weg des schöpferischen Ausdrucks, dem sie in der Beziehung folgen wollte. Dieses neue Paar zog zusammen. Äußerlich fanden sie eine Wohnung am Meer, wo jeder von ihnen schreiben konnte. Innerlich fand Richard seine weibliche Muse, und er vermählte sie mit seiner neuentdeckten männlichen Stärke und Bewußtheit. Seine Psyche schien diese Hochzeit zu billigen. In der ersten Nacht in ihrem Haus am Meer träumte Richard, daß Albert Einstein ihn führte. Jetzt besaß er innerlich ein wunderbares männliches Bild der Weisheit und Schöpferkraft – den weisen alten Mann – als seinen inneren Freund und Führer, einen inneren Vater, der dieser Hochzeit seinen Segen gab.

Eine Frau, die sich mit der Sage vom Schwanensee identifizierte, hatte das Gefühl, daß ihr die Rolle des dunklen Schwans zugeteilt war. Sie war sehr schön und hatte einen mächtigen Vater mit den Zügen eines Zauberers, der sie dazu anhielt, die dunkle Schönheit zu spielen, die Männer verführen und Macht über sie ausüben konnte. Es war, als ob ihre dunkle Schönheit eine Verlängerung seiner Macht bedeutete. Dies ging gut, als sie noch in den Zwanzigern war, wie bei vielen jungen Frauen, aber als sie in die Dreißiger kam und die Krise der Lebensmitte erreichte, die sie zwang, ihr Leben zu betrachten, erkannte sie, daß sie ihre Seele zerstörte. Sie lernte zu begreifen, daß Männer zwar die Schönheit des dunklen Schwans auf sie projizieren konnten, daß sie diese Projektionen jedoch nicht zu akzeptieren brauchte. Sie begann daher, »nein« zu sagen zu diesen verzaubernden Projektionen und zu zeigen, wer sie wirklich war. Durch diesen Prozeß, in dem sie lernte, die Projektionen der bezaubernden Frau abzulehnen, die ihrem wirklichen Selbst nicht entsprachen, begann sie sich von dem Einfluß des bösen Zauberers zu befreien und mit dem weißen göttlichen Schwan, dem inneren weiblichen Geist, in Verbindung zu treten.

Das Motiv des verzauberten Schwans trat an Diane heran, eine Frau, die in einer Verzweiflung steckte, weil sie sich nie entschließen konnte, ihr eigenes Potential zu entwickeln. Sie hatte eine Neigung, sich depressiven, abhängigen Männern hinzugeben, die sie dann letzten Endes verlassen mußte. Sie war außerordentlich intelligent und hätte Anfang zwanzig leicht ein Doktorat erwerben können, aber die Männer, die sie sich aussuchte, standen ihr immer im Weg. Immer lebte sie durch andere. Ihr Vater war ein ewiger Jüngling, der sich durchs Leben gemogelt hatte und die meiste Zeit von der Familie entfernt war. Ihre Mutter, die unglücklich in ihrer Ehe und chronisch depressiv war, warnte sie, nicht viel vom Leben zu erwarten, und sagte außerdem voraus, daß Diane in einer Ehe scheitern würde. In dieser Weise dominierte sie ihre Tochter durch ihre Unbeweglichkeit, ihre Depression und ihren zynischen Pessimismus. Als Diane noch ein Kind war, hatte sie einmal den folgenden Traum, den sie später in Form eines Märchens niederschrieb.

Ich befand mich auf einer Autofahrt mit meiner Familie und saß auf dem Rücksitz unseres Buick. Neben mir waren Schachteln und ein Vogelkäfig. In meiner Phantasie befand ich mich im Himmel und sah auf mich herab, so daß ich sehen konnte, was uns entgegenkam. Das Auto kam an einen riesigen Canyon, der nur mittels einer engen, schwankenden Brücke zu überqueren war. Wir schafften es, auf die andere Seite zu kommen, aber kaum waren wir drüben, befanden wir uns auf dem Marktplatz eines Dorfes, und unser Auto und sein Inhalt waren fort. Bevor wir Zeit hatten, uns zurechtzufinden, kam eine merkwürdige dunkle Frau auf uns zu. Sie war klein und verhutzelt und trug einen Schal, der den Großteil ihres Gesichtes verdeckte, und ich wußte, daß sie eine Wahrsagerin war. Als diese dunkle Frau sich näherte, rückte meine Mutter in die Ferne, bis sie schließlich mit einem seltsamen Gesichtsausdruck verschwand. Es war fast, als ob die Wahrsagerin an ihre Stelle getreten wäre. Ich blieb mit meinem Vater und meinem Bruder zurück, und wir sahen in der Hand der Wahrsagerin ein paar schöne, weiße Federn. Die dunkle Frau warf uns die Federn entgegen und sagte: »Bei Anbruch der Nacht werdet ihr in Schwäne verwandelt sein.« Plötzlich wandten die Dorfbewohner sich von uns ab, und wir merkten, daß wir gehen mußten. In unserer Verwirrung konnten wir unseren Vater nicht finden, und so waren mein Bruder und ich allein, und wir waren sehr einsam und verschreckt. Da sprach mit einem Mal eine Stimme zu uns und warnte uns vor einem Zauberer, der die Macht besaß, uns unsere menschliche Gestalt zurückzugeben, der jedoch verwunschene Schwäne suchte, um sie zu quälen. Wir fürchteten um unser Leben und erkannten die Angst vor dem Gejagtwerden. So versteckten wir uns, und in dieser ganzen Zeit konnte ich das Gesicht meiner Mutter nicht vergessen, als sie entschwand. Dann sagte die Stimme, die uns vor dem Zauberer gewarnt hatte, daß wir fliegen sollten wie unser Vater. Wir hatten den Zauberer einmal in seinem dunkelblauen Gewand, bedeckt mit Monden und Sternen, gesehen, aber obgleich er sanft aussah, wußten wir, daß er so grimmig und gefährlich war wie die Männer, die bei ihm waren. Als es dunkel wurde, erhoben wir uns daher auf unseren Schwingen und flogen himmelwärts. Der Zauberer sah uns, aber wir waren schon so hoch, daß er uns nicht mehr fangen konnte. Wir flogen so hoch empor, daß wir auf einer Wolke landeten, wo unser Vati saß und aß. Wir nahmen an dem Frühstück teil, lächelten den anderen Schwänen in der Nähe zu und fühlten uns bei diesem Leben in den Wolken sehr wohl.

Diane meinte, daß das Verschwinden ihrer Mutter mit dem Erscheinen der dunklen Wahrsagerin, die sie in einen Schwan verwandelt hatte, im Zusammenhang stand. Der grausame Zauberer schien in ihrem Dienst zu stehen. Äußerlich gesehen, hatte ihre Mutter gewünscht, daß Diane eine Prinzessin wäre und ein Leben hätte, das sie nie geführt hatte. Sie hatte Diane sogar mit Prinzessin Gracia in Verbindung gebracht, die dann Fürstin von Monaco wurde. In mancher Hinsicht war Diane eine Phantasiegestalt für ihre Mutter, ein schöner, weißgefiederter Schwan. Dieses Bild ergänzte natürlich dasjenige des Vaters – die Seite des »Höhenfliegers« im Leben, den die Mutter geheiratet hatte. Aber daneben gab es die harte, langweilige Realität, die Unbeweglichkeit, den Pessimismus und die Depression, die damit Hand in Hand gingen. Auch dies wurde auf Diane projiziert – die grausame Lebensauffassung des Zauberers, daß das Leben nichts wirklich Schönes, keinen Höhenflug der Phantasie zu bieten habe, und daß Diane in der Ehe scheitern würde wie auch ihre Mutter gescheitert war. Dieser Konflikt verinnerlichte sich bei Diane. Als kreative Schriftstellerin mit reicher Phantasie besaß sie die Gabe des Wortes zusammen mit dem Höhenflug ihrer Bilder. Es fiel ihr leicht, in den Wolken zu leben, aber dann war sie nicht auf der Erde, um ihr Talent zu verwirklichen. Aber auch die böse, zauberdunkle Wahrsagerin war in ihrer Psyche, und diese Kombination zog sie hinab, fort von ihrem schöpferischen Talent und von kreativen Beziehungen, fort von der Entwicklung ihres Selbst und hin zur Sorge und zum Dienst für ihre Mutter oder Männer wie sie. Sie konnte nicht wie ihr Vater immerzu auf Wolken schweben, aber genausowenig konnte sie in der lähmenden Existenz ihrer Mutter versinken. Ein Hochzeitstraum warnte sie davor. In dem Traum fuhr sie in einem Auto auf dem Weg zu ihrer Hochzeit. Als sie sich umsah, weil sie wissen wollte, wer der Bräutigam war, erkannte sie, daß es ihre Mutter war. Sie erwachte aus diesem Traum in großer Bestürzung. Der Traum zeigte das Muster ihrer bisherigen Beziehungen: die Reihe abhängiger Männer, denen sie ihre Energie geschenkt hatte, Männer mit der Tendenz, sich gegen ihre schöpferische Entwicklung zu stellen und sie zu verschlingen wie ihre Mutter. Sie mußte lernen, sich von diesen Männern zu trennen und sich selbst Zeit, Raum und Energie zu geben.

Diese Tendenz, sich zu verschenken, ist bei vielen Männern und Frauen ein Hindernis für die Hochzeit. Anstatt sich dafür zu entscheiden, ihr eigenes authentisches Selbst zu sein, dienen sie einem anderen. Obwohl Männer meistens ihren Frauen die Schuld dafür geben und die Frauen den Männern, stellte ich fest, daß dieses Muster sich oft aus einer schwierigen Ehe der Eltern entwickelt hat – einer anspruchsvollen Mutter und dem passiven, abwesenden oder verwundeten Vater. Manchmal stellt die Mutter Ansprüche, weil sie wie die Mutter in *Schwanensee* die unmittelbare Macht und Kontrolle besitzt. Doch manchmal fordert sie auch Dienstbarkeit aufgrund ihrer Schwäche, wie die Mutter, die ein ewiges Mädchen bleibt. In den Märchen gibt es viele Bilder, die diese Geschichte erzählen: die Gestalt der Stiefmutter in »Aschenputtel« und »Schneewittchen«, die Mutter in »Rotkäppchen« und, wie gesagt, die mächtige Mutter in *Schwanensee*.

Am Beginn meiner Jungianischen Analyse hatte ich einen furchterregenden Traum von einem Schwan, in dem die Verzauberung in einen Schwan unmittelbar mit der Mutter verbunden schien. In dem Traum ging ich mit meiner Mutter einen See entlang, der sich in der Nähe des Hauses meiner Analytikerin befand. Als wir uns umdrehten und zurückgehen wollten, war der See zu unserer Linken, und plötzlich sah ich im Schimmer der untergehenden Sonne einen riesigen Schwan, dessen majestätischer Hals und Kopf weit bis in den Himmel ragten. Gegen die großartige Scheibe der untergehenden Sonne sah ich die Silhouette eines Segelschiffs, das frei auf dem Wasser trieb. Voll Ehrfurcht drehte ich mich nach meiner Mutter um, um ihr diesen großartigen Anblick zu zeigen, aber sie sah ihn nicht.

Viele Jahre lang lebte ich mit dem geheimnisvollen Bild des Schwans und fragte mich immer, was es genau zu bedeuten hatte, aber ich wußte, daß es von Gott kam, als Offenbarung einer göttlichen Wirklichkeit, die ich eines Tages erfahren würde. Erst jetzt, vierzehn Jahre später, bei der Niederschrift dieses Kapitels und beim Nachdenken über das Mysterium der Schwanenmädchen, hat sich mir seine Bedeutung als ein heiliges Symbol der androgynen Hochzeit in meiner Seele enthüllt. Meine Mutter war von ihrer Ehe mit meinem Vater, der Alkoholiker war, enttäuscht und hatte eine pessimistische und depressive Auffassung von Beziehungen. Sie vermochte den göttlichen Anblick des Schwans nicht zu sehen. Ich brauchte viele Jahre, um diese innere Hoffnungslosigkeit bezüglich des Lebens und der Partnerbeziehungen aufzuarbeiten und mir zu erlauben, die Realität des Schwans zu empfangen.

In *Schwanensee* stehen die Schwanenmädchen (die weißen wie die schwarzen) unter der Herrschaft des bösen Zauberers, dem machtgebundenen männlichen Prinzip. Der Prinz steht unter der Herrschaft der Königinmutter, dem machtgebundenen Weiblichen. Darin spiegelt sich eine kulturelle Situation, welche die innerliche und äußere heilige Hochzeit verhindert. Es ist nicht nur das an die Macht gebundene Patriarchat, das die Hochzeit verhindert, sondern auch das herrschsüchtige, machthungrige Matriarchat, wie die Sage und die von mir dargelegten Fälle zeigen. Und gewöhnlich stehen diese beiden in heimlichem

Einverständnis. Ihre arroganten, oft getarnten Herrschaftsansprüche müssen deutlich erkannt werden, um die verwunschenen Schwäne, seien sie männlich oder weiblich, zu erlösen.
Das Motiv des verzauberten Schwans ist universell. In *Schwanensee* handelt es sich um verzauberte Mädchen, aber in dem Märchen »Die sechs Schwäne« und in der Sage von Lohengrin ist es das Männliche. Doch was ist es, das verzaubert und für menschliche Beziehungen unzugänglich wird? In der Sage und in der Erzählung wird der Schwan mit dem Bereich des Überirdischen in Verbindung gebracht. Er ist ein anmutiges, majestätisches, schönes Geschöpf, das unsere Phantasie beflügelt und unser phantasievolles Auge ergötzt. In der griechischen Sage ist er ein Vogel Apollos, der Musik zugeordnet, ein Schwan, der vor seinem Tod angeblich singt (»Schwanengesang«) und daher Kenntnis der Zukunft besitzt. Im Hinduismus ist der Schwan ein Symbol des göttlichen Geistes, des Atman. Vielleicht ist der Schwan die Schönheit der schöpferischen Seele, der göttliche Geist, der hermaphroditisch ist (seine Gestalt hat sowohl etwas Phallisches als auch etwas vom Mutterschoß), das Wesen der heiligen Hochzeit in uns. Unsere Aufgabe besteht demnach darin, dieses heilige Geschöpf von den Machtzwecken des possessiven Ich zu befreien, damit es in das menschliche Leben und in Beziehungen eingehen kann, und den heiligen Schwan in uns zu ehren.

5 Der dämonische Geliebte

Wenn Männer fort sind,
macht Unkenntnis dieser Vereinigung,
wo kein lebender Mann sitzt,
einem blutroten Dämon Platz,
der in einem öden Winkel der Nacht haust;
fester als völliges Vergessen
hält er den Vorhang zu über dem Morgen,
ein Bild
schön und tödlich,
das aus dürrem Gebein und bittrem Unrat ersteht,
in Front gestaltet in einem Land aus Stein ohne Bäume und fließendes Wasser.

Er verschlingt die milden, guten Gedanken, die über die sanftesten Falten streicheln,
blühende Blumen verdorren, und Glaube wirft mein Wesen
auf sich zurück; es kriecht bäuchlings fort vom klärenden Licht,
es hält sich für einen grauen Wurm
und wagt sich nur zögernd hervor.

Die Luft beginnt nach Verwesung zu stinken,
stellt Leichen in einer Reihe auf,
die Augen werden glasig.
Ich vergesse, eine Kerze anzuzünden,
hörig, nicht verliebt, einem Traumdämon,
der auf mich niedergrinst vom Friedhofsgrund.

M. Mercedes Girón-Cerna
Dracula

Auf unserer Reise zur Hochzeit kann es geschehen, daß wir der erschreckenden Gestalt des dämonischen Geliebten begegnen, der uns aufhält, indem er von uns Besitz ergreift. Der Zustand des Besessenseins kann in ganz unterschiedlicher Weise erlebt werden – zum Beispiel als possessive Eifersucht, als jede Form der Süchtigkeit, als der Zustand des ständigen, willigen Opfers, das sich entweder vom Blut anderer nährt oder sein eigenes Lebensblut und seine eigene Schöpferkraft einem anderen aufopfert. Immer wenn wir der Macht eines dämonischen Geliebten verfallen, erleben wir einen Seelenverlust.

Die Geschichte von Dracula bringt dieses archetypische Hindernis zum Ausdruck. Es ist die Geschichte einer teuflischen Sucht derjenigen, die sich vom Blut anderer ernähren, indem sie sie verführen, und der anderen, die ihr Blut willig diesem Prozeß darbieten. Sie beruht auf einer älteren Sage, erschien aber erstmals 1897 in der Form eines Romans von Bram Stoker. Seither gab es zahlreiche Bearbeitungen und Erweiterungen, insbesondere für die Verfilmung, angefangen von dem frühen Stummfilm *Nosferatu* bis zu jüngeren Fassungen, wie dem berühmten Film mit Bela Lugosi in der Hauptrolle, dem auf einem Bühnenstück beruhenden Film mit Lawrence Olivier und Frank Langella in den Hauptrollen und der Fassung von Andy Warhol. Die Popularität dieser Geschichte in unserer Kultur und in unserem Jahrhundert scheint darauf hinzudeuten, daß sie eine archetypische Botschaft für unsere Zeit ausdrückt.

Dracula ist ein Graf aus Transsylvanien, ein geheimnisvoller Mann aus einem geheimnisvollen Land in den Karpaten, einer der wildesten und am wenigsten bekannten Gegenden Europas, einem Land voll Aberglauben, wo die Phantasie sich überschlägt, wo Werwölfe, Hexen, Vampire und andere satanische Wesen der Nacht hausen. Er wohnt in einem alten, verfallenen Schloß auf einem kalten, windumbrausten Berg. Hochaufragend, schattig, mit hohen, schwarzen Fenstern, erregt sein Anblick Grauen, wenn die zerklüftete Reihe geborstener Zinnen im Mondlicht schimmert. Gleichsam als Spiegelbild seines Wohnsitzes ist Dracula selbst ein hochgewachsener, hagerer schwarzgekleideter Mann mit markanten Gesichtszügen und einer Adlernase, scharfen, weißen Zähnen, gewölbten Nasenflügeln, einer hohen, noblen Stirn, spitzen Ohren und langen, spitzen Fingernägeln. Trotz der blutroten Farbe seiner Lippen ist er sehr blaß. In dem Roman von Stoker tritt er als alter Mann mit weißen, buschigen Haaren, dichten Augenbrauen und einem Schnurrbart auf, aber in der späteren Filmversion mit Frank Langella ist er jung und dunkelhaarig, und seine Augen funkeln in dem romantischen und ästhetischen Gesicht.

Die Begegnung mit Dracula bahnt sich an, als ein junger Rechtsanwalt einer Londoner Immobilienfirma, ein Neuling, nach Transsylvanien reist, um ein Geschäft mit Dracula abzuschließen, der einen großen alten Besitz außerhalb Londons erworben hat. Der Rechtsanwalt, Jonathan Harker, stellt bald fest, daß Dracula kein gewöhnlicher Mensch ist. Nach einer langen, grauenvollen Reise mit der Bahn durch eine finstere, ominöse Sturmnacht wird Harker von einer Kutsche mit vier kohlschwarzen Rappen und einem grimmigen Kutscher mit schwarzem Hut und Rock erwartet. Beunruhigt von seiner beängstigenden Fahrt und den Warnungen der abergläubischen Mitreisenden im Zug, verwandelt Harkers wißbegierige Vorfreude auf dieser Reise sich immer mehr in Sorge, die sich zum Entsetzen steigert, als plötzlich aus der Dunkelheit ein Rudel heulender Wölfe auftaucht und die Kutsche umringt. Doch der Kutscher verscheucht die Wölfe mit einer herrischen Geste, und die Kutsche fährt in unheimlicher Stille weiter. Als Harker am Schloß ankommt und Dracula kennenlernt, erwacht er wie aus einem schrecklichen Alptraum.

Es ist Nacht, Draculas Zeit, und Harker wird zu einem späten Nachtmahl geladen, bevor er zu Bett geht. Er findet Dracula höflich, aufmerksam und voll Wißbegier über Londoner Angelegenheiten und die Einzelheiten seiner Reise, aber er kann ein unbestimmtes Gefühl der Bedrohung nicht loswerden. Bei seinem weiteren Verbleiben im Schloß vermehren sich Harkers Zweifel. Er stellt fest, daß die Türen und Fenster sich nicht öffnen

lassen und daß er offenbar das einzige menschliche Wesen im Schloß ist außer dem Grafen, der merkwürdige Gewohnheiten hat: Dracula scheint nie zu essen oder zu trinken, und sein Spiegelbild ist im Spiegel nicht sichtbar. Er trifft mit Harker nur bei Nacht zusammen und gesteht seine Vorliebe für Dunkelheit und Schatten und sagt von sich selbst: »Ich bin so lange der Herr gewesen, daß ich noch immer der Herr sein will . . .«[1] Auch der Kutscher, der Dracula so ähnlich sah und die Wölfe durch eine bloße Geste verscheute, ist niemand anderer als Dracula selbst. Als Harker Dracula mit dem Gesicht nach unten aus einem Fenster kommen sieht, mit einem schwarzen Cape bekleidet, das sich wie die Flügel einer riesenhaften Fledermaus um ihn breitet, verwandelt sich sein Entsetzen in die schreckliche Erkenntnis, daß Dracula kein gewöhnlicher Sterblicher, sondern ein gräßliches Wesen in Gestalt eines Menschen ist. Schließlich erkennt Harker, daß er ein Gefangener in Draculas Schloß ist.
Um dem Wahnsinn zu entgehen, schreibt Harker alles, was er sieht, in Kurzschrift für seine Verlobte Mina auf. Während des Tages, in Draculas Abwesenheit, durchsucht er das Schloß verzweifelt nach einem Fluchtweg. Bei einer dieser Unternehmungen schläft er ein, und als er im Mondschein erwacht, erblickt er drei junge Frauen. Zwei sind dunkel wie der Graf, die andere ist hellhäutig, mit dichten, goldblonden Locken und dunkelblauen Augen wie Saphire. Harker schreibt:

Mir kam ihr Gesicht irgendwie bekannt vor, im Zusammenhang mit ihrer träumerischen Angst, aber ich konnte mich im Augenblick der näheren Umstände nicht entsinnen. Alle drei hatten glänzendweiße Zähne, die wie Perlen zwischen den üppigen, roten Lippen schimmerten. Es war etwas an ihnen, das mich beunruhigte, ich empfand Sehnsucht und gleichzeitig eine tödliche Furcht. Ich fühlte in meinem Herzen ein böses, brennendes Verlangen, von diesen roten Lippen geküßt zu werden . . . Ich hatte Angst davor, meine Augen aufzuschlagen, aber mit einem Blick unter den Wimpern konnte ich alles wahrnehmen. Das blonde Mädchen kniete nieder und beugte sich über mich in hämischer Lust. Es war eine bewußte Wollust, die mich erregte und gleichzeitig abstieß, und als sie den Nacken bog, leckte sie ihre Lippen wie ein Tier, und ich sah im Mondschein den feuchten Schimmer der scharlachroten Lippen und der roten Zunge, während sie ihre scharfen, weißen Zähne bleckte. Immer tiefer neigte sie den Kopf, bis unter meinen Mund und mein Kinn, und es sah so aus, als wollte sie sich an meine Kehle heften. Dann hielt sie inne, und ich hörte das schmatzende Geräusch ihrer Zunge, als sie sich Zähne und Lippen leckte, und verspürte ihren heißen Atem an meinem Hals. Dann lief mir ein Schauder über die Haut, wie wenn sich eine Hand näherte – immer weiter. Ich spürte die weiche, bebende Berührung auf der hyperempfindlichen Haut meiner Kehle und den harten Einschlag von zwei scharfen Zähnen, die mich eben berührten und dann innehielten. Ich schloß die Augen in sehnender Wonne und wartete – wartete mit klopfendem Herzen.[2]

Als Harker die Sinne schwinden und er im Begriff steht, der Verführung zu erliegen, tritt Dracula rasend vor Wut ein, schleudert die Frau fort, und sagt mit rotunterlaufenen Augen und wutentbrannter Stimme: »Dieser Mann gehört mir!« Die Frauen stimmen ein seelenloses Gelächter an, gehorchen jedoch seinem Befehl, höhnend, daß er niemals geliebt habe. Dracula macht eine Anspielung auf frühere Liebesnächte mit ihnen, verspricht ihnen Harker, wenn er mit ihm fertig sei, und wirft ihnen einstweilen einen Sack zum Fraße vor, aus dem das Wimmern eines halberwürgten Kindes dringt. Harker, der, Schlaf vortäuschend, all dies beobachtet hat, fällt vor Entsetzen in Ohnmacht.

Als er erwacht, befindet Harker sich in seinem Zimmer. Nicht wissend, ob er das Gräßliche geträumt oder ob Dracula ihn hierher zurückgebracht hat, beschließt er, um jeden Preis aus dem Schloß zu entfliehen. Er versucht, Briefe an seine Verlobte und seinen Arbeitgeber abzusenden, aber Dracula vereitelt schlau diese Versuche und bringt ihn dazu, nur kurze Mitteilungen zu schreiben mit dem Inhalt, daß es ihm gut gehe und daß er bald nach Hause zurückkehren würde. Da er glaubt, daß Dracula ihn den blutsaugenden weiblichen Vampiren überlassen wolle, ist Harker in seiner Verzweiflung zum äußersten entschlossen. Wissend, daß er nur nachts bedroht oder belästigt wird, schleicht er sich bei Tage durch das Fenster in Draculas Schlafzimmer ein. Dort findet er eine Anzahl dunkler Gänge, die zu einer Friedhofsgruft hinunterführen, in der einige alte Särge stehen. In einer dieser großen Kisten findet er den Grafen mit geöffneten Augen, die starr und von Haß erfüllt sind, jedoch nicht glasig wie bei Toten. Harker flüchtet vor Entsetzen und kehrt in sein Zimmer zurück, um nachzudenken. Er weiß, daß er noch einmal in die greuliche Kapelle zurückkehren muß, um den Grafen nach den Schlüsseln des Schlosses zu durchsuchen. Als er ankommt, bietet sich ihm eine noch gräßlichere Szene dar. Diesmal hat Dracula in dem Sarg ein jüngeres Aussehen. Sein Gesicht ist gedunsen und blutbeschmiert, sein Leib vollgesogen von Blut wie ein von wollüstiger Gier gesättigter, ekelhafter Blutegel. Der Gedanke, daß Harker diesem Monster noch behilflich war, nach London zu kommen und in künftigen Jahrhunderten Millionen Menschen zu seiner Beute zu machen, treibt ihn beinahe in den Wahnsinn, und er versucht, Dracula zu töten. Doch das Entsetzen lähmt ihn, und als er in der Ferne Stimmen hört, flüchtet er, indem er die Schloßmauer emporklettert. Lieber will er durch einen Sturz von dem steilen Mauervorsprung zu Tode kommen denn als Opfer dieser Vampire.

In England macht Harkers Verlobte, Mina, sich Gedanken, warum sie noch nichts von ihm gehört hat. Sie ist in Sorge um ihn wie auch um Lucy, ihre beste Freundin, die von Anfällen von Mondsucht heimgesucht wird, einem alten Leiden ihrer Kindheit. Eines Nachts wandelt Lucy im Schlaf aus ihrem Haus bei Whitby am Meer. Mina, die zu Besuch weilt, sucht sie und erblickt ihre Gestalt im vollen Mondschein auf dem Friedhof eines alten Klosters, einem Ort, den sie beide gern aufsuchten. Sie eilt hin und sieht die weißgekleidete, beinahe liegende Gestalt Lucys und eine lange schwarze Figur mit einem weißen Gesicht und rotglühenden Augen, die sich über sie beugt. Als Mina die Stelle erreicht, ist die schwarze Gestalt verschwunden, aber sie findet Lucy nach Atem ringend und stöhnend vor. Mit einer Hand faßt sie sich an die Kehle, die wie Mina später anhand von winzigen roten Punkten wie Nadelstiche bemerkt, durchbohrt worden war. In den folgenden Nächten wacht Mina auf und

findet Lucy am Fenster, während draußen eine große schwarze Fledermaus flatternd ihre Kreise zieht.
Lucys mitternächtliches Schlafwandeln untergräbt ihre Gesundheit, und sie erkrankt so schwer, daß Dr. Seward, ein alter Freund, gerufen wird. Lucys Symptome sind merkwürdig: sie scheint an einem unerklärlichen Blutverlust zu leiden. Seward zieht seinen alten Lehrer aus Amsterdam, van Helsing, zu, einen Philosophen und Metaphysiker und einen der bedeutendsten Gelehrten der Heilkunst. Bei van Helsings Ankunft entdeckt dieser sofort die beiden Einstiche an Lucys Kehle. Er bittet Seward, sie während der Nacht zu beobachten, und kehrt nach Amsterdam zurück, um Forschungen über diese ungewöhnliche Krankheit anzustellen.
Auch äußerlich ereigneten sich in Whitby bizarre Dinge. In einer Sturmnacht strandet ein verfallener Schoner, dessen Besatzung tot und dessen Kapitän mit einem Kruzifix in den Händen am Steuer festgebunden ist. Die einzige Fracht an Bord ist eine Anzahl großer hölzerner Kisten, die mit Erde gefüllt sind. Das einzig lebende Geschöpf ist ein grimmiges Ungetüm von Hund, der davonläuft, sobald er an Land ist. Das Logbuch dieses russischen Schiffes, der *Demeter*, bringt die Morde mit dem Gespenst eines großen, hageren Mannes in Verbindung, den der Kapitän zu töten versucht, der jedoch wie ein Geist verschwindet. In dem Logbuch schreibt der Kapitän, daß er mit einem Kruzifix, seiner einzigen Waffe gegen diesen Feind, kämpfen wolle.
Auch in Dr. Sewards Hospital, einer Irrenanstalt, gibt es ein merkwürdiges Phänomen – einen Irren, der Fliegen und Spinnen verzehrt und Blut aufleckt. Seine Manie scheint der Macht eines »Meisters« zu unterstehen, und er gibt die Äußerung von sich: »Das Blut ist das Leben.«
Lucys Zustand verschlechtert sich in den Nächten, wenn sie allein ist, und mehrere Male kann ihr Leben nur dadurch gerettet werden, daß sie von vier starken Männern – ihrem Verlobten Arthur, Quincy Morris, Dr. Seward und dem alten Professor – Bluttransfusionen bekommt. Nach seinen Forschungen wendet

der Professor ein ungewöhnliches Heilmittel an, eine Kette von weißen Knoblauchblüten, die er ihr um den Hals legt und die sie nachts niemals abnehmen soll. Wenn sie daran denkt, den Knoblauch zu tragen, kann sie nachts schlafen, aber wenn sie es vergißt, wird ihr wieder Blut abgezapft, und trotz aller Anstrengungen Dr. Sewards und des Professors stirbt Lucy nach einer unheimlichen Nacht, in der sie mit dem von ihrem Hals abgerissenen Knoblauch gefunden wird. Ihr Tagebuch berichtet von nächtlichen Visionen einer großen schwarzen Fledermaus und vom Kopf eines großen, hageren grauen Wolfes, der heulend durch ihr Schlafzimmerfenster bricht. Seltsamerweise sieht Lucy im Sarg jünger und mit ihren rotglühenden Lippen schöner aus als je zuvor. Unterdessen nehmen in England die äußeren Ereignisse ihren Lauf. Die Zeitungen berichten, daß eine Anzahl kleiner Kinder in der Nacht von ihren Elternhäusern fortgelockt worden seien. Als man sie fand, trugen sie Verletzungen in Form von winzigen Halswunden. Sie waren zu klein, um sich gut ausdrükken zu können, aber alle sprachen von der »schönen Dame«.

Jetzt hatte Professor van Helsing genügend geforscht, um die Ursache von Lucys Tod selbst bestimmen zu können. Um sicher zu gehen, sammelt er alle ihre Briefe und Tagebücher, und spricht bei ihrer Freundin Mina vor, die – wie er erfährt – anwesend war, als Lucy einmal schlafwandelte. Mina ist jetzt Mrs. Jonathan Harker. Harkers Spuren hatten schließlich zu einem Hospital geführt, wo er mit einem Gehirnfieber darniederlag. Nach seiner Genesung heirateten er und Mina, und er übergab ihr sein stenographiertes Tagebuch, da er nicht sicher war, ob es von einem Traum oder von der Wirklichkeit berichtete, und er noch zu traumatisiert war, um über die Ereignisse sprechen zu können. Als der Professor sie aufsucht, hat Mina das Tagebuch ihres Mannes über seine Erlebnisse in Transsylvanien gelesen, und da sie noch immer um die Gesundheit ihres Mannes besorgt ist, hofft sie auf die Hilfe des Professors. Die Schilderung von Harkers Erfahrung und die Beschreibung von Lucys ungewöhnlichem Tod führen bei beiden zu der Überzeugung, daß Graf Dracula existiert und einer der Nosferatu, jener ruhelosen

Seelen Verstorbener ist, die als Vampire ewig vom Blut anderer leben, und daß Lucys Tod auf die Ankunft des Grafen in England zurückzuführen ist. Als Harker hört, was der Professor über Dracula erfahren hat, ist er erleichtert, denn sein Gehirnfieber rührte von seinem Zweifel darüber, ob seine Erlebnisse in Transsylvanien Wirklichkeit gewesen seien. Solange er in Ungewißheit war, fühlte er sich ohnmächtig, im dunkeln, mißtrauisch. Das Wissen hebt seine Furcht vor dem Grafen auf und macht ihn frei zu handeln. Er und Mina verbünden sich mit dem Professor, um der bösen Blutgier Draculas ein Ende zu setzen.
Der Professor zeigt nun seinem früheren Schüler, Dr. Seward, sowie Lucys Verlobtem, Arthur, und dessen Freund (den drei anderen Männern, die einst ihr Blut spendeten, um Lucy zu retten), daß Lucy dem Grafen Dracula zum Opfer fiel und daher selbst ein lebender Vampir wurde. Der Professor weiß jedoch, daß sie ihm erst dann glauben können, wenn sie ihre eigenen Erfahrungen gemacht haben. So sagt er zu dem rationalen Seward:

Sie sind ein kluger Mann, Freund John. Sie besitzen einen scharfen Verstand und denken logisch – aber Sie sind voreingenommen. Sie trauen ihren Augen und Ohren nicht, wenn es sich um Dinge außerhalb des gewöhnlichen Lebensbereiches handelt. Glauben Sie nicht, daß es Dinge gibt, die Sie nicht verstehen, die aber trotzdem vorhanden sind; und daß manche Leute Dinge sehen können, die andere nicht sehen? . . . Das ist der große Fehler unserer Wissenschaft, daß sie alles erklären will, und wenn sie das nicht kann, behauptet sie, es gäbe eben nichts zu erklären . . . Lassen Sie mich Ihnen sagen, mein Freund, daß in der Elektrophysik heute Dinge gemacht werden, die von den Männern, die die Elektrizität erfanden, für unheilig angesehen würden – und diese Männer wären vor nicht allzu langer Zeit selbst als Hexer verbrannt worden. Es gibt im Leben immer Geheimnisse.[3]

Der Professor führt Seward und die anderen auf den Friedhof, wo Lucy begraben liegt, aber ihr Sarg ist leer. Einige Nächte hintereinander stellen sie fest, daß Lucy in den Sarg zurückgekehrt, dann wieder verschwunden ist, und in der Nähe finden sie ein vermißtes Kind mit Halswunden. Als die Beweise sich mehren, sind die Männer zur Einsicht gezwungen, daß Lucy dafür verantwortlich ist und daß sie ein Vampir geworden ist. Auch ihre Erscheinung hat sich verändert: ihre frühere Sanftmut hat sich in Grausamkeit und ihre Reinheit in wollüstige Gier verwandelt; von ihren scharlachroten Lippen tropft Blut, in ihren Augen blitzt Höllenfeuer. Lucy ist jetzt lediglich ein Nachtmar ihres früheren Selbst, und van Helsing sagt, daß der einzige Weg, ihre Seele zu befreien, darin besteht, sie zu töten, denn als eine der ruhelosen Verstorbenen ist sie dazu verdammt, ewig zu leben, ständig neue Vampire zu erzeugen und das Böse in der Welt zu vermehren. Arthur treibt den notwendigen Pfahl durch ihr Herz, der böse Einfluß verschwindet, und eine heilige Ruhe verklärt Lucys Gesicht.

Doch jetzt ist allen ihre Aufgabe klar geworden: sie müssen den Urheber dieser Schrecknisse finden und zur Strecke bringen. Der Vampir ist stark und listig und wird immer stärker, wenn er anderen das Blut aussaugt. Seine List geht über die der Sterblichen hinaus, denn sie wuchs über Zeitalter, und durch die Kunst der Nekromantie vermag er seine toten Opfer zu beherrschen. Aber in diesem Kampf zu scheitern, bedeutet nicht nur eine Niederlage im Ringen um Leben und Tod, sondern ihm gleich zu werden, »ohne Herz oder Gewissen, Leib und Seele derjenigen, die wir am meisten lieben, zur Beute machend.«[4] Wie van Helsing sagt, gibt es wohl Anhaltspunkte, aber die Aufgabe ist langwierig und schwer und voller Gefahren und Schmerz. Andererseits haben sie auch Stärken auf ihrer Seite – die Macht der geistigen Kombination, die der Vampir nicht besitzt, die Ressourcen der Wissenschaft, die Freiheit des Handelns und Denkens, den Gebrauch der Tages- sowie der Nachtstunden, und vor allem die Hingabe an eine Sache für einen selbstlosen Zweck.

Die Grenzen des Vampirs müssen erkannt und ausgenützt werden. Er kann sich zwar mit dem Blut der Lebenden mästen, aber ohne ihr Blut kann er nicht existieren. Allerdings wirft er keinen Schatten und kein Spiegelbild, er kann im Nebel und auf Mondstrahlen kommen, er kann so klein werden, daß er aus allem heraus- und in alles hineingelangt, und vermag sogar im Dunkeln

zu sehen. Doch auch er ist nicht gänzlich frei und muß einigen Naturgesetzen gehorchen. Nirgendwo kann er zum ersten Mal eintreten, wenn er nicht dazu aufgefordert wird, und seine Macht erlischt mit Tagesanbruch. Er kann sich nur zu bestimmten Zeiten verwandeln, nämlich zu Mittag oder genau zu Sonnenuntergang und Sonnenaufgang. Außerdem berauben ihn bestimmte Dinge seiner Macht, wie Knoblauch, das Kruzifix und der Zweig einer Heckenrose, die ihn in seinem Sarg festhalten können. Findet man also seine Wohnstatt, kann er festgehalten und vernichtet werden. Da er in seiner Sargbehausung tun kann, was er will, muß jede Kiste, die er mitgebracht hat, aufgespürt und gefunden und seine Heimaterde sterilisiert werden, damit er keine Sicherheit mehr darin findet, so daß er schließlich in menschlicher Gestalt zwischen Mittag und Sonnenuntergang anzutreffen ist, wenn er am schwächsten ist. In den Aufzeichnungen, Tagebüchern und Briefen von Mina und Jonathan Harker, von Lucy und Dr. Seward finden sich Anhaltspunkte über seinen Aufenthalt. Die Einzelheiten darin müssen chronologisch zusammengestellt werden, um sie vergleichen zu können.
Mina erbietet sich, alle Aufzeichnungen mit der Maschine abzuschreiben, und mit dieser Information machen sich die Männer auf, alle die großen Kisten aufzuspüren, die Dracula auf dem verfallenen Schoner mitbrachte. Um Mina während dieser Zeit zu schützen, erklärte der Professor, daß sie von nun an vor dem gefährlichen Wissen bewahrt werden müsse. Und obgleich Mina dies für verfehlt hält, akzeptiert sie den Beschluß. In Wahrheit ist es Mina, die mit ihrer Voraussicht, Intelligenz und Energie die Geschichte so zusammengesetzt hat, daß jedes Detail das ganze Bild enthüllt. Doch jetzt finden die Männer, daß sie das ihre getan hat, und richten unter der Führung des Professors ihre ganze Kraft darauf aus, Dracula nachzujagen. Dabei lassen sie Mina nachts ungeschützt und allein zurück, während sie von schrecklichen Träumen geplagt wird. In einem sieht sie zwei rote Augen, die sie in einer dunstigen Nebelsäule anstarren, genau so wie jene, die Lucy beschrieb. Mina kämpft gegen die Gewalt dieser Träume an und nimmt schließlich ein Schlafmittel ein, um

einschlafen zu können. Doch jeden Morgen erwacht sie geschwächt und ermattet. Mina wohnt in Dr. Sewards Quartier über der Irrenanstalt, und eines Nachts benützt Dracula den irren Renfield, um sich Zugang zu ihr zu verschaffen. Denn Renfield, der auf Draculas Macht angewiesen ist, um mit lebenden Dingen zum Verzehr versorgt zu werden, kann Dracula die Einladung zum Eintritt verschaffen, die dieser braucht. Renfield, der bei allem Wahnsinn trotzdem Minas Reinheit erkennt und sie respektiert, versucht sie vor Dracula zu schützen, aber er ist zu schwach und wird von Dr. Seward beinah zerfleischt in einer Blutlache aufgefunden. Als van Helsing ihn sieht und die alptraumartige Geschichte hört, erkennt er, daß Mina jetzt von Dracula angegriffen wird, und stürzt mit Seward in ihr Zimmer. Sie finden Harker in einem Stupor auf dem Bett neben Mina. Neben ihr steht ein großer, hagerer, schwarzgekleideter Mann mit einer Narbe auf der Stirn – kein anderer als Dracula selbst –, der Mina zwingt, das Blut aus einer Wunde über seinem Herzen zu trinken. Bestürzt, mit von teuflischer Leidenschaft flammenden roten Augen, schleudert er Mina von sich und springt zum Angriff auf den Professor und Seward vor, aber van Helsing hält ihm das Kruzifix und eine geweihte Hostie entgegen, worauf Dracula einhält und zurückweicht und schließlich im Nebel verschwindet. Als Mina zu sich kommt, erzählt sie, daß sie ein Schlafmittel genommen habe, aber von schrecklichen Traumbildern von Blut, Tod und Vampiren heimgesucht worden sei, wie dann der große, hagere Mann in Schwarz in einer Nebelwolke eingetreten sei und ihr beim Leben ihres Mannes zu schreien verbot, wie er ihre Kehle entblößte und das Blut aus ihren Adern trank, und wie sie »seltsamerweise ihn nicht daran hindern wollte. Ich vermute, daß dies zu dem schrecklichen Fluch dazugehört, wenn er sein Opfer berührt.«[5] Mit der schrecklichen Erkenntnis, daß sie jetzt »unrein« ist und Draculas Befehl untersteht, erwägt sie, sich zu töten, damit sie anderen keinen Schaden zufügen kann. Aber solange Dracula lebt, warnt sie der Professor, würde sie, da sie von ihm verunreinigt wurde, lediglich eine der ruhelosen Verstorbenen werden und die lange

Kette der Vampire fortsetzen, die der Menschheit das Blut aussaugt. Der Professor ruft aus:

Nein, Sie müssen leben! Sie müssen um Ihr Leben kämpfen, obwohl der Tod Ihnen als die größte Wohltat erscheinen mag. Sie müssen gegen den Tod selbst ankämpfen, komme er in Schmerzen oder in Freuden, bei Tag oder Nacht, in Sicherheit oder Gefahr! Ich beschwöre Sie bei Ihrer lebendigen Seele, nicht zu sterben – nicht einmal an den Tod zu denken –, bis dieses große Übel vorbei ist.[6]

Bei diesen unerbittlichen Worten des Professors verspricht Mina, weiterhin auf Gott zu vertrauen und um ihr Leben zu kämpfen, bis dieser Alptraum vorüber ist.
Nachdem Draculas Grauen sich nun völlig offenbart hat, verbünden sich alle aufs neue, um ihn aufzuspüren. Der Professor macht sich Draculas Zugang zu Minas Psyche zunutze und hypnotisiert sie, um herauszufinden, ob sie unbewußte Kenntnis seines Aufenthaltsortes besitzt. Unter Hypnose beschreibt Mina die Dunkelheit, das Plätschern von Wasser, die Geräusche eines Schiffes, das Gefühl des Todes. Aus diesen unbewußten Sinneswahrnehmungen und seiner eigenen Kenntnis von Draculas Gewohnheiten schließt der Professsor, daß Dracula sich in der verlorenen, unentdeckten Kiste befindet, die er mitgebracht hatte, daß er so voll ist von Minas Blut, um Jahrhunderte zu überleben, und daß er versucht, per Schiff zu seinem Schloß in Transsylvanien zurückzukehren, wo er jahrhundertelang ungestört liegen kann, um dann wiederzukommen. Da Mina aber eine Sterbliche ist, muß Dracula vor ihrem Tod getötet werden, wenn sie vor dem Reich der ruhelosen Verstorbenen gerettet werden soll. Wie van Helsing ausruft, muß Dracula unbedingt rechtzeitig getötet werden.
Mit großer Anstrengung gelingt es den Männern, Draculas Spur auf ein bestimmtes Schiff mit Kurs nach Varna zu verfolgen, wo der verfallene Schoner *Demeter* in See gestochen war. Mina, die ein genaues Tagebuch führt, Karten und Fahrpläne lesen, denken und Fakten ordnen kann, findet die Route zurück zum Schloß, die Dracula vermutlich einschlagen wird. Und die neue hypnotische

Kraft der Intuition, die sie durch Draculas schreckliche Bluttaufe gewonnen hat, ermöglicht es ihr und dem Professor, den dunklen, unbekannten Weg selbst zu finden, damit der Ort geweiht werden kann, bevor ihn Dracula erreicht. Das wird Dracula daran hindern, sein Schloß zu betreten, und wenn sie ihn zwischen Mittag und Sonnenuntergang finden können, haben sie die Möglichkeit, ihn zu vernichten.

In Transsylvanien angekommen, machen Mina und der Professor sich zu Land auf den Weg über den Gebirgspaß, auf der Route, die Mina mühevoll der Landkarte entnommen hat. Unterdessen fahren die anderen zu Schiff auf einem Fluß weiter, zu dem, wie Mina herausfand, auch das Schiff mit Dracula in seiner großen Kiste unterwegs sein muß. Als Mina und der Professor das Schloß hoch oben auf dem Felsvorsprung entdecken, schlagen sie ihr Nachtlager auf. Auch der sonst so furchtlose Professor hat Angst und zieht einen Kreis um Mina mit der geweihten Hostie, um sie zu beschützen. Denn jetzt, in solcher Nähe zu Draculas Schloß, machen sich bereits Züge eines Vampirs an ihr bemerkbar: sie ißt nicht, ihre Zähne sind spitzer geworden, eine rote Narbe zeigt sich auf ihrer Stirn, und ihr Lachen wird tief und unnatürlich. In dem Nebel, der sie umgibt, erscheinen drei lüsterne Frauen wie diejenigen, die Jonathan Harker in seinem Tagebuch beschrieb. Sie versuchen Mina zu sich zu locken, aber der heilige Kreis verwehrt ihnen die Annäherung. Die ganze Nacht hindurch währt dieses Grauen unter dem Geheul von Wölfen. Mit Tagesanbruch läßt der Professor Mina in dem heiligen Kreis zurück und macht sich auf den Weg zu Draculas Schloß. Im Inneren findet er die Gräber, in denen die drei Frauen in ihrem Vampirschlaf liegen, sowie ein leeres Grab, das Dracula gehört. So stark und zielstrebig der Professor auch ist, selbst er ist von der Faszination dieser Geschöpfe wie gelähmt. Aber als er Minas Seelenschrei in der Ferne vernimmt, reißt er sich mit Willenskraft von der wollüstigen Schönheit vor seinen Augen los und vollbringt das grausige Werk, indem er jedem Vampir den Kopf abschneidet und einen Pfahl durch das Herz treibt. Nachdem er dies getan hat, zerfallen die Leiber zu Staub, und danach

scheint Ruhe einzutreten. Der Professor legt Hostien in Draculas Gruft, so daß dieser nie wieder hineinkann, und kehrt zu Mina zurück. Von dem Felsen, wo sie ihr Lager aufgeschlagen hatten, sehen sie einen Zigeunerwagen mit einer großen rechteckigen Kiste in Richtung Schloß fahren. Dahinter, den Wagen verfolgend, erkennen sie in der Ferne vier Männer – Harker, Arthur, Seward und Quincy Morris. Sein Ziel im Auge, überwältigt Harker die Zigeuner, springt auf den Wagen, schleudert die Kiste zu Boden und öffnet sie mit aller Gewalt, während Morris sich einen Weg erzwingt vorbei an den Zigeunern, die ihn verwunden. Die Sonne ist schon am Untergehen, da schneidet Jonathan blitzschnell Draculas Kopf ab und Morris stößt ihm sein Messer ins Herz. Vor ihren Augen zerfällt Draculas Körper zu Staub und schwindet dahin, wobei ein Ausdruck von Frieden sich noch über sein Gesicht legt. Die Zigeuner suchen wortlos das Weite, und Mina, nunmehr aus Draculas Macht befreit, verläßt den Schutz des heiligen Kreises und eilt zu den vier Männern. Morris stirbt an seiner Wunde, doch er dankt Gott dafür, daß er an der Aufhebung von Draculas Fluch mitwirken durfte.
Sieben Jahre später kommen die übrigen Mitglieder der Gruppe wieder zusammen. Mina hat einen Knaben geboren, der am Todestag von Quincy Morris zur Welt kam und zu dessen Andenken auf seinen Namen getauft wurde. Die einzigen Spuren von dieser schrecklichen Zeit bestanden in einem Haufen maschinengeschriebenem Material, das zum Großteil von Dracula in der Nacht verbrannt worden war, als er in das Zimmer der Harkers eindrang. Dieses konnte kaum als Beweis einer so unerhörten Geschichte dienen. Doch wie der Professor, den kleinen Jungen von Harkers auf den Knien haltend, abschließend sagte: »Wir brauchen keine Beweise. Wir verlangen von niemandem, daß er uns Glauben schenkt! Dieser Junge wird eines Tages wissen, was für eine tapfere und prächtige Frau seine Mutter ist. Schon jetzt kennt er ihr sanftes Wesen und ihre liebevolle Fürsorge. Später wird er verstehen, warum manche Männer sie so liebten, daß sie viel um ihretwillen wagten.«[7]

Die Geschichte von Dracula gibt eine mythische Wahrheit wieder. Ihre Personen sind Symbole menschlicher Erfahrung; ihre Handlungen sind unsere Handlungen. Wir tragen all diese Gestalten in uns, die sich mit den Kräften von Gut und Böse, dem äußersten Konflikt der Gegensätze im menschlichen Dasein, herumschlagen. Dracula als solcher, der dämonische Geliebte der Psyche, stellt das äußerste Hindernis auf dem Weg zur Hochzeit dar.

Der hochgewachsene, hagere Mann in Schwarz lockt uns mit seinen durchdringenden, hypnotischen Augen. Er befremdet durch das Kantige seiner Erscheinung – das lange Gesicht, die Adlernase, die spitzen Fingernägel und die langen, scharfen Zähne. Seine Existenz im Dunkel der Nacht, sein Auftauchen und Verschwinden im Nebel überlistet und zermürbt uns, wenn wir uns mit den unbekannten Kräften des Unbewußten nicht auseinandergesetzt haben. Dracula beherrscht uns; er hat keine Furcht außer vor dem Kruzifix; er ist dämonisch besessen (der Sage nach soll er ein Sohn des Teufels sein), ohne Reue oder Schuldgefühl, ausgestattet mit den Mächten uralten Wissens um das Übernatürliche, vereint mit dämonischer Wut, und stellt als solcher unseren eigenen Wilen zur Macht dar – obgleich wir, um seine Macht zu erlangen, ihm unseren Willen ausliefern müssen. Daher leisten diejenigen, die ihm zum Opfer fallen, letztlich keinen Widerstand. Aber er geht uns von hinten an, in der Nacht, wenn wir schlafen, wenn wir bewußtlos und wehrlos sind. Seine größte Macht besteht vielleicht darin, wie der Professor sagt, daß wir nicht daran glauben, daß es Vampire gibt, daß unser rationaler Verstand Dracula als reinen Aberglauben abtut. Dennoch fasziniert er uns immer noch. Seit 1897 der Roman von Bram Stoker erschien, wurden Millionen von Exemplaren verkauft. Ständig wurde er neu aufgelegt, und er ist in zahlreichen Fassungen dramatisiert worden. Wie Richard Geer, der Regisseur der Bühnenfassung von Richard Sharp, sagte: »Dracula ist die Essenz der grauenerregenden Anziehungskraft des Bösen. Er lädt uns zu unvorstellbaren Wonnen ein, er bietet uns sinnliche Unsterblichkeit. Wir bewundern ihn und sind zugleich entsetzt über unsere Bewunderung dieses eleganten Symbols der Versuchung.«[8]

Wenn wir die anderen Hauptfiguren in dieser Geschichte betrachten, sehen wir, wie das innere Drama sich entfaltet. Hier ist Lucy, das Opfer – hold und unschuldig, von Dracula verführt, als sie bei Nacht unbewußt schlafwandelt. Aber dieses Opfer ist gefährlich, denn ihre Verführung durch Dracula bewirkt, daß sie ihm gleich und selbst ein Vampir wird, der sich vom Blut anderer nährt, so wie er sich von ihrem Blut nährte. Lucy ist ein Symbol unserer eigenen holden Unschuld, der naiven, wehrlosen Seite, die unbewußt umherstreift und sich so als williges Opfer ausliefert, das wiederum andere zu seiner Beute macht.

Wir haben Renfield, den Wahnsinnigen, der nur in Zahlen und Größenordnungen lebt, lebende Tiere verschlingt, der immer mehr und mehr, immer größere Lebewesen verlangt, dessen Süchtigkeit Dracula den Zugang zu seinem Begehren eröffnet. Renfield symbolisiert die Seite in uns, die von Gier überfallen wird – sei es nach Geld, Besitz, Sex, Alkohol, Drogen, Macht oder Sieg –, je nachdem, welche Sucht wir haben, die dem Dämon erlaubt, unsere Seele in Besitz zu nehmen.

Die vier starken Männer (Harker, Dr. Seward, Arthur und Morris) sind Männer der Tat, die unter der Anleitung des Professors Draculas Macht physisch ein Ende setzen und mit vereinten Kräften den Pfahl in das Herz des Vampirs stoßen. Harker tritt als erster die Reise nach Transsylvanien an. Er wagt sich in das Unbekannte und erlebt Dracula zunächst unwissend. Er kommt aus der praktischen Welt der Geschäfte, aus dem alltäglichen, gewöhnlichen Lebensbereich. Doch als er Dracula begegnet und angesichts dessen unheimlicher Existenz von Angst befallen wird, besitzt er genügend Bewußtsein, um seine Erfahrungen aufzuschreiben. Im Unterschied zu den meisten Menschen geht er dem Befremdlichen seiner Erlebnisse nicht aus dem Weg, aber allein kann er dem Unerklärlichen nicht widerstehen, und in seiner Verwirrung und seinem Zweifel an der Wirklichkeit seiner Erlebnisse erleidet er vorübergehend einen Nervenzusammenbruch und stürzt in Ohnmacht und finsteren Argwohn. Als er die

Realität des Grafen und seiner Erfahrungen in dem Schloß in Transsylvanien akzeptiert, ist er wieder imstande zu handeln. Harker symbolisiert unsere Fähigkeit, uns aus unserer alltäglichen Welt herauszuwagen und uns dem Unbekannten zu stellen, dem Unerklärlichen ins Auge zu sehen und es aufzuschreiben, wie schrecklich es auch sei, und schließlich Erkenntnis und den Mut zur Tat zu gewinnen.

Einer der Männer, die Lucy lieben und ihr Blut spendeten, um sie zu retten, ist Dr. Seward, ein ehemaliger Schüler Professor van Helsings, ein junger Wissenschaftler, der den rationalen Geist seines Zeitalters repräsentiert. Er ist Leiter der Irrenanstalt und versucht, die Ursache von Renfields geistiger Zerrüttung zu verstehen. Aber weil er für alles, was ihm begegnet, eine rationale Erklärung sucht, vermag er Lucy nicht zu retten und zweifelt eine Zeitlang sogar an dem Professor. In seinen Augen ist die Auffassung des Professors vom Vampirismus ein grober Verstoß gegen den gesunden Verstand. Seward vertritt die Tendenz der Wissenschaft, als Unsinn abzutun, was sie nicht erklären kann, die skeptische, nüchterne wissenschaftliche Einstellung des 19. Jahrhunderts, die jedes Mysterium ablehnt. Dadurch wird ihm die Gefahr nicht bewußt, und so gewinnt Dracula durch Dr. Sewards Institution über Renfield Zugang zu Mina. Andererseits ist Dr. Seward ein fürsorglicher Arzt und ein integerer Mensch, der sich neuen Wahrheiten geistig öffnen kann. Er ist der gewissenhafteste und wertvollste Gehilfe des Professors. Im Kampf gegen Dracula symbolisiert Seward unseren Mut, offen zu sein und unsere Ansicht zu ändern, wenn wir neuen Phänomenen gegenüberstehen, und unsere Beharrlichkeit, um eines neuen Bewußtseins willen Dinge aufzunehmen und zu studieren.

Arthur (Lord Godalming), Lucys Verlobter, ist ein Mann von Ehre, Rang und Vermögen. Indem er seine Beziehungen zum Kollektiv nutzt, erlangt er einen Großteil der Informationen über Draculas Aufenthalt in London. Wie Mina nachdenklich feststellt, zeigt Arthurs Bemühen die wunderbare Macht des Geldes, wenn es richtig angewandt wird. Denn ohne Arthurs Fähigkeit, die Dinge auf der kollektiven Ebene zu erledigen, und ohne die

großzügige Verwendung seines Geldes für einen guten Zweck, könnte die Expedition zur Auffindung Draculas nicht stattfinden. Arthur stellt die psychische Kraft dar, die weiß, wie, wann und wo Energie einzusetzen ist, um Wirkungen in der Welt zu erzielen.
Quincy Morris, der amerikanische Freund aus Texas, ist jung und frisch, gutmütig, ein kühner Abenteurer, ein treuer Freund. Er ist es, der im Endkampf gegen Dracula sein Leben hingibt. Morris ist der tapfere, abenteuerlustige Pioniergeist, den wir auf unserem ganzen Lebensweg brauchen.
Der entscheidend Helfende in diesem Drama ist Professor van Helsing. Er ist der Held, ein sterblicher Mensch mit Glauben und Weisheit, einem offenen Geist, einem freundlichen, treuen Herzen, mit Nerven aus Stahl, Selbstbeherrschung, unverwüstlicher Entschlußkraft, Toleranz und Zielstrebigkeit. Dazu kommen seine Kenntnis der Philosophie, Metaphysik, Medizin, Mythologie, Volksweisheit und Literatur. Er ist ein Literat und einer der bedeutendsten Wissenschaftler seiner Zeit. Der Professor glaubt an die Geheimnisse des Daseins und weiß, daß die größte Stärke des Vampirs darin besteht, daß die Menschen nicht an ihn glauben, daß »in diesem aufgeklärten Zeitalter, in dem die Menschen nicht glauben, was sie sehen, der Zweifel der Weisen seine größte Stärke wäre. Er wäre zugleich sein Schild und seine Rüstung, seine Waffe zu unserer Vernichtung . . .«[9] Van Helsing ist ein Lehrer der Heilkunst mit der Fähigkeit, einfühlsam und objektiv zugleich zu sein, und dadurch ist er in der Lage, zwischen den gesunden und erkrankten Teilen der Seele zu unterscheiden. So ist er es, der zwischen der Person Lucys und der bösen Kraft, die Besitz von ihr ergriffen hat, zu unterscheiden vermag. Er ist frei von den Fesseln des Mitleids und kann daher gegen den Zustand der Besessenheit, die böse Macht, ankämpfen. Der Professor symbolisiert die Bewußtseinskraft, die die Macht der Symbole kennt und einsetzt, wie das Kruzifix und die geweihte Hostie, vor denen Dracula seine Macht verliert. Der Professor – unser innerer Heiler – ist ein Mann mit Hoffnung und Mut, der es mit allen Ängsten aufnimmt, der ein Ziel hat,

Glauben und die Weisheit aller Zeitalter, Ehrfurcht vor dem Geheimnis des Göttlichen, ein Mann, der in diesem Kampf mit dem Bösen alle verfügbaren Kräfte im Selbst vereint.
Die Hauptgestalt ist vielleicht Mina – intelligent, liebevoll, loyal, eine fleißige und tüchtige Arbeiterin, eine Person mit Integrität. Kraft ihrer Liebe zu Lucy und Harker, ihrem sorgfältig geführten Tagebuch, ihrer Aufgeschlossenheit und ihrem Vertrauen zu der Weisheit des Professors, ihrer Bewunderung und Hochachtung vor der Tapferkeit der Männer und ihrer Fähigkeit, die ganze Geschichte aus einem Chaos von Einzelheiten und verwirrenden Ereignissen zusammenzusetzen, ist es möglich, Dracula auf die Spur zu kommen. Mina ist auch diejenige, die Dracula am meisten begehrt, die er als Gefährtin und Gehilfin, als seine Königin der Nacht haben will, als »Fleisch von meinem Fleisch, Blut von meinem Blut, meiner Art verwandt, Quell meiner Lebenskraft.« Mina ist die »Geliebte«, die von allen Männern bewundert wird wegen der wunderbaren Einheit von Herz, Intelligenz und Willen, die sie ihrer bewußten Arbeit und Integrität verdankt. Was sie über andere Frauen sagt, trifft auch auf sie zu: »Wir Frauen haben etwas Mütterliches in uns, das uns über kleinere Dinge erhebt, wenn der Muttergeist beschworen wird.«[10]
Mina schenkt Leben durch das schwierige Werk der Liebe; sie symbolisiert das menschliche Potential des Schöpferischen; sie muß nein sagen zu Dracula, wenn immer er versucht, von uns Besitz zu ergreifen. Folgender Traum der Frau eines abhängigen Mannes, der ihr das Lebensblut aussog, macht anschaulich, wie ein Dracula sich unserer Lebenskraft und schöpferischen Geburt bemächtigen kann und wie unerbittlich man sich dagegen wehren muß:

Ich gebar ein Kind, aber mein Mann sog das Fruchtwasser auf. Als das Kind geboren war, verlangte er, daß ich es ihm übergebe. Ich weigerte mich! Ich war nicht bereit, mein Baby herzugeben oder ihm zu erlauben, das Lebensblut meines Kindes oder mein eigenes Blut weiterhin auszusaugen.

Auf welche Weise wird der Weg zur Hochzeit von dem dämonischen Geliebten blockiert? Auf welche Art und Weise kann Dracula uns hypnotisieren? Es ist, als ob der Schatten des großen, hageren Mannes hinter dem letzten hohen Baum aufragte, nachdem wir den beschwerlichen, unbekannten Pfad durch den Wald gegangen sind. Ist dies der Bräutigam oder der Fürst der Finsternis? Um dies zu wissen, müssen wir erkennen, welche Formen die Besessenheit durch ihn annehmen kann. Hier gebe ich, aus einer Fülle von Varianten, nur vier Geschichten wieder, doch hoffe ich, daß sie einen Einblick in diese letzte Gestalt am Waldesrand geben können.

Dracula als dämonischer Geliebter ist ein archetypisches Symbol der Süchtigkeit. Denn Sucht ist eine mächtige dämonische Kraft, die den Süchtigen beherrscht und eine unglaubliche Faszination besitzt, so daß die Süchtigen, sobald die Substanz, der sie ihren Willen ausgeliefert haben, sie einmal »gebissen« hat, sich aus eigener Kraft von dem Drang nicht losreißen können. Und wenn sie einmal in der Macht dieses Vampirs stehen, der ihr Lebensblut aussaugt, ist ihre einzige Rettung die, daß sie ihre Machtlosigkeit gegenüber der suchterregenden Substanz eingestehen und eine höhere Macht um Hilfe bitten. Aus diesem Grund haben die »Anonymen Alkoholiker« so viel Erfolg im Kampf gegen Suchtabhängigkeit, denn wie der Professor, der sich jeder erdenklichen Hilfe bedient, die er herbeirufen kann – die verschiedenen Eigenschaften der starken jungen Männer, die detaillierten Aufzeichnungen von Mina und den Glauben an die spirituelle Kraft des Kreuzes im Kampf gegen Dracula –, so rufen die »Narc-Anon« (Anonyme Narkotiker) und die Anonymen Alkoholiker die vereinte Kraft von Millionen von Süchtigen an, die sich auf dem Weg der Besserung befinden, die mit der Macht des spirituellen Schwertes und des Kreuzes gegen ihre Drachen ankämpfen. Kraft ihres eigenen spirituellen Fortschritts und der Liebe und des gemeinschaftlichen Mitgefühls, das sie allen zuwenden, die noch von ihrer Sucht gebissen sind, geben sie ein Beispiel der Hoffnung auf Wiederherstellung.

Wenn Sie eines der zahlreichen Behandlungszentren für Drogenabhängige besuchen, finden Sie Männer und Frauen aller Altersstufen, die vor Angst vor der Macht des »Liebesbisses«, dem sie erlegen sind, zittern. Diese Menschen kommen aus allen Gesellschaftsschichten, von Arbeitern bis zu Akademikern, Psychiatern, Universitätsprofessoren und Rechtsanwälten. Einige waren wegen ihrer Sucht im Gefängnis, andere haben bei Autounfällen Arme und Beine verloren, und einige beginnen erst zu begreifen, wohin ihr Weg sie führen kann. Ihre Liebesbeziehungen wurden durch den dämonischen Geliebten gefährdet, wenn nicht völlig zerstört. Auch Männer, die sehr stark aussehen, und die weisesten Frauen zittern vor dem Zugriff des dämonischen Geliebten auf ihr Leben, wenn sie sehen, wie er täglich ihr Lebensblut anzapft.

Die Träume eines jungen Mannes zeigen dies in aller Deutlichkeit. Er war erst zweiundzwanzig. Seit seinem dreizehnten Lebensjahr dem Alkohol und verschiedenen Drogen verfallen, war er in eine Entziehungskur und ein Rehabilitationszentrum gegangen in der Hoffnung auf seine Wiederherstellung. Aus einer bürgerlichen Familie des Mittelwestens stammend, haßte er seinen zornigen, alkoholsüchtigen Vater und versuchte, sich von seiner possessiven Mutter zu befreien. Er sagte, seine Rolle in der Familie sei die des Prügelknaben und Rebellen – eine typische Familienkonstellation. Er sehnte sich nach einer Liebesbeziehung, doch bisher hatte seine Süchtigkeit ihn daran gehindert, sich der Liebe zu öffnen. Kurz nach seiner Entziehungskur hatte er den folgenden Alptraum, aus dem er schweißgebadet und zitternd vor Schrecken erwachte, dem dann innerhalb einer Woche ein weiterer Traum folgte:

Ich befand mich im Inneren einer riesigen Weinflasche. Ich war am Boden, und um mich herum war eine Flut von Flüssigkeit. Ich sah die Öffnung der Flasche über mir und bemühte mich verzweifelt, nach oben zu gelangen, um die Öffnung zu erreichen und zu entkommen. Doch jedesmal, wenn ich nach oben wollte, stieß mich die Flüssigkeit wieder auf den Grund zurück. Ich saß auf dem Boden dieser Weinflasche gefangen. Ich wachte voll Schrecken auf und fürchtete, daß ich ihr nie entkommen würde.

Dieser junge Mann hatte entsetzliche Angst, daß er in seiner Sucht festsaß wie in einer Falle. Um seinen Aufenthalt im Rehabilitationszentrum zu verdienen, hatte er in einem Restaurant in der Nähe einen Job als Kellner angenommen. Jeden Tag machte er die Folter durch, Weinflaschen vor Augen zu haben, und er befürchtete, daß er eines Tages nach einem von einem Kunden stehengelassenen Weinglas greifen würde. Diese tägliche Folter ist häufig bei Alkoholikern, die von ihrer Sucht loskommen wollen. Doch wie die Literatur der Anonymen Alkoholiker (AA) besagt, muß man lernen, den jeweiligen Tag trocken zu bleiben, um die Sucht in den Griff zu bekommen. Der nächste Traum veranschaulicht, wie ein solcher Mensch von Liebesbeziehungen abgeschnitten wird:

Ich befand mich im Mittelpunkt eines Ringes. Um mich herum standen auf jeder Seite Schnapsflaschen und jede Art von Drogen – alle Drogen, die ich verwendet hatte, und noch mehr. So viel Alkohol und so viele Drogen waren da, daß ich von der Mitte des Ringes nicht fortkonnte. Dieser Ring war von einem noch größeren Ring umschlossen, an dessen Rand viele meiner AA-Freunde, meine Bürgen und andere Freunde und meine Familie standen. Alle versuchten, hereinzukommen und mich zu erreichen, aber bisher waren sie nicht imstande, durch den Kreis von Drogen und Alkohol durchzudringen. Ich dachte verzweifelt, daß all die Drogen und der Alkohol sie daran hindern würden, mich zu erreichen, und daß ich nicht in der Lage sein würde, zu ihnen hinauszugelangen.

Die Verzweiflung, zu wissen, daß man von Liebe umgeben ist, aber sie nicht erreichen oder nicht zulassen kann, daß sie einen selbst erreicht, ist eine Folge der Art und Weise, wie der dämonische Geliebte vorgeht. Er errichtet so viele Mauern und Hindernisse, daß dadurch jede Öffnung zur Liebe hin verschlossen wird. Dies veranschaulicht der »Ring der Macht« des dämonischen Geliebten.

Außer von Süchtigkeit kann der dämonische Geliebte auf vielfältige Weise Besitz von einem ergreifen. Eines seiner hauptsächlichen Mittel ist Eifersucht. In Liebesbeziehungen kann dies eine seiner häufigsten Manifestationen sein. Betrachten wir den folgenden Traum:

Ich befinde mich in einem kahlen Korridor und sehe einen großen, dunklen, grausam aussehenden Mann. Ich weiß, daß ein Liebespaar in der Nähe ist und daß die Frau schwanger ist, aber ich sehe das Paar nicht. Ich fasse sofort eine Abneigung gegen den Mann und mißtraue ihm. Als ich noch einmal hinschaue, sehe ich plötzlich eine Gefängniszelle. Darin befindet sich der sadistische Mann, der kaltherzig hinter einem kahlen Schreibtisch sitzt. Mit einem Schock sehe ich hinter ihm das Liebespaar. Sie haben einen Pakt zum Selbstmord geschlossen und sich erhängt, weil sie es nicht mehr aushielten, in diesem kalten, grausamen Gefängnis eingeschlossen zu sein. Ihre Körper sind gelb, und am Fuß eines jeden hängt ein Zettel, auf dem steht, daß sie um Hilfe eines liebevollen Menschen baten, daß jedoch niemand kam. Der dunkle, sadistische Mann sieht kalt und gleichgültig vor sich hin. Entsetzt wache ich auf und mache mir Sorgen über meine Beziehung zu der Frau, die ich liebe.

Der Träumer war ein Mann, der sehr verliebt war. Er hatte vorher zwei ernste Beziehungen gehabt, in denen die Frauen ihn betrogen, während in seiner ersten Ehe er es gewesen war, der seine Frau betrog, indem er sie verließ. Außerdem hatte er eine intensive Beziehung zu seiner Mutter, die ihn einerseits zu sehr geliebt und ihn dem Kampf gegen seinen eifersüchtigen Vater ausgeliefert, andererseits aber ihm durch Depressionen und intensive, zeitraubende Beziehungen zu ihren Freunden im Stich gelassen hatte, während er sich danach sehnte, an ihrem interessanten Leben teilzuhaben. Die Verlobte des Träumenden ist seiner Mutter sehr ähnlich und führt ein aktives, interessantes Leben. Außerdem war sie eine Alkoholikerin, die im Begriff stand, davon loszukommen. Sie selbst hatte einen sich wiederholenden Kindheitstraum gehabt, in dem ein großer, hagerer Mann in schwarzer Kleidung ihr nachjagte, und sie hatte spontan eine Erzählung über Suchtabhängigkeit geschrieben, in der der große, hagere Mann in Schwarz ihren Vater verführt hatte, indem er ihm Alkohol gab, und die Mutter, indem er ihr Schokolade schenkte, so daß das kleine Mädchen allein zurückblieb mit dem Mann in Schwarz. Der Mann faßte seinen Traum als eine Warnung auf vor einer drohenden Gefahr für seine Beziehung in Gestalt dieser dämonischen Figur, die sich im Inneren von ihnen beiden zu befinden schien. In der Beziehung war der Träumer oft rasend eifersüchtig, aus Angst, betrogen und wieder verlassen zu werden. Seine Angst drückte sich in Wut aus, und dann beschimpfte er seine Geliebte. Sie reagierte wie seine Mutter, indem sie sich gefühlsmäßig zurückzog, ihren Zorn verdrängte und plötzlich von einer schrecklichen Sucht nach Alkohol erfaßt wurde, die ihre unbewußte Feindseligkeit gegen ihren Partner darstellte. Es war, als tickte in ihrer Beziehung eine Zeitbombe, die jeden Augenblick unerwartet explodieren konnte. Der Traum zeigte an, was in diesem Fall geschehen würde: Das Liebespaar tot in der Gefängniszelle, sogar das Kind ihrer Beziehung hat es umgebracht. Aber auf ihren Zetteln war zu lesen, daß sie einen liebevollen Menschen um Hilfe angerufen hatten. Ihnen stand der dunkle, sadistische Man im Weg. Diese Figur, die der Liebe einen Riegel vorschob – ihrer eigenen und der Liebe zu und von anderen –, hatte verblüffende Ähnlichkeit mit Dracula. Sie mußten diesen dämonischen Liebhaber konfrontieren, der ihre Liebe fortsog, und den Pfahl durch das kalte Herz seines Vampirismus treiben. Sie versuchten dies zusammen, indem sie über ihren gemeinsamen dämonischen Geliebten schrieben und malten.

Noch eine weitere Art, wie der dämonische Geliebte sein Opfer beißen kann, ist die durch ein negatives Selbstbild und durch morbiden Selbstzweifel, die zur Verweigerung der Liebe führen. Eine von diesem Typ des inwendigen Dracula besessene Frau hatte eine langjährige Beziehung, in der sie und ihr Geliebter füreinander die Rollen Draculas und seines Vampiropfers spielten. Sie hatte einen Vater mit einem »mysteriösen, dunklen, bezaubernden Schnurrbart« gehabt. Er hatte die Familie in Mexiko verlassen, um in Peru nach Gold zu graben, als sie drei Jahre alt war, und sie erinnerte sich, daß sie bis dahin glücklich gewesen war. Danach zog die Familie nach Zigeunerweise umher, und ihr Vater tauchte gelegentlich auf und verschwand wieder. Wenn er da war, beschimpfte und kritisierte er alle seine Kinder, und dieses Verhalten stand in Zusammenhang mit seiner unterschwelligen Aggressivität des Alkoholikers. Seine Negati-

vität und seine Kritik beherrschten ihr Leben, aber darunter lag die frühe Erinnerung an den romantischen dunklen Schnurrbart. Diese Kombination gipfelte in einer erotischen Faszination durch einen dunklen, sadistischen Mann in ihrem Inneren.
Dieser innere Dracula funktionierte so, daß er ihr sagte, sie habe immer unrecht, ihre Gefühle seien verlogen, und im Grunde tauge sie nichts, sie sei vielleicht sogar »böse«. Dies bedeutete, daß sie unfähig war zur Liebe und daß jede Liebe, die sie empfing, für sie eine Illusion war. Wie konnte sie dann zu einer echten Liebesbeziehung fähig sein? Und wie konnte sie in der Welt überhaupt zu etwas taugen, da sie den »dämonischen Keim« in sich trug? Wie um sich das selbst zu beweisen, nahm sie die Gewohnheit des triebhaften Stehlens an und haßte sich selbst dafür. Obwohl sie äußerst phantasiebegabt und hochintelligent war, machte sie es praktisch zu ihrem Beruf, sich unter ihrem Niveau zu verkaufen. Unentwegt suchte sie sich Männer aus, die nicht zu ihr paßten. Der erste war ein Mann, der durch seine Identifizierung mit dem Märchenprinzen seine Grenzen hatte. Der zweite war ein sensibler Mann, der in einer Welt glitzender Phantasiegespinste lebte und in ihr eine schöne Spinne sah, die in der Mitte gefangensaß. Dieser frühen Wahl ihrer Männer lag folgendes Selbstbild zugrunde, wie es in einem Gedicht aus Peter Beagles *The Last Unicorn* (»Das letzte Einhorn«) zum Ausdruck kommt, das sie einer Frau in den Mund legte. Sie setzte dieses Gedicht an den Anfang eines Tagebuchs, das sie in ihren frühen zwanziger Jahren zu schreiben begann.

> Als ich ein junges Mädchen und wohlangesehen war,
> da konnt' ich um nichts bitten, was Männer mir verweigerten.
> Ich knabberte ihre Herzen wie Rosinen in der Hand,
> nie sprach ich von der Liebe und wußte, daß ich log.
>
> Doch ich sagte mir: »Ach, keiner kennt
> das Geheimnis, das ich hüte, pflege und bewahre.
> Ich warte auf den, der meinen Schein durchschaut,
> und dann kenn' ich die Liebe an der Art, wie ich bin.«
>
> Die Jahre entschwanden wie Wolken am Himmel;
> die guten Männer flogen vorbei wie Schnee im Wind.

Ich bestrickte, betrog, verhehlte und täuschte,
und ich sündigte und sündigte in einem fort.

Doch ich sagte mir: »Ach, keiner kann sehen,
daß ein Teil von mir rein ist wie ein Wellenschlag.
Mein Einziger kommt spät, doch er kennt meine Treue,
und dann kenn' ich die Liebe an der Art, wie ich bin.«

Da kam ein Jüngling mit Wissen und Zartheit,
der sagte: »Du bist überhaupt nicht, was man von dir hält.«
Ich betrog ihn, bevor er die Rede beendet,
und er nahm kaltes Gift und stürzte ins Meer.

Und ich sage mir, wenn es Zeit ist zu reden,
wenn voll Anmut ich im Laster verkomm':
»Ach, Liebe ist stark, doch Gewohnheit ist stärker,
und ich erkannte die Liebe an der Art, wie ich war.«

Ihre Träume schienen dieses Schicksal, das sie sich vorgestellt hatte, zu bestätigen. Sie träumte von einem tiefen, schwarzen Loch in der Erde, auf dessen Grund sich ein schreckliches, schwarzes Wesen namens »Skink« befand, ein Wesen so schwarz und formlos, daß man kaum etwas darüber aussagen konnte. Dieser Traum jagte uns beiden einen Schauer über den Rücken, aber wir wichen vor dem Monster nicht zurück. Wir hielten aus und versuchten, es zu bestimmen, so wie Dracula mit allen Mitteln und bis an jede mögliche Grenze identifiziert werden mußte, damit er vernichtet werden konnte. Viele Wesenheiten in der Psyche kann man lieben und verwandeln, aber Dracula muß in seinem Wesen vernichtet werden, damit die guten Kräfte hervortreten können. Ein Problem dieser Frau bestand darin, daß sie sich mit Dracula *identifizierte*, und deshalb blieb sie seine Gefangene. Daher mußten wir in der Therapie daran arbeiten, diese Identifizierung mit dem Dämon aufzuheben, damit sie ein besseres Selbstbild gewinnen, sich selbst lieben, andere lieben und von ihnen Liebe empfangen konnte.

In ihrer dritten Beziehung lernte sie sich selbst besser kennen. Sie befreundete sich mit einem empfindsamen Mann, der selbst ein Verwundeter war. Das Herz dieses Mannes war von seiner

Mutter verwundet worden, die selbst von Dracula besessen war in Gestalt fundamentalistisch-christlicher Anschauungen, die sie veranlaßten, den kommenden Christus auf ihren Sohn zu projizieren. Dieser Mann war der frühere Therapeut meiner Klientin, aber er hatte aufgehört, mit ihr zu arbeiten, weil er sich in sie verliebt hatte. Weil er der Versuchung dieser schönen Frau erlegen war, konnte er kein Professor van Helsing für sie sein, um ihr dadurch zu helfen, ihren eigenen, inneren Professor van Helsing zu finden. Er war ein sehr ethischer Mensch, der sie über die Lage aufklärte, und so sahen sie einander mehr als ein Jahr nicht. Doch eines Tages trafen sie sich wieder und beschlossen voller Leidenschaft, zusammen zu leben. Hier waren zwei intelligente, schöpferische Menschen guten Willens, aber die Beziehung, so wie sie war, konnte nicht gutgehen, weil er für sie immer noch der Therapeut war, obwohl er das nicht wollte. Als sie zusammen lebten, nahm sie sich daher jedes Urteil und jede Kritik von ihm zu Herzen, und so bestand ihr negatives Selbstbild weiterhin. Er empfand jetzt, daß sie ihm das Blut aussaugte, so wie seine Mutter ihm als Kind das Blut ausgesaugt hatte, weil sie sich immer noch so benahm wie seine Patientin. In *Dracula* gibt es eine Szene, in der er mit seinem langen, spitzen Fingernagel die Vene über seinem Herzen ritzt und das Opfer zwingt, das Blut aus seiner Hauptschlagader zu trinken. Das bindet sie an ihn und verschafft ihm Zugang zu ihrem Geist und Willen. Als sie später über diese Beziehung nachdachte, sagte meine Klientin, daß Dracula dies verbrochen hätte, der sie mehrere Jahre lang vampirartig aneinander gefesselt hatte. Schließlich sahen beide mit Hilfe eines Psychologen ein, daß sie sich für eine Weile trennen mußten, um von diesem destruktiven Verhaltensmuster loszukommen.

Nachdem die Trennung vollzogen war, tauchte bei meiner Klientin ein machtvolles Bild auf wie in einer Vision: »Ein häßlicher, mißgestalteter und perverser alter Mann saß auf meinem Herzen und aß es auf.« Als sie von dieser Vision plötzlich erwachte, fiel ihr ein Gedicht von Stephen Crane, »The Heart« ein, das sie schon immer fasziniert hatte:

In der Wüste
sah ich ein Wesen, nackt, bestialisch,
das auf dem Boden hockte,
sein Herz in den Händen hielt
und davon aß.

Ich fragte: »Schmeckt es gut, Freund?«
»Es ist bitter – bitter«, sagte es.
»Aber ich mag es,
weil es bitter ist
und weil es mein Herz ist.«[12]

Nun fügte sich in ihrem Verständnis alles zusammen: ihr blutendes Herz, das innere Bild des perversen alten Mannes, der darauf saß, ihr äußerer Vater, der jetzt in Erscheinung trat als ein Mensch, der durch seine Trunksucht verkam, der jetzt verblassende, magische Schnurrbart, und hinter all dem der Archetyp von Dracula, dem dämonischen Geliebten, der im inneren und äußeren Drama ihres Lebens den Ton angab. Sie erkannte, daß sie ihr Herz keinem anderen Menschen schenken konnte, solange der Dämon davon aß. Deshalb war sie ein verführerischer »Vampir« geworden, deshalb hatte sie sich etwa sechzehn Jahre vorher mit dem Gedicht von Peter Beagle identifiziert, deshalb hatte sie jetzt mit vierzig Jahren ihr schöpferisches Potential noch immer nicht in einem sinnvollen Beruf oder einer Beziehung verwirklicht.
Bald nachdem sie intuitiv den Zusammenhang hergestellt hatte zwischen ihrem äußeren Vater, dem inneren perversen alten Mann, dem archetypischen dämonischen Geliebten und ihrer eigenen Identität als Opfer und Vampir, hatte sie ein schockierendes Erlebnis. Sie fuhr nach Hause zur Beerdigung ihres Großvaters und hatte folgende Begegnung mit ihrem Vater:

Gestern übernachtete ich im Hause meines Vaters. Heute Morgen sagte er mir, er müsse mir den Traum erzählen, den er die ganze Nacht hindurch geträumt hatte. Vielleicht sagte er auch, daß er hoffte, er würde mich nicht schockieren, oder daß ich ihn für »dämlich« halten könnte. Ich sagte: »Ich bezweifle es.«
Er sagte: »Ich träumte, daß ich die ganze Nacht lang deine Möse küßte. Und du sagtest ständig: »Hör nicht auf! Hör nicht auf!«

Dann erzählte er, daß er aufgewacht war und versucht hatte, den Traum abzuschütteln. »Hast du je einen Traum gehabt, den du nicht loswerden konntest? Ich wachte heute Morgen mit Bauchschmerzen auf. Du sagtest dauernd: »Ich komme, ich komme.« Du konntest, aber ich konnte nicht.«
Er sagte: »Ich habe [deine Möse] mindestens hundertmal geküßt, als du ein Baby warst. Nach deinem Bad, weißt du, wenn du ganz [sauber] und gepudert warst.«
Ich antwortete vernünftig und versuchte, es mit Humor zu nehmen, und tat so, als hätte er mir gar nichts sonderlich Befremdliches erzählt. Jetzt möchte ich am liebsten heulen. Es ist, als ob es mich zerreißen würde. Ich könnte überschnappen. Es wird dafür zahlen müssen, wenn ich in eine Irrenanstalt komme. Es könnte mich »zerschmettern«. Vielleicht komme ich auf diesem Flug um.
Die ganze Zeit, die ich da war, sprachen wir an diesem Morgen über sexuelle Dinge. Ich erzählte ihm von meiner Fehlgeburt und den Abtreibungen. Er sagte, es sei vermutlich besser so für mich.
Vom Gefühl her sage ich ständig: »O mein Gott!«, aber ein Teil von mir ist erleichtert zu wissen, daß mein Problem mit dem sogenannten »psychologischen Inzest« eine *wirkliche* Basis hat. Sollte ich mich wundern, wenn er je mehr tat, als meine winzige Möse zu küssen, als ich ein Säugling war? Das reicht wahrscheinlich! Nicht wahr? Warum hat er mir das erzählt?

Diese schockierende Entdeckung rief ihr einen Traum ins Gedächtnis, den sie Jahre davor gehabt hatte. Dieser Traum vermittelte sowohl ein Bild der wirklichen inzestuösen Verletzung durch ihren Vater als auch das daraus folgende Selbstbild, das ihre Psyche verinnerlichte. Als sie diesen Traum hatte, nannte sie ihn »Puderbaby«.

Ein kleines, molliges, reifes Mädchen von sechs oder sieben Jahren steht neben mir und schaut in den Spiegel. Ihre Arme, Beine und ihr Bauch sind rundlich und fest und glatt. Sie glotzt förmlich ihr Spiegelbild an und sagt, während sie ihren Körper reibt: »Ich pudere mich *so gerne* überall.« Sie wiederholt das immer wieder mit rollenden Augen und einem lasziven Grinsen. Sie ist nur traurig darüber, daß der Puder so schnell von ihrem Körper verschwindet.
Ich bin etwas erstaunt darüber, daß ein so kleines Kind so üppige Formen haben und so sinnlich in ihrem Geschmack und in ihrem Gehabe mehr als grotesk sein konnte. Sie scheint sich jedoch in meiner Gegenwart ganz unbefangen zu fühlen.

Bisher war unsere therapeutische Arbeit größtenteils eine unterstützende gewesen, während wir langsam ihr schrecklich negatives Selbstbild abzubauen versuchten. Plötzlich, mit der synchronen Entdeckung des äußeren Ereignisses und der inneren Erkenntnis, veränderte sich unsere Arbeit grundlegend. Sie nahm ihre eigene, positive Identität an, und jetzt arbeiteten wir wie Schwestern zusammen, die auf demselben Weg sind, ein Bild, das sie tatsächlich einige Jahre zuvor gemalt hatte. Sie war immer von Dracula fasziniert gewesen, und im Verlauf der Niederschrift dieses Buches war er mir einige Monate davor plötzlich unabhängig erschienen, als ein mächtiges archetypisches Bild der Zerstörung menschlichen Lebens und menschlicher Beziehungen. Voll Eifer lasen wir die Geschichte noch einmal gemeinsam und machten so viel wie möglich über diesen dämonischen Liebhaber ausfindig. Es war klar, daß sie eine Mina war, denn sie war sehr fleißig und organisiert und hatte ihre Träume jahrelang gewissenhaft niedergeschrieben. Sie brauchte jetzt nur noch die vier starken Männer und Professor van Helsing in ihrem Inneren zu finden, damit sie den Pfahl in Draculas Herz treiben konnte. Denn jetzt wußte sie, daß Dracula zwar eine Gestalt in ihrem Inneren war wie in allen Menschen, daß er aber *nicht* sie selbst war.

Nach der Art Minas entdeckte sie Gedichte, die für sie drei Stufen der Liebe ausdrückten. Diese Stufen der Liebe wurden ihr durch die Gedichte deutlich, ebenso eine vierte. Die erste Stufe war die ekstatische Liebe, die zweite der Schatten dieser Ekstase, und die dritte nannte sie »allein zurückbleiben und an wesentlichen Zügen des Herzens arbeiten«, die vierte dann die »Wiedervereinigung«. In dieser letzten Beziehung hatte sie die ekstatische Liebe intensiv erlebt, und dieser folgte für kurze Zeit das Gegenteil, die rasend machende Selbstzerstörung in der Beziehung. Als sie diese Gedichte fand, stand sie auf der dritten Stufe, allein zurückgeblieben und hart an den Wesenszügen ihres Herzens arbeitend. Die vierte Stufe stand noch aus. Hier folgen die drei Gedichte, die sie so tief berührten, daß sie imstande war, diese Muster so deutlich zu erkennen.

Ekstatische Liebe

Atemlos warfen wir uns auf den windigen Hügel,
lachten in der Sonne und küßten das liebliche Gras.
Du sagtest: »Wir gehen durch Herrlichkeit und Ekstase;
Wind, Sonne und Erde bleiben, die Vögel singen noch,
wenn wir alt sind, alt . . .« »Und wenn wir sterben,
ist alles aus, was uns gehört; und das Leben brennt weiter
durch andere Liebende, andere Lippen«, sagte ich;
»Herz meines Herzens, unser Himmel ist jetzt, gewonnen!«
»Wir sind die Besten der Erde, die hier ihre Aufgabe lernte.
Leben ist unser Schrei. Wir hielten fest am Glauben!« Wir
sagten:
»Wir werden einst mit bereitwilligen Schritten
rosenbekränzt ins Dunkel hinabsteigen! . . .« Stolz waren wir
und lachten und hatten so mutige, wahre Dinge zu sagen.
Und dann weintest du plötzlich und wandtest dich ab.[13]

Rupbert Brooke
Der Hügel

Der Schatten der Liebe

Der Schmerz, dich zu lieben,
ist fast größer, als ich tragen kann.

Ich habe Angst vor dir.
Die Dunkelheit steigt auf, wo
du stehst, und die Nacht dringt durch
deine Augen, wenn du mich ansiehst.

Ach, nie vorher sah ich
die Schatten, die in der Sonne sind!

Jetzt wendet jeder große, frohe Baum
seinen Rücken der Sonne zu
und blickt zu Boden, um den Schatten
zu sehen, dem er früher auswich.

Zu Füßen jedes wachsenden Dinges
blickt eine Nacht empor.

O, ich möchte singen und tanzen,
aber ich kann meine Augen
nicht von den Schatten heben: dunkel
liegen sie verschüttet um die Schale.

Was ist das? – Horch,
das leise, feine Rauschen in der Luft!

Wie das Rauschen einer Muschel!
Es ist noch immer das Todesrauschen, wo
die Wildblüte ihre Glocke formt
und die Feldlerche blau glitzert –

Der Schmerz, dich zu lieben,
ist fast größer, als ich tragen kann.[14]

D. H. Lawrence
Eine junge Ehefrau

Allein am Herzen arbeiten

Nun, da wir unser Bestes und Schlechtestes taten und
auseinander gingen,
möchte ich mein Gemüt mit Gedanken füllen, die nicht
zerreißen.
(O Herz, ich wag es nicht, ein leeres Herz zu haben.)
Ich will an Liebe in Büchern denken, Liebe ohne Ende;
Frauen guter Hoffnung, zufrieden; und schlummernde Greise;
feuchtes, kräftiges Ackerland, zerfurcht von gewissem Korn;
Kinder, die weinen und so ihr Weinen vergessen;
den jungen Himmel, vergeßlich nach dem Regen;
die Abendstille, durchbrochen von heimkehrenden Schwingen;
an edlen Gesang und heilige Weisheit;
diese leben, wir sind tot.
Ich will an tausend Dinge denken,
lieblich und dauerhaft, sie langsam kosten,
eins nach dem andern, wie man erlesene Speise kostet.
Ich muß mein Herz mit Ruhigsein beschäftigen.[15]

Rupert Brooke
Das geschäftige Herz

Professor van Helsing und seine Helfer können in vielerlei Gestalt erscheinen, und in diesem Fall war das Gedicht eine davon. Die Heilkräfte können auch durch eine Person wirksam werden, durch die Natur, durch beinahe jede Erfahrung, die das

Herz öffnet. Die Macht Draculas besteht darin, das Herz zu verschließen, und das Blut auszusaugen, so daß es seine Funktion nicht erfüllen kann. Aber seine Macht kann rückgängig gemacht werden, wie das Beispiel dieser tapferen und gewissenhaften Frau zeigt. Während ich dies schreibe, ist sie in ihrem Leben zum Blühen gekommen, so wie eine Rosenknospe sich langsam dem Licht öffnet.

Ein anderer Bereich, in dem der dämonische Geliebte seinen Biß tun kann, ist die innere Schöpferkraft, die innere Hochzeit. Eine meiner Klientinnen, die sich in Analyse begab, hatte im wesentlichen dieses Problem. Sie war eine sehr begabte Dichterin, deren schöpferische Arbeit blockiert war. Sie hatte keine Schwierigkeiten damit, die Gedichte niederzuschreiben: Wenn sie sich die Zeit dafür nahm, ergossen sich lebendige Bilder über sie wie ein Sturzbach. Aber sie gönnte sich selten Zeit dafür aufgrund von Schuldgefühlen, die tief in ihrer Kindheit verwurzelt waren. Sie hatte auch keine Probleme, die Bilder zu gestalten, die sich ergossen, aber sie hatte Angst davor, ihre Gedichte der Welt zu übergeben. Als sie in die Analyse kam, kannte sie Dracula bereits. Als Kind hatte sie diese Geschichte fasziniert, und sie war sich bewußt, welche Rolle Dracula in ihren Beziehungen gespielt hatte.

Als sie klein war, hatte sie eine sehr innige Beziehung zu ihrem Vater, der ein Dichter im Exil aus einem osteuropäischen Land war. Aber er starb, als sie fünf Jahre alt war, und sie fühlte sich an seinem Tod schuld, wie es bei Kindern oft vorkommt. Ihre Mutter, die sehr glücklich darüber war, daß sie zu Hause bleiben und malen konnte, und von ihrem Vater verwöhnt wurde, mußte jetzt auswärts arbeiten. Die Mutter war erbittert über diesen Einbruch in ihr verwöhntes Leben und ließ ihren Zorn an ihren Töchtern aus. Sie tadelte sie, wenn sie tagträumten oder phantasierten. Sie bleute ihnen die Notwendigkeit zu arbeiten ein. Rita war darüber so aufgebracht, daß sie alle ihre Lieblingspuppen an die Wand warf und zertrümmerte. Ein Traum von ihr aus jüngerer Zeit gibt ein Bild davon, welche Einflüsse in ihrer Kindheit wirksam waren.

Meine Mutter kniete über mir, während ich schlief, und sog das Blut aus meinem Hals wie ein Vampir. Ich erwachte und sah, wie sie von mir zu dem toten, grauen Körper meines Vaters hinüberging, der neben mir auf einem grauen Grabstein lag. Nachdem meine Mutter mit dem Blutsaugen bei mir fertig war, ging sie zu meinem toten Vater und sog auch aus seinem Hals Blut.

In Wirklichkeit hatte die Mutter das Blut des toten Vaters ausgesogen, indem sie wie ein gemartertes Opfer von seinem Tod lebte und das Lebensblut ihrer drei Töchter aussog. Mit diesem Traum erkannte Rita, daß sie sich durch den Tod des Vaters sowohl im Stich gelassen als auch schuldig daran fühlte. Denn dadurch blieb sie ohne Schutz seitens des Männlichen zurück. Aus diesem Grund hatte sie Gott gehaßt und aufgehört, an seine Existenz zu glauben. Das Gefühl, am Tod ihres Vaters schuld zu sein, und ihre Einsamkeit ermöglichten ihrer Mutter und später anderen, ihre Energie auszusaugen, während sie für den Lebensunterhalt der anderen arbeitete. Der erste von ihnen war ihr erster Mann, ein Künstler und ewiger Jüngling, der sich von ihr aushalten ließ. Später war es eine Freundin, der sie ständig eine mütterliche Stütze war. Beiden gemeinsam war, daß sie schöne Gesichter hatten. Was war an einem schönen Gesicht dran, daß es eine solche Macht über sie hatte? In ihrer zweiten Ehe hatte sie nicht mehr denselben Fehler gemacht. Statt einen Mann mit einem schönen Gesicht hatte sie einen Mann geheiratet, der Substanz und einen schönen Geist besaß. Doch als sie feststellte, daß sie kein Kind bekommen konnte, bat sie die Freundin mit dem schönen Gesicht, ein Kind von ihrem Ehemann auszutragen, denn sie wollte ein schönes Kind haben. Die Freundin zog ins Haus und wurde emotional und finanziell abhängig von Rita, bis schließlich Rita und ihr Mann das Gefühl hatten, daß ihnen das Lebensblut ihrer Beziehung ausgesogen wurde. Schließlich wurde die Situation so unhaltbar, daß sie die Vereinbarung, ihre Freundin ein Kind von ihrem Ehemann austragen zu lassen, aufgeben mußten. Ungefähr um diese Zeit hatte Rita folgenden Traum:

Ich lag im Bett und war im Begriff, ein Kind zu gebären. Als ich aufsah, erblickte ich drei Männer mit schönen Gesichtern, die über mir standen. Sie trugen Manschettenknöpfe an den Ärmeln mit den Initialen meines Vaters. Die schönen Gesichter schienen böse zu sein, und plötzlich rammten die Männer einen Stock in meine Vagina und töteten das Kind. Ich kam mit dem Leben davon, aber ich war entsetzt.

Sie war sicher, daß die drei Männer die grausame, sadistische Seite ihrer Mutter darstellten, den Teil von ihr, der ihrer Tochter nicht das kreative Leben gönnte, daß sie selbst nicht haben konnte. Und die Initialen ihres Vaters bedeuteten, daß sie durch seinen Tod im Stich gelassen wurde und daß ihr dadurch der vom Männlichen kommende Schutz fehlte. Sie erinnerte mich daran, daß Dracula in der Geschichte die Frauen nur dann angriff, wenn sie von den Männern unbeschützt zurückgelassen wurden. Und bei Lucy, dem ersten Opfer, hatte ihre kranke Mutter die schützende Knoblauchkette entfernt. Als Kind und junge Frau war Rita wie Lucy gewesen – naiv, sanft, rein und zu freigebig, und das machte sie anfällig dafür, ausgenützt zu werden. Aber jetzt war sie eher wie Mina, die zwar ein Opfer Draculas ist, ihm aber durch ihr Bewußtsein auf die Schliche kommt. Sie erkannte, daß sie selbst versucht hatte, der Freundin, von der sie das schöne Kind haben wollte, das sie selbst nicht bekommen konnte, das Leben ausgesaugt hatte. Diese Erkenntnis war wichtig für das Aufspüren Draculas in ihrem Inneren.
Rita malte Dracula, um herauszufinden, ob sie dadurch noch mehr erfahren konnte. Sie malte ein schönes äußeres Gesicht und ein inneres, das häßlich war. In der Bühneninszenierung *Dracula* von Richard Greer wird diese Veränderung dramatisch dargestellt. Dracula ist ein alter, häßlicher Mann in seinem Schloß in Transsylvanien, aber sobald er seinem ersten Opfer Blut aussaugt, wird er jünger und sieht besser aus. Bei seiner Ankunft in England, als er sich Mina nähert, ist er schließlich so ansprechend und erotisch anziehend, daß er unwiderstehlich wirkt. Rita schrieb folgendes über ihre Zeichnung:

Sieht zwar schön aus, »fühlt« sich aber eigenartig oder merkwürdig an – etwas stimmt nicht – diese intuitive Warnung, Abstand zu wahren, wird oft ignoriert. Verschlingender, unersättlicher, verführerischer, böser, manipulierender, schöner, rasender und eifersüchtiger Bestrafer. Kommt als Liebender, setzt dann Zorn und Vernichtung ein, um Gehorsam zu erzwingen. Gegenwärtig, wenn Selbstwertgefühl abwesend ist.

Als Rita ihre Arbeit tapfer fortsetzte, indem sie mit Dracula in einer aktiven Imagination (einer bewußten Auseinandersetzung mit einer inneren Gestalt) einen Dialog führte, kam noch mehr zutage. Eine bestimmte Kombination, die oft eine romantische Illusion erzeugt, hatte es ihr angetan – das schöne Gesicht, das einen einsamen Schmerz zeigt. Sie fragte ihn also, wie er in ihr Leben gekommen war, und in dem Zwiegespräch antwortete Dracula:

Ich bin aus dem Schrank deiner Mutter gekommen, aus einem tiefen Abgrund von Einsamkeit, Verzweiflung und Schuld. Sie hat Jahre in diesem Abgrund der Verzweiflung ohne Schutz zugebracht, und du auch. Du erkennst mich nicht. Du siehst meine Schwäche oder böse Seite nicht. Du hältst mich für bedürftig, traurig und verzweifelt, und das stimmt auch, aber mein Bedürfnis ist, daß du meine Last auf dich nimmst, und das versuchst du ja. Du siehst auch nicht, wie ich deine Begabungen einsperren und wie ich möchte, daß du nur mir zu Diensten stehst. Wie neidisch und eifersüchtig ich auf deine Begabungen bin! Mein Bedürfnis ist, dich zu verschlingen. Mit mir kannst du nur eine lebende Tote sein – verschlungen von mir und voll Hingabe. Ohne jemals dein eigenes Leben zu leben.

Dracula sagte ihr auch, daß sie sich als Opfer zur Verfügung stellte, weil sie glaubte, daß sie böse sei und bestraft werden sollte, ein Glaube, der aus der Angst ihrer Kindheit rührte, daß sie ihren Vater umgebracht und ihre Mutter überbelastet hatte. Aus diesem Zwiegespräch mit Dracula ergab sich, daß ihre Schuldgefühle so weit gingen, daß sie sich schuldig vorkam, weil sie lebendig, schön und begabt war. Sie projizierte diese Eigenschaften auf andere und diente ihnen wie eine Sklavin, während sie ihre eigene Kreativität im Reich der ruhelosen Verstorbenen zurückhielt.

Das Eingesperrtsein ihrer Kreativität offenbarte sich in einer weiteren aktiven Imagination, in der sie ein schönes Kind und einen Freund hatte, und alle wohnten in einem Zimmer mit zwei Türen. Ihr Freund konnte nach Belieben ein- und ausgehen, aber sie hatte Angst, mit ihrem Kind hinauszugehen, weil sie fürchtete, daß sie dahinwelken und sterben würden. Sie nahm jedoch ihren Mut zusammen und ging hinaus, und da begegnete ihr ein verhutzelter, zwergenhafter Mann, dessen Augen seine Erscheinung Lügen straften, denn in ihnen lagen Güte und Weisheit. Er war es, der aus dieser Tür hinausgeführt und gepflegt werden mußte, nicht Dracula. Ihre Kreativität brauchte nur aus dieser Tür hinausgeführt und gepflegt zu werden, und dann würde sie etwas Schönes zur Welt der geistigen Inspiration beisteuern können. Doch dazu mußte sie ihren Zustand der Besessenheit von Dracula zur Kenntnis nehmen. Trauer und Leid vermochten zu heilen, das Mitleid jedoch nicht. Hier kam die innere Gestalt Professor van Helsings, eines neuen beschützenden Vaters, ins Spiel. Er konnte die Person vom Zustand der Besessenheit (dem Modus der ruhelosen Verstorbenen) trennen, er konnte zwischen der Person und der bösen Macht unterscheiden. Um den toten Vater zu ersetzen, mußte sie einen inneren Vater mit der Objektivität, dem Geist und dem Mitleid Professor van Helsings entwickeln, der demütig genug war, um die Höheren Mächte um Hilfe gegen die Kräfte des Bösen anzurufen.

Wir alle müssen diesen Kampf mit dem dämonischen Geliebten austragen – sei es in Form einer Sucht oder Eifersucht, als Schuldgefühle, Zweifel oder Selbstmitleid oder in irgendeinem anderen der unzähligen Zustände von Besessenheit, in die wir verstrickt sind. Und erst dann, wenn wir gewillt sind, diesen Kampf bewußt auszutragen, nicht nur einmal, sondern tagtäglich, werden wir in der Lage sein, diese letzte Gestalt im Wald hinter uns zu lassen und zur Lichtung zu gelangen, so daß die Hochzeit stattfinden kann.

6 Der Ring der Macht

> Wo Liebe herrscht, gibt es keinen Willen zur Macht; und wo der Wille zur Macht vorherrscht, fehlt die Liebe. Das eine ist lediglich der Schatten des anderen.
>
> C. G. Jung

Der Konflikt zwischen Liebe und Macht ist einer der hypnotisierenden »Todestänze«, dem Liebende auf dem Weg zur Hochzeit oft verfallen. Macht und Besitzgier, das Verlangen nach Kontrolle sind das grundlegende Hindernis auf dieser Reise – eine Versuchung, die wir alle konfrontieren müssen. Das Verlangen nach Macht verhindert, daß wir offen dafür sind, das Gegenwärtige zu empfangen, die Gaben der Liebe, die das Leben uns bietet. Der folgende Traum einer Frau, die heiraten wollte, macht anschaulich, wie eingefleischt dieser Machttrieb ist.

Ich war eine Königin auf dem Weg zur Kirche, um getraut zu werden. Auf dem Weg jubelten die Zuschauer, und ich dachte, daß sie mir zujubelten – weil ich als erste ankam. Mein Prinzgemahl würde später dort sein. Doch als ich ankam, war der Bräutigam bereits dort, und er war ein großer König. Ich war enttäuscht, und das Gefühl, daß ich nicht die erste, nicht die Hauptfigur bei dieser Hochzeit war, gab mir einen Schock.

Die Träumerin erzählte mir, daß sie heiraten wollte, jedoch unbewußt erwartete, daß alles beim alten bleiben würde. Wie der Traum zeigte, hatte sie die Macht behalten und wollte Königin und Herrscherin sein. Bevor sie den Ring der Liebe mit ihrem Verlobten tauschen konnte, mußte sie den Ring der Macht aufgeben. Dies ist der grundsätzliche menschliche Kampf, den wir in unseren Beziehungen und im Leben ausfechten müssen. Wir möchten, daß alles nach unserem Kopf geht, und wollen an dem Bekannten festhalten, damit wir die Kontrolle behalten. Wir wollen den Ring der Macht kontrollieren – einen Ring, der unter der Herrschaft der tyrannischen Gestalten unserer Psyche steht.

Macht ist die Versuchung, die allen archetypischen Hindernissen innewohnt, denen wir auf dem Weg zur Hochzeit begegnet sind: dem Schattengeliebten, dem Märchenprinzen, der besonderen Prinzessin, der Verzauberung und dem dämonischen Geliebten.

Der Schattengeliebte übt auf uns die Macht der Phantasie und Faszination aus, und indem wir versuchen, diese transformative archetypische Energie, durch die unsere Seele mit der göttlichen Schöpferkraft und Spiritualität in Berührung tritt, zu einem Liebesobjekt zu machen, tun wir so, als könnten wir die archetypische Macht in Besitz nehmen, und begreifen nicht, daß sie ein Segen ist, der uns geschenkt wird. Nur indem wir die göttliche Liebe als ein Objekt, das man besitzen kann, loslassen; nur indem wir dafür danken, daß wir hier sein und am Mysterium des Lebens und der Liebe teilhaben dürfen; nur indem wir das Geschenk des Daseins zurückerstatten in Werken der Liebe, der Kreativität und des Heldentums, können wir die Macht des Schattengeliebten in Liebe verwandeln.

Die Macht des Märchenprinzen und der besonderen Prinzessin ist die Macht, die kollektive Bilder auf uns ausüben, sowie die Macht eines sicheren und bequemen Lebens, in dem durch andere und durch äußere Ereignisse und Umstände alles für uns getan wird. Dies ist die Macht der praktischen Welt des Materialismus, die die Seele der Liebe um der Bequemlichkeit und der Sicherheit willen verkauft. Nur wenn wir erkennen, daß Patentrezepte für Erfolg und Schönheit uns nie die tiefe Liebe geben können, die uns das Geheimnis des Lebens beschert, können wir uns von der Macht »aus Plastik« befreien und uns der Liebesgabe der Natur öffnen.

Durch Verzauberung übt die Hexe Macht über uns aus, indem sie uns verschlingt – unsere Schönheit, Stärke und Liebe. In ihrem Hunger nach Besitz, ihre Opfer in Infantilität, Schwäche und Abhängigkeit festhaltend, verhext sie unsere schöpferischen Kräfte und lähmt unsere Initiative. Die Hexe hat Macht über uns aufgrund unserer Angst vor ihr, aufgrund ihrer Unberechenbarkeit und ihrer Macht, uns so in Bann zu schlagen, daß wir in einem erstarrten Zustand der Unentschlossenheit verharren und daran gehindert werden, unser Potential zu verwirklichen, das Leben wirklich zu leben. Die einzige Art und Weise, mit der Hexe in ihrer bösen Gestalt umzugehen, ist zu handeln, sich auf das Leben einzulassen und ihren Bann zu bekämpfen.

Die Macht des dämonischen Geliebten ist die Verführung. Er verlockt uns dazu, ihm unseren Willen bis zur Selbstzerstörung auszuliefern. Er ergreift Besitz von uns, indem er uns mit der Verheißung eines überirdischen »Hochs« aufreizt und erregt. Sind wir jedoch einmal der Verführung erlegen, gehören wir ihm, und er beraubt uns unserer Energie und lebt von ihr. Durch das Gift seines »Liebesbisses« werden wir süchtig nach seinen Verheißungen einer unechten Ekstase, werden selbst zu Vampiren und unterwerfen uns dem Willen zur Macht, der die Liebe zerstört. Wie mit der Hexe kann man mit dem dämonischen Geliebten nur in der Weise umgehen, daß man zu seiner Versuchung und seinem Willen zur Macht nein sagt.

Die Verzauberung meiner Energie für eine Bindung schien in meiner Psyche mit dem dämonischen Geliebten verbündet zu sein, dem Dracula-Vampir, der mir das Lebensblut abzapfte. Es war, als säße ich in einem engen Ring der Macht gefangen, eingeschlossen in einen Zauberbann. Die beiden mächtigsten Gestalten waren für mich der Schattengeliebte, der mich durch die Macht des romantischen Idealismus faszinierte, und der dämonische Geliebte, der mir Kontrolle über diesen Zustand unechter Ekstase versprach. Ich wurde in einem geschlossenen Ring der Macht festgehalten, der sich um mein Herz legte, und so war ich außerstande, den tiefsinnigen, offenen Ring des Heiligen Grals, der alchimistischen Schale, oder den weltlichen Ehering zu empfangen. Dieser enge, kontrollierende Ring, in den ich hineingeraten war, mußte geöffnet werden. Für mich führte der Weg vom Vampir, der die Kräfte des Lebens negiert, zum Engel in Rilkes Vision, der das ganze Sein bejaht. Um aus dem engen Ring auszubrechen, der mich erdrosselte, brauchte ich ein bejahendes Bild des weiblichen Geistes.

Ich fand dieses Bild in Brünnhilde, der Heldin aus Wagners vier Opern umfassenden Musikdrama *Der Ring des Nibelungen.* Brünnhilde ist ein weiblicher Geist, der den Zauberbann des Ringes der Macht durch ihre Anerkennung der höheren Macht der Natur brach und dadurch ihr Herz dem Mitleid, dem Ring der Liebe, öffnete. Sie verkörpert Herz, Mut und Weisheit – die Kühnheit des Kriegers stammt von ihrem Stiefvater, dem Gott Wotan; die instinktive, intuitive Erdweisheit von ihrer Mutter, der Erdgöttin Erda, und ihr eigenes, für die Liebe offenes Herz.

Kurz bevor ich mit dem letzten Kapitel dieses Buches begann, kam mir das folgende Bild von Brünnhilde in einer Vision:

Ich befand mich auf einem Floß, das an der Küste einer gebirgigen Insel landete. Dort traf mich mein Geliebter. Seine Brust war unbedeckt, und er trug nur einen Lendenschurz und einen langen Umhang aus Bärenfell um die Schultern. Seine Augen zogen mich nach innen, in die Tiefe seiner uralten Weisheit, und ich erkannte in ihm einen Priester, der mich in die alten Mysterien einweihen würde. Er führte mich auf einen Berg, wo wir auf halber Strecke vor dem Eingang einer Höhle stehenblieben. Dann winkte er mich zu sich heran, legte seinen Umhang aus Bärenfell um meine Schultern und krönte mich mit einem silbergeflügelten Walkürenhelm – den Kleidungsstücken Brünnhildes. Dann wies er mir die Richtung, in die ich gehen sollte, und verabschiedete sich. Ich kam in einen dunklen Hexenwald. Die Äste der spinnwebenbedeckten Bäume hingen tief herab, so daß ich mich bücken mußte, um daran vorbei zu können. Als ich auf eine Lichtung kam, sah ich eine andere Höhle, und an ihrem Eingang stand »Draculas Tochter«, eine hexenartige Vampirgestalt, die mich seit einigen Jahren plagte. Als Draculas Tochter mich verhöhnte, nahm ich meinen Speer, durchbohrte ihren Leib und nagelte sie an einen Baum.

Nach dieser Vision fürchtete ich mich nicht mehr vor dieser Gestalt, die aus den vereinigten dunklen Energien der Hexe und Draculas geboren war, eine Gestalt, die mich in ihrem engen Ring der Macht festgehalten hatte.

Der Kampf zwischen Liebe und Macht kommt in *Der Ring des Nibelungen* auf einer tiefen, archetypischen Ebene zum Ausdruck. Dieses Werk, für dessen Vollendung Wagner zwanzig Jahre brauchte, ist eine Geschichte vom Konflikt zwischen Liebe und Macht, der so überwältigend ist, daß er schließlich zum Sturz der Götter und zur Vernichtung des Weltalls führt. Doch mit dieser Zerstörung erscheint auch die Hoffnung, das Unrechte zu begreifen, damit Erlösung stattfinden und die Welt der Menschen durch eine Vision der erbarmenden Liebe wiederhergestellt werden kann. Obwohl die Welt der Götter aufgrund des Mißbrauchs ihrer Macht zerfällt, verheißen die letzten Takte der Musik Hoffnung und mahnen uns als Zuschauer, dieses ungeheure Geschehen, dessen Zeugen wir waren, nicht zu vergessen. *Der Ring* zeigt uns die Gestalten in unserem Inneren, die sich für die Macht entscheiden, und vermittelt uns eine Vision der Möglichkeit, den Ring der Macht für den Ring der Liebe hinzugeben.

In der Tiefe des Rheins schwimmen drei Nixen, die den goldenen Schatz dieses mächtigen Urstroms hüten. Der Zwerg Alberich, ein Wesen aus den Höhlen tief unter der Erde, sieht die Rheintöchter beim Reigen und, von ihrer Schönheit berückt, versucht er sie zu fangen und zu besitzen. Die Rheintöchter entwinden sich ihm und verspotten ihn, doch als das Rheingold in der Sonne erglänzt, geben sie unvorsichtig preis, daß dieses Gold, zu einem Ring geschmiedet, dem Träger Macht über das ganze Weltall verleiht. Frustriert in seinem Bemühen, die Liebe der Rheintöchter zu gewinnen, verflucht Alberich die Liebe, raubt das Gold und verschwindet.

Im Himmel droben haben die Götter ihre Wohnstatt. Wotan, der Beherrscher und Vater von Göttern und Menschen, ist verzaubert vom Anblick Walhalls, des großen Götterpalasts, dessen Bau Wotan bei den auf der Erde wohnenden Riesen in Auftrag gegeben hat. Als Preis für diese unerhörte Arbeit versprach er den Riesen Freia, die Göttin der Liebe, Jugend und Schönheit. Obgleich die Abmachung mit den Riesen unwiderruflich in heiligen Runen in Wotans Speer eingraviert ist, glaubt Wotan, er könne sowohl Freia als auch Walhall behalten, indem er die Riesen überlistet. Der einzige Weg dazu ist der, dem Zwerg Alberich sein allmächtiges Gold zu rauben und es den Riesen im

Austausch gegen Freia anzubieten. Die Riesen sind bereit, das Gold anstelle von Freia zu nehmen und führen Freia als Geisel fort. Mit dem Weggang von Freia beginnen die Götter zu altern, und aus Angst vor ihrem Tod steigt Wotan zur Erde herab, um Alberich das Gold abzuringen.

In seiner unterirdischen Höhle hat Alberich aus dem Rheingold den Ring sowie einen Zauberhelm geschmiedet, der den Träger unsichtbar machen und in jede Gestalt verwandeln kann. Mittels einer List wird Alberich überredet, die Macht des Helms zu beweisen, indem er sich zuerst in einen riesigen Drachen und dann in sein Gegenteil, eine winzige Kröte, verwandelt. Als Kröte wird Alberich von Wotan gefangen und von ihm gezwungen, als Preis für seine Freiheit das ganze Gold samt Helm und Ring herauszugeben. In seiner Wut verflucht Alberich den Ring und alle, die ihn tragen, und verschwindet. Wotan liefert den Riesen alles Gold außer dem Ring aus, den er um seiner eigenen Macht willen behalten möchte. Aber die Riesen fordern auch den Ring, und als Wotan diesen verweigert, warnt Erda, die Erdgöttin, Wotan vor dem Untergang der Götter, falls er den Ring behalte. Widerstrebend fügt Wotan daher den Ring dem Hort der Riesen hinzu, und Freia wird den verjüngten Göttern zurückgegeben. Als die Riesen ihren Schatz aufheben, nimmt die Verfluchung des Ringes bereits ihren schlimmen Lauf. Die Riesen zanken sich, und einer wird getötet, während der andere mit dem Hort davoneilt. Wotan denkt mit Schrecken an den Fluch des Ringes, jubelt aber dennoch beim Anblick der herrlichen Walhall und schreitet auf sie zu, die Stimmen der Rheintöchter übertönend, die die Rückgabe des Rheingolds an seine natürliche Heimstätte im Fluß verlangen. So endet *Das Rheingold*, der Prolog zum *Ring*, der die kosmische Ursache des Zauberbanns des Rings darstellt.

In *Die Walküre*, der zweiten Oper des *Ring*-Zyklus, gelangt der Konflikt zwischen Liebe und Macht zu seinem höchsten Ausdruck. In der Hoffnung, den Ring von den Riesen zurückzugewinnen, wandelte Wotan in menschlicher Gestalt auf Erden und zeugte Zwillinge, Siegmund und Sieglinde, mit einer Sterblichen. Er will Siegmund stark genug machen, um den Ring von den Riesen zurückzuholen. Im Säuglingsalter trennt er die Kinder und unterwirft Siegmund einer Leidensprobe nach der anderen, ohne ihm seine Herkunft und sein Schicksal zu offenbaren. Sieglinde hat er einfach ausgesetzt und überläßt sie einer liebeleeren Ehe mit Hunding, der von anderer Rasse ist. Am Beginn des ersten Aktes der *Walküre* sucht Siegmund, erschöpft von seinen Leiden, Zuflucht vor einem Unwetter in einem Haus, das um eine große Esche gebaut ist. Wankend tritt er ein und bricht dann zusammen. Die Herrin des Hauses, Sieglinde, labt den Verwundeten mit einem Trunk Wasser und teilt ihm mit, daß sie das Weib Hundings, des Hausherrn, ist. Beide überfällt eine unerklärliche, geheimnisvolle Anziehung zueinander. Siegmund will aufbrechen, da er fürchtet, Unglück über sie zu bringen, aber Sieglinde bittet ihn zu verweilen. Da tritt Hunding ein, und nachdem er Siegmunds Geschichte gehört und die verblüffende Ähnlichkeit zwischen ihm und Sieglinde, insbesondere ihre Augen, bemerkt hat, schöpft er Verdacht und erkennt in Siegmund den Feind wieder, der seine Brüder tötete, als diese ihre Schwester zu einer von ihr verabscheuten Ehe zwangen. Als Siegmund seine Geschichte erzählt, berichtet er, wie er sein Schwert verlor, als er diese Frau zu schützen versuchte. Zornig erklärte Hunding, das Gastrecht fordere von ihm, einem Fremden Unterkunft für eine Nacht zu gewähren, aber am Morgen würde er ihn zum Zweikampf herausfordern. Betäubt von einem Schlaftrunk, den Sieglinde ihm verabreicht hat, legt Hunding sich schlafen. Sieglinde kehrt zu Siegmund zurück und berichtet ihm von einem einäugigen Fremdling, der auf ihrer Hochzeit erschien und ein Schwert tief in die Esche rammte und sagte, daß nur ein großer Held es herausziehen könne. Siegmund erinnert sich jetzt, daß sein Vater ihm versprochen hatte, er würde in der Stunde seiner größten Not ein Schwert finden. Plötzlich öffnet sich die Tür des Hauses nach dem Unwetter, frühlingshaftes Mondlicht durchflutet die Hütte, und die beiden – noch unwissend, daß sie Geschwister sind – umarmen sich in ekstatischer Liebe. Als Sieglinde ihr eigenes Gesicht und ihre Stimme in dem Geliebten erkennt und den

Namen ihres Vaters hört, als er den Namen seines Vaters ausruft, begreift sie, daß dies ihr langvermißter Zwillingsbruder ist und nennt ihn bei seinem richtigen Namen, Siegmund. Er zieht das Schwert aus der großen Esche, nennt es »Nothung« und bringt es seiner Schwester als Hochzeitsgabe dar. Jetzt sind sie verbunden, durch Blut- und Liebesbande, Bruder und Schwester, Liebende auf dem Weg zur Hochzeit.

Hoch auf einem felsigen Bergesgipfel befiehlt Wotan seiner Lieblingstochter, der Walküre Brünnhilde (die aus seiner Verbindung mit Erda stammt), seinen sterblichen Sohn Siegmund in dessen bevorstehendem Kampf mit Hunding zu beschützen. Wotan hofft immer noch, daß Siegmund den Ring wiedererlangen werde. Aber Fricka, Wotans Gemahlin, schilt ihn zornig, daß er Blutschande zwischen Bruder und Schwester und Sieglindes Ehebruch zuließ und in seiner eigenen Ehe die Gesetze brach, und fordert, daß er Siegmund seine Hilfe entziehe. Wotan verteidigt die Liebe von Siegmund und Sieglinde als Gegensatz zu einem Eheschwur, der Lieblose bindet, und fügt hinzu, daß Siegmund, frei vom Schutz und den Gesetzen der Götter, der Held sei, der den Ring zurückgewinnen könne. Aber Fricka trägt den Sieg davon, als sie Wotan darauf hinweist, daß er selbst Siegmund Zugang zu dem Zauberschwert gegeben habe. Zieh das Schwert zurück, sagt Fricka, und laß ihn allein kämpfen. Und, so fügt sie hinzu, gib Brünnhilde den Befehl, ihm nicht zu helfen. Niedergeschlagen und voll Zorn muß Wotan zugeben, daß Fricka im Recht ist. Als Brünnhilde zurückkehrt, enthüllt er ihr die ganze Geschichte des Ringes und seines Fluchs. Er erzählt ihr, wie die Wonnen der jungen Liebe ihm entschwanden und sein Geist zur Macht strebte und wie er die Welt für sich erringen wollte; wie ihre Mutter Erda ihn vor dem Fluch des Ringes und dem bevorstehenden Untergang gewarnt hatte; wie sie ihm Brünnhilde und ihre acht Schwestern, die Walküren, gebar, die weiblichen Geister, deren Bestimmung es war, die erschlagenen Helden zu betreuen, die Walhall beschützen wollten, und mit denen er hoffte, das Schicksal eines schmachvollen Sturzes der Götter abzuwenden. Aber jetzt hat Fricka Wotans Listen entlarvt, und er muß sich ihren Forderungen beugen. Daher befiehlt er Brünnhilde, Siegmund ihre Hilfe zu versagen und Hunding zu erlauben, ihn zu erschlagen. Als Brünnhilde Einspruch erhebt, droht Wotan ihr mit der Strafe seines Zorns, wenn sie seinen Befehlen den Gehorsam verweigerte. Betroffen und zutiefst beunruhigt, macht sie sich voll Angst vor ihrer Aufgabe auf den Weg.

In der Schlucht unter sich sieht sie, wie die Liebenden auf eine Waldlichtung fliehen. Erschreckt, getrieben von Schuldgefühlen und erschöpft sinkt Sieglinde bewußtlos in Siegmunds Arme. Als er sich zärtlich über sie beugt, naht sich ihm Brünnhilde und sagt ihm, daß er sterben müsse, aber sie werde seine Seele nach Walhall zu den anderen Helden bringen. Als er erfährt, daß Sieglinde ihm dorthin nicht folgen kann, weigert sich Siegmund, sich von ihr zu trennen, und wirft Brünnhilde voll Zorn vor, daß sie ein kaltes und hartes Herz unter ihrem jungen und schönen Äußeren habe. Brünnhilde ist von seinem Vorwurf erschüttert und gerührt von dem Opfermut seiner Liebe. Sie erlebt zum erstenmal die Heiligkeit der Liebe und gelobt, Siegmund und seine Liebe zu beschützen, obgleich sie dadurch ihrem Vater ungehorsam wird. Doch als der Kampf beginnt, erscheint Wotan und wütend über den Ungehorsam Brünnhildes zerschmettert er Siegmunds Schwert mit seinem Speer. Da er nun ohne Waffe ist, wird Siegmund in dem Kampf erschlagen, und um Sieglinde zu retten, flüchtet Brünnhilde mit ihr auf den Walkürenfelsen.

Als Brünnhilde den Walkürenfelsen erreicht, bittet sie ihre Schwestern, Sieglinde zu retten, aber diese weigern sich. Brünnhilde verkündet, daß Sieglinde Siegmunds Kind zur Welt bringen werde, das ausersehen ist, der größte Held der ganzen Welt zu werden – Siegfried. Sie übergibt Sieglinde die Splitter von Siegmunds Schwert und schickt sie an einen Zufluchtsort, wo sie den neuen Helden gebären kann, in einem Wald, in dem der Ring von dem Riesen gehütet wird, denn sie weiß, daß Wotans Zorn ihr dorthin nicht folgen kann. Man hört das Herannahen Wotans mit der ganzen Gewalt seines Zorns. Die Walküren versuchen zuerst, Brünnhilde vor ihrem wütenden Vater zu verbergen, aber als Wotan ihnen mit der Bestrafung droht, die er über Brünnhilde verhängt hat, entfliehen sie. Sie wird ihre Rechte als göttergleiches Wesen verlieren und auf dem Walkürenfelsen in einen tiefen Schlaf versenkt werden, eine hilflose Sterbliche, eine Beute jedes Mannes, der sie findet. Brünnhilde fleht ihn an – sie sei nur Wotans eigenem Herzen gefolgt, als sie Siegmund beschützte. Wenn sie zu diesem Schicksal verdammt sei, so bitte sie ihren Vater, sie mit einem Flammenring zu beschützen, damit nur die unerschrockensten Helden es wagen würden, sich ihr zu nähern. Wotan gibt ihrer Bitte statt, schließt seine geliebte Tochter in die Arme und nimmt Abschied von ihr:

> Muß ich verlieren,
> dich, die ich liebe,
> du lachende Lust meines Auges! –
> Ein bräutliches Feuer
> soll dir nun brennen,
> wie nie einer Braut es gebrannt!
> Flammende Glut
> umglühe den Fels;
> mit zehrenden Schrecken
> scheuch es den Zagen,
> der Feige fliehe
> Brünnhildes Fels!
> Denn einer nur freie die Braut,
> der freier als ich, der Gott![1]

Mit einem letzten Lebewohl, ihre Augen küssend, nimmt Wotan ihr die göttlichen Attribute ab und befiehlt Loge, dem Feuergott, seine geliebte, schlafende Tochter mit einem Feuerring zu umgeben.

Während Brünnhilde in mythischer Zeit auf dem Walkürenfelsen schläft, tritt in der dritten Oper des *Ring*, in *Siegfried*, der neue Held, der Sohn Siegmunds und Sieglindes, auf. Siegfried, dessen Mutter im Kindbett starb, ist in einer Höhle unter der Aufsicht des Nibelungen Mime, Alberichs Bruder, aufgewachsen. Mime hat Siegfried aufgezogen, damit er den Drachen erschlüge, der jetzt den Ring in einer nahen Höhle bewacht. Dann will er Siegfried mit einem Gifttrank töten, so daß er, Mime, mit der Kraft des Ringes sich zum Herrscher der Welt erheben kann. Mime hat Siegfried die Schmiedekunst gelehrt, sein eigenes Handwerk. Er selbst hat vergebens versucht, die Splitter Nothungs, Siegmunds Schwert, zusammenzuschmieden. Als Mime dem unwissenden Siegfried die Splitter Nothungs gibt, feilt dieser die Stücke zurecht, schmilzt sie ein und schmiedet daraus ein neues Schwert.

Mit dem neugeschmiedeten Nothung führt Mime Siegfried zu der Drachenhöhle und stachelt ihn an, den Drachen zu töten. In der Hoffnung, den Ring zurückzugewinnen, hat Alberich sich in der Nähe versteckt und bietet dem Drachen seinen Schutz an, wenn er ihm den Ring gäbe, aber der Drache weigert sich. Mittlerweile gedenkt Siegfried voll Sehnsucht seiner Mutter, die er nie gekannt hat. Als der Drache erwacht, kämpfen die beiden, und Siegfried tötet den Drachen, indem er sein Herz mit dem Schwert durchbohrt. Aus Bewunderung für Siegfrieds Heldentum warnt ihn der sterbende Drache vor Mime, der seinen Tod im Schilde führe. Ein Tropfen Drachenblut fällt auf Siegfrieds Hand, und als er sich das Blut von der Hand leckt, versteht er plötzlich den Gesang des Waldvogels, den er hörte, als er an seine Mutter dachte. Der Vogel sagt ihm, er solle Ring und Helm an sich nehmen und könne nunmehr die Gedanken der Menschen lesen. Als Siegfried hört, daß er sich nahende Mime seinen Tod wünscht, tötet er ihn. Alberich, der mit Mime um den Besitz des Ringes gestritten hat, lacht aus der Ferne. Dann erzählt der Waldvogel Siegfried (der ihn um einen Gefährten bat) von Brünnhilde, der schönsten aller Frauen, die, von Feuer umgeben, schlafend auf einem Felsen liege und auf den Helden warte, der keine Furcht kennt. Siegfried, der noch nie eine Frau gesehen hat, folgt dem Vogel zu Brünnhildes Felsen.

Am Fuße des Walkürenfelsens ruft Wotan Erda während eines heftigen Gewitters an und fragt sie, wie der schreckliche Untergang der Götter aufzuhalten sei. Als Erda ihm sagt, er solle ihre weise Tochter Brünnhilde fragen, berichtet er von deren Bestrafung und erkennt, daß Erda ihm nicht helfen kann, das Unvermeidliche aufzuheben. Siegfried erscheint, und Wotan verwehrt ihm zornig den Weg mit seinem Speer, doch Siegfried zerschmettert den Speer mit seinem Schwert Nothung. Er ist der Held, der das Fürchten nicht kennt! Wotan geht ab, und Siegfried schreitet durch die Flammen zu dem Felsen, wo Brünnhilde schläft. Er löst ihre Rüstung und weicht staunend zurück. Nun lernt er das Fürchten, als er zum ersten Mal eine Frau erblickt. Aber er küßt sie, und sie erwacht, nach dem Namen des Helden fragend. Er sei Siegfried, sagt er, und voll Entzükken bricht sie in Jubel aus über ihre Liebe zu ihm. Obgleich sie ihn bittet, sie unberührt zu lassen als die Göttin, die sie einst war, umarmen sich die beiden und singen, in der Ekstase ihres gemeinsamen Lebens und Todes: »Leuchtende Liebe, lachender Tod!«[2]

Das Drama von Liebe und Macht vollendet sich in der letzten Oper des *Ring*-Zyklus, der *Götterdämmerung*. Der bevorstehende Untergang Walhalls wird von drei Nornen geweissagt, während sie das Seil des Schicksals spinnen. Als das Seil zerreißt, erkennen sie, daß die Macht ihrer Weissagung zu Ende ist, und kehren zu ihrer Mutter Erda zurück. Der Morgen graut, und Brünnhilde und Siegfried erwachen nach ihrer Brautnacht. Wissend, daß Siegfried sein Heldenschicksal vollenden muß, ermutigt Brünnhilde ihn, in die Welt hinauszugehen, um kühne Taten zu vollbringen. Siegfried gibt ihr den Ring als Liebespfand, und sie schenkt ihm ihr Roß Grane.

Auf seinen abenteuerlichen Fahrten nähert sich Siegfried dem Schloß Gunthers, dem König der Gibichungen. Hier heckt Hagen, der Halbbruder Gunthers und Sohn des Zwerges Alberich, einen Plan aus, um den Ring zu gewinnen. Gunther solle Brünnhilde freien, um seine Macht zu festigen. Mit Hilfe eines Zaubertranks soll Siegfried seine Liebe zu Brünnhilde vergessen und sich in Gunthers Schwester Gutrune verlieben; dann würde er zu überreden sein, Brünnhilde für Gunther zu gewinnen, um Gutrune zu freien. Als der ahnungslose Held den Trank, den Gutrune ihm reicht, an die Lippen setzt, vergißt er augenblicklich Brünnhilde. Er schließt Blutsbrüderschaft mit Gunther und

läßt sich auf den Plan ein. Mit seinem Tarnhelm will er in Gunthers Gestalt erscheinen und Brünnhilde für ihn freien.
Auf dem Walkürenfelsen wird Brünnhilde inzwischen von ihrer Schwester Waltraute aufgesucht. Voll Angst bittet Waltraute Brünnhilde, den Rheintöchtern den Ring zurückzugeben, denn sonst – sagt Wotan – sei der Untergang der Götter besiegelt. Aber Brünnhilde, die von ihrem Vater aus der Schar der Götter verbannt wurde und jetzt ganz unter dem Zauber menschlicher Liebe steht, blickt auf den Ring an ihrer Hand – den Ring, den Siegfried ihr schenkte, das Symbol ihrer Liebeswonne. »Stürzt auch in Trümmern Walhalls strahlende Pracht«, sagt sie, »den Reif entführst du mir nie!«[3] In Verzweiflung stürzt Waltraute fort. In der Abenddämmerung tritt ein Fremder aus den Flammen, und Brünnhilde weicht vor Entsetzen zurück. Es ist Siegfried, der mit Hilfe des Tarnhelms Gunthers Gestalt angenommen hat. Als sie ihn abwehrt und ihm den Ring versagt, zieht er ihn ihr gewaltsam vom Finger und fordert sie als Gunthers Braut.
In der Halle der Gibichungen hat nun Alberich seinen schlafenden Sohn Hagen gezwungen, einen Eid zu schwören, daß er den Ring zurückgewinnen werde. Dies erfordert die Vernichtung Siegfrieds. Alberich spricht:

> Ich – und du!
> Wir erben die Welt, –
> trüg ich mich nicht
> in deiner Treu,
> teilst du meinen Gram und Grimm.
> Wotans Speer
> zerspellte der Wälsung,
> der Fafner, den Wurm,
> im Kampf gefällt,
> und kindisch den Reif sich errang;
> jede Gewalt
> hat er gewonnen:
> Walhall und Nibelheim
> neigen sich ihm.
> An dem furchtlosen Helden

erlahmt selbst mein Fluch;
denn nicht kennt er
des Ringes Wert,
zu nichts nützt er
die neidliche Macht.
Lachend, in liebender Brunst,
brennt er lebend dahin.
Ihn zu verderben,
taugt uns nun einzig! – . . .
Den gold'nen Ring,
den Reif – gilt's zu erringen!
Ein weises Weib
lebt dem Wälsung zulieb:
riet es ihm je,
des Rheines Töchtern, –
die in Wassers Tiefen
einst mich betört, –
zurückzugeben den Ring:
verloren ging mir das Gold, –
keine List erlangte es je.
Drum, ohne Zögern
ziel auf den Reif![4]

Als Brünnhilde als Gunthers Gemahlin in das Schloß der Gibichungen gebracht wird, erblickt sie Siegfried (jetzt in seiner wahren Gestalt), der ihren Ring am Finger trägt. Als sie den Betrug erkennt, erklärt sie, daß Siegfried ihr wahrer Gatte sei. Doch Siegfried, noch unter dem Einfluß des Zaubertranks, leugnet, daß er ihr Unrecht getan habe. Außer sich vor Zorn bezichtigt Brünnhilde ihn der Lüge. Aber Siegfried läßt sie stehen und geht mit Gutrune fort, um die Hochzeit zu rüsten. Verwirrt, beschämt und rasend vor Zorn beklagt Brünnhilde den Verlust ihrer göttlichen Weisheit und ihre Bindung an diesen Mann, der sie verraten hat. Entschlossen, sich an ihm zu rächen, verrät sie Hagen, daß Siegfried an einer Stelle verwundbar ist: ein Speer in seinem Rücken würde ihn töten.
Während Hagen den Plan schmiedet, Siegfried auf einer Jagdspartie zu töten, kommt Siegfried an den Rhein und begegnet den Rheintöchtern. Sie bitten ihn um den Ring und warnen ihn vor

Alberichs Fluch, daß jeder Träger des Ringes sterben wird. Nur die Flut des Rheins, singen sie, »sühnet den Fluch!«[5] Doch Siegfried schlägt die Warnung in den Wind als »weibliche List«. Die Rheintöchter nennen ihn einen Toren und schwimmen fort, wissend, daß Brünnhilde als Erbin des Ringes weiser sein wird. Siegfried stößt wieder zu der Jagdgesellschaft, und erzählt auf Hagens Drängen von seiner Kindheit bei Mime, seinem Sieg über den Drachen und nachdem Hagen ihm einen zweiten Trank verabreicht hat, der seine Erinnerung zurückruft, von seinem Werben um Brünnhilde. Rache vortäuschend für den angeblichen Verrat an Gutrune, stößt Hagen seinen Speer in Siegfrieds Rücken. Das Gedächtnis ist ihm zurückgegeben, und der Sterbende ruft Brünnhilde und ihre gemeinsame Liebe an.
Als Siegfrieds Leichnam in die Halle der Gibichungen zurückgebracht wird, beschuldigt Gutrune ihren Bruder Gunther des Mordes. Gunther beschuldigt Hagen, und die beiden Männer kämpfen um den Ring. Hagen tötet Gunther und greift nach dem Ring an Siegfrieds Hand, als Brünnhilde eintritt. Jetzt weiß sie, daß Siegfried betrogen wurde und in der Tat ein wahrer Held ist. Sie befiehlt, einen Scheiterhaufen für ihn zu errichten, eine heilige Lohe, in die auch sie eingehen wird. Nachsinnend über den Fluch des Ringes und Wotans Verantwortung für seinen Tod, nimmt sie den Ring an sich und verspricht ihn den Rheintöchtern, die ihn an seinem ursprünglichen Ort bewahren sollen. Brünnhilde singt:

> Mich mußte
> der Reinste verraten,
> daß wissend würde ein Weib![6]

Im Opferfeuer wird der Ring geläutert und seinem Ursprung zurückgegeben. Brünnhilde steckt den Ring an ihren Finger und springt, Siegfried und ihre Liebe freudig anrufend, mit ihrem Roß ins Feuer. Als die Flammen auflodern, tritt der Rhein aus seinen Ufern und ergießt seine Wogen über den Scheiterhaufen. Hagen, immer noch dem Ring nachjagend, stürzt sich rasend in die Flut, während die Rheintöchter im Reigen herbeischwimmen und auf dem wieder beruhigten Wasser mit dem Ring spielen. Aus den Trümmern der eingestürzten Halle sehen die zurückgebliebenen Männer und Frauen, wie der Feuerschein am Himmel wächst und die Flammen Walhall, den Saal der Götter, verzehren.

Der Zauberbann der Macht hat die Götter zwar letztendlich verschlungen, aber eine kosmische, erleuchtete Weisheit ist jetzt möglich. Dies ist die Weisheit des liebenden Erbarmens, die durch Brünnhildes ursprüngliche Offenheit für die Liebe Siegmunds und Sieglindes gewonnen wird. Es ist außerdem eine Weisheit der Liebe, die sie durch ihre eigene menschliche Erfahrung der Verletzlichkeit und des Leidens lernen muß. In den folgenden Verszeilen, die Brünnhilde am Schluß singen sollte, die jedoch nicht zur Vertonung kamen, weil ihr Sinn bereits mit größter Klarheit durch die musikalische Wirkung des Dramas ausgedrückt wurde, wie Wagner schrieb, verkündet Brünnhilde der Menschheit ihre Botschaft:

Ihr, blühenden Lebens
bleibend Geschlecht:
was ich nun euch melde,
merket es wohl!
Saht ihr vom zündenden Brand
Siegfried und Brünnhild verzehrt;
saht ihr des Rheines Töchter
zur Tiefe entführen den Ring:
nach Norden dann
blickt durch die Nacht:
Erglänzt dort am Himmel
ein heiliges Glühen,
so wisset all –
daß ihr Walhalls Ende gewahrt! –
Verging wie ein Hauch
der Götter Geschlecht,
laß ohne Walter
die Welt ich zurück:
meines heiligsten Wissens Hort
weis ich der Welt nun zu. –

Nicht Gut, nicht Gold,
noch göttliche Pracht,
nicht Haus, nicht Hof,
noch herrischer Prunk:
nicht trüber Verträge
trügender Bund,
nicht heuchelnder Sitte
hartes Gesetz:
selig in Lust und Leid
läßt – die Liebe nur sein.[7]

Das gesamte Drama des *Ring* zeigt den Preis des Weges der Macht, den wir Menschen oft verfolgen, wenn wir Macht mit Liebe verwechseln. Die Personen, die den Ring in ihre Gewalt bringen, weisen uns auf die Gestalten in unserem Inneren hin, die um der Macht willen die Liebe verlieren. Alberich will die Rheintöchter um ihrer Schönheit willen besitzen. Er ist unfähig zu akzeptieren, daß ihre Schönheit der Natur, dem Rhein, gehört, der die fließende Quelle des Lebens und der Kreativität symbolisiert, und daß sie eine Schönheit ist, die Menschen nicht besitzen, sondern nur ehrfürchtig lieben können. Deshalb wird er zynisch und gehässig, als die Rheintöchter sich über ihn lustig machen. So gibt er die Liebe auf, um Macht, Kontrolle und die Herrschaft über das Weltall zu gewinnen. Als Zwerg und unterirdischer Höhlenbewohner symbolisiert Alberich jene Gestalt in uns, die Liebe und Schönheit als Besitz ergreifen will. Er ist wie der »perverse alte Mann«, jene innere Gestalt, die zynisch wird, wenn sie nicht bekommen kann, was sie haben will, und die Liebe verflucht. Obwohl er das Wissen und Können besitzt, das Gold in den Ring und Tarnhelm umzuschmieden, verliert er beide, wenn er sich dazu verleiten läßt, mit seiner Macht zu prahlen. In einem Mann, in einer Frau, in einer Beziehung ist er derjenige, der das größere Mysterium der Natur nicht in Demut ehrt, sondern es durch Schlauheit, List und Technik beherrschen will. Er ist der Zupackende, der unterschwellig Manipulierende, der zynisch die Liebe verflucht und sich statt dessen für das Spiel der Macht entscheidet.

Wotan, der Vater und Herr der Götter, ist der Zornige, der seine Macht offen ausspielt, und meint, daß Macht sein natürliches Recht sei. Sein Begriff der Liebe ist auf die Wonnen der geschlechtlichen Lust beschränkt, und obwohl er der Herr des Himmels ist, hat er die Macht der spirituellen Liebe nicht erlebt. Wenn die Wonne der jungen Liebe verblaßt, kennt er nichts Höheres als Macht über die Welt. Er möchte zwar, daß die reine Liebe zwischen Siegmund und Sieglinde möglich sei, aber die beiden sind nur ein Mittel zu seinem eigenen selbstsüchtigen Zweck – um den Ring wiederzugewinnen. In Wahrheit hat er keine Achtung vor der Integrität irgendeines Wesens: er versucht, die Riesen zu überlisten; er betrügt seine Gemahlin Fricka; und er benützt seine Töchter, die Walküren, für seine eigenen Machtzwecke. Sogar Brünnhilde, die er am reinsten liebt, opfert er, als sie seinen Befehlen zuwiderhandelt, obwohl sie ihrer Eingebung folgt, daß er in seinem Herzen Siegmund liebe. Wotan ist derjenige in uns, der das Herz verrät, dessen zornige Rache das zerstört, was er am meisten liebt. Er ist der Zärtlichkeit fähig: er ist imstande, die Reinheit des Herzens in der Liebe von Siegmund und Sieglinde und in der mutigen Tat Brünnhildes zu erkennen, die die Heiligkeit dieser Liebe erfahren hat und diese schützen und bewahren möchte. Aber er kann nicht zugeben, daß er im Unrecht ist! Er bleibt der Selbstgerechte bis zum Ende, obwohl er sich voll bewußt ist, daß er einen Kurs gewählt hat, der nur zu Untergang und Vernichtung führen kann. Er muß Ruhm gewinnen – den sichtbaren Ruhm der Macht Walhalls vor seinen Augen – koste es, was es wolle. Wotan ist derjenige in uns, der die Liebesbeziehung zerstört, weil er seine Machtzwecke nicht aufgeben will; der Demut verweigert; der nicht anerkennen will, daß er schuldig oder im Unrecht ist oder schlecht gewählt hat. Er symbolisiert den größenwahnsinnigen Machttrieb, der sich weigert, sich in Demut vor dem anderen und vor den größeren kosmischen Kräften der Natur zu beugen.
Die Riesen, die sich als nächste des Ringes bemächtigen, symbolisieren die rohe Kraft. Sie sind dumm und kennen den Wert des Goldes und die Anwendung des Ringes nicht. Sie interessieren

sich nur für reine Quantität. Die Anhäufung von Gold ist ihr einziges Ziel, und sobald sie den Ring besitzen, schlafen sie ein. Sie kennen nicht einmal den Unterschied zwischen dem Ring und der übrigen Menge des Goldes. Sie sind die Dummen, Schlafenden in uns, die sich des Wertes nicht bewußt sind, die auf dem Gold einschlafen und nicht einmal versuchen, es zu verwandeln. Das ist so, als würde man auf dem Gold einer Liebesbeziehung schlafen, ohne seinen Wert zu sehen, und lieber unbewußt in der Massenmentalität einer quantitativen Existenz leben. Die Riesen sind die Kräfte der Trägheit in unserem Inneren, deren quantitative, materielle Existenz und schieres Gewicht uns bedrückt und von der Bewußtheit und dem Wachstum der Liebe abhält.

Siegfried, der neue Held, die Hoffnung der Zukunft, ist derjenige, der dem schlafenden Riesen in Gestalt eines Drachen den Ring entwindet. In ihm, so scheint es, liegt unsere Möglichkeit. Er ist unschuldig und kennt die manipulativen Ziele der Macht und ihre Schliche nicht. Ohne Eltern aufgewachsen, ist er eine Waise und vielleicht das Symbol des göttlichen Kindes in uns. Er ist spielerisch veranlagt und hat ein natürliches Verhältnis zu den Singvögeln des Waldes. Er besitzt natürliche Tapferkeit und Klugheit, hat die Kunst und Disziplin des Schmiedehandwerks erlernt und ist kraft seiner Stärke, Klugheit und Sorgfalt in der Lage, sein neues Schwert, Nothung, zu schmieden. Er ist ohne Furcht, und selbst der Drache, den er erschlägt, bewundert seinen Mut. Er symbolisiert die intuitive Fähigkeit, die Lieder und die Weisheit der Natur zu hören, und er bekam Zugang dazu, weil er tapfer genug war, den Drachen zu erschlagen und das Blut des Drachen zu schmecken. Aber Siegfried hat nie eine Frau gekannt. Seine Mutter starb bei seiner Geburt, und Brünnhilde ist die erste Frau, die er je gesehen hat. (Anfangs hält er sie sogar irrtümlich für seine Mutter.) Erst durch seine Begegnung mit Brünnhilde erlebt Siegfried das Gefühl der Angst (die Angst vor der Göttlichkeit der Frau), und die Überwindung dieser Angst ist seine Einweihung in das Reich der menschlichen Liebe.

Siegfried ist die heroische, furchtlose männliche Urenergie in uns, die bereit und fähig ist, jeden Drachen zu bekämpfen, der die

Liebe bedroht. Aber er hat die Weisheit des Weiblichen noch nicht gelernt, und so begreift er nicht vollständig, was Liebe ist, und ebensowenig versteht er ihre Gefahren. Daher läßt er sich leicht von der dunklen Kraft Hagens überlisten und nimmt den Zaubertrank gedankenlos an. Sein Verhältnis zur Liebe ist noch primitiv: er ist von Brünnhildes wundersamer Schönheit überwältigt und dann, als er den Zaubertrank genommen hat, von Gutrune. Und als er schließlich den Rheintöchtern begegnet, erkennt er in ihren Worten nicht die weibliche Weisheit der Natur, sondern sieht in ihnen bloß liebliche Maiden, die einen Mann bedrohen, der sich ihrem Lächeln nicht beugt, und die ihn mit scheltenden Worten quälen. Siegfried ist der Held in uns, der uns über die Furcht hinweghebt. Aber er ist auch derjenige, der noch nicht gelernt hat, innerhalb des weiblichen Bereichs Unterscheidungen zu treffen. Er kann noch nicht zwischen dem physisch Weiblichen, das verführerisch und daher bedrohend ist, und der reinen, weiblichen Rezeptivität der Natur unterscheiden, die weiß, daß das Gold der Natur seinem Ursprung zurückerstattet werden muß und nicht um der Macht willen gehortet werden darf. So ist Siegfried der unvermählte Held, der sterben muß, weil er die weibliche Weisheit der Natur noch nicht erfaßt hat. Siegfried führt uns über die Furcht, jedoch nicht über das Begehren hinaus. Er hat noch nicht gelernt, auf das Weibliche, die Weisheit der schöpferischen Treue zur Liebe, zu hören.

Brünnhilde ist die letzte, die den Ring in ihrem Besitz hat. Sie besaß ihn zweimal – zum erstenmal, als Siegfried ihn ihr gab, und dann, als sie ihn nach seinem Tod erbte. Brünnhilde ist es, die die Lektionen der Liebe vermittelt – zuerst durch die Liebe zu ihrem Vater, sodann in der heiligen Liebe, die sie in der Hochzeit von Siegmund und Sieglinde erblickt, dann in ihrer Öffnung gegenüber der menschlichen Liebe in ihrer eigenen Vereinigung mit Siegfried und den dunklen Leidenschaften, die mit dieser Liebe Hand in Hand gehen, und schließlich in der spirituellen Liebe des Mitleids, als sie die menschliche Liebe transzendiert und eine Liebe erfährt, die sich dem gesamten Kosmos öffnet, als sie den

Ring seinem natürlichen Ursprung, dem Rhein, zurückerstattet.
Als Tochter von Erda, der Mutter Erde, und von Wotan, dem Vater der himmlischen Götter, ist Brünnhilde das Kind der Verbindung von Himmel und Erde. Sie symbolisiert den weiblichen Geist in uns, indem sie die Eigenschaften von Weisheit, Mut und Herz vereint. Ursprünglich ist sie eine Schlachtjungfrau, eines Vaters Tochter, die die Wünsche seines Herzens kennt. Doch als sie der heiligen Liebe Siegmunds und Sieglindes begegnet, wächst sie sogar über diese Liebe hinaus zu einer selbstlosen Liebe, die es wagt, sich der Macht seines Willens zu widersetzen. Obwohl sie die Strafe für ihren Akt des Ungehorsams annimmt (den Verlust ihrer Göttlichkeit), bekennt sie sich mutig zur Lauterkeit ihrer Tat und appelliert an seine väterliche Liebe, ihre Bestrafung so zu modifizieren, daß sie nur einem furchtlosen Helden vermählt werden soll.
Als sie Siegfried bräutlich umarmt, den Helden, der furchtlos den Feuerring durchbricht, erlebt Brünnhilde erstmals die Leidenschaft menschlicher Liebe. In dieser ekstatischen Erfahrung des »Verliebtseins« versucht sie den Ring an sich zu nehmen. Denn der Ring ist das Symbol von Siegfrieds Liebe, einer leidenschaftlichen Liebe, in deren Bann sie steht. Doch wie es bei jeder endlichen Liebe geschieht, erlebt Brünnhilde ihr Ende, als Siegfried sie betrügt. Auch sie verfällt dem Bann der Macht – der Macht der Rache an dem Mann, der sie verraten hat. Und durch ihre zornige Rache (nicht unähnlich derjenigen ihres Vaters) wird Siegfried, der neue Held, getötet. Indem sie alle menschlichen Leidenschaften durchlebt, von der feurigen Liebe bis zur Rache, symbolisiert Brünnhilde unser menschliches Schicksal in der Liebe. Aber sie transzendiert zugleich diesen endlichen Aspekt der Liebe als Besitz, als sie den Hergang von Siegfrieds Verrat erfährt und durch dieses Leid weise wurde. Durch dieses Verständnis unseres menschlichen Leidens gelangt sie zu einer erleuchteten Vision von Liebe als Mitleid, das über Besitzenwollen hinausgeht und der Natur zurückgibt, was ihr allein gehört. Brünnhilde ist der göttliche weibliche Geist der Liebe in

uns, der menschliches Leiden und dessen heilende Weisheit aufgrund eigener Erfahrung versteht. Dieser Geist nimmt die höhere Ordnung des Kosmos an und erlöst die Liebe, indem er den Ring der Natur zurückgibt und die Harmonie von Mann und Frau verherrlicht, als Brünnhilde in einem letzten Akt der Selbstaufopferung mit Siegfried in das läuternde Feuer ihrer Seelenhochzeit eingeht. Sie ist die wundersame, weise Frau in uns, die, von Erde und Himmel geboren, die weltliche Macht freiwillig hingibt für die höhere Macht der spirituellen Liebe.

Der Ring symbolisiert den ganzen Kreislauf der Natur, den Wechsel der Jahreszeiten und der Zeit, des fließenden Tao, der ewigen Wiederkehr aller Dinge zu ihrem Ursprung. Dieser Kreislauf der Natur wird von den weiblichen Naturgeistern, den Rheintöchtern, gehütet, deren Beziehung zum Ring ein fröhliches, spielerisches, kein possessives und kontrollierendes ist. Wenn die männlichen Kräfte den Ring für die Zwecke der Macht stehlen, weil die Liebe, die sie begehren, sich ihnen versagt und nicht in Besitz genommen werden kann, wird der Ring zum Fluch für Menschen und Götter. Wie beim Weg des Bewußtseins gibt es hier Wachstum und Wandlung, einen Lernprozeß. Das reine Gold wird zu einem Ring geformt und geschmiedet. Ein neuer männlicher Held (Siegfried) erscheint, der das Schwert des tapferen Bewußtseins zu schmieden vermag. Dazu findet die Verwandlung des weiblichen Himmelsgeistes (Brünnhilde) von der Tochter ihres Vaters und der Schlachtjungfrau zur weisen, wundersamen Frau mit mutigem, aufgeschlossenem Herzen statt. Und so kann auch die Liebe vom besitzergreifenden, selbstsüchtigen Begehren zu der großen heilenden, erlösenden Liebe des Mitleids, der Öffnung des Herzens, reifen. Wenn dann der Ring vom weiblichen Geist der Erde und des Himmels, von Brünnhilde, der Natur zurückgegeben wird, ist darin die Weisheit der Liebe gegenwärtig, eine Vision der Liebe, die den Weg zur Hochzeit des Menschlichen und Göttlichen weist.

Zweiter Teil: Lieben

Die Frau, die von ihrem Liebsten getrennt ist,
sitzt an ihrem Spinnrad und spinnt.

Die Stadt Bagdad des Leibes erhebt sich mit ihren
Türmen und Toren.
Im Inneren wurde der Palast der Klugheit erbaut.

Das Rad der ekstatischen Liebe dreht sich im
Himmel,
und der Spinnhocker ist aus den Saphiren der Arbeit
und des Lernens gemacht.

Diese Frau spinnt Fäden von großer Zartheit,
und die Intensität ihres Lobes macht sie fein!

Kabir sagt: ich bin diese Frau,
Ich webe das Linnen der Nacht und des Tages.

Wenn mein Liebster kommt und ich seine Füße
berühre,
wird die Gabe, die ich ihm darbringe, meine Tränen
sein.

Kabir

7 Zur Lichtung

> Liebe besteht nicht darin, daß man einander unverwandt anblickt, sondern daß man hinaus in dieselbe Richtung blickt.
>
> Antoine de Saint-Exupéry

Die Reise durch die Wälder auf dem Weg zur Hochzeit windet sich um zahlreiche Hindernisse und durch verschiedenartiges Gelände. Sie ist einzigartig für jede Person, aber alle, die den Weg angetreten haben, erleben die Erregung und Ekstase einer Vision, die Furcht und das Zittern vor dem erhabenen Mysterium der Liebe und das qualvolle Ringen, um den Weg zu finden.
Die Hindernisse, die wir auf dem Weg zur Hochzeit antreffen, sind wie Steine, die den Verlauf eines dahinströmenden Flusses verändern, und in gleicher Weise führen sie uns auf neue Wege unseres Seins und der Liebe. Indem wir den Hindernissen begegnen, wachsen wir und wandeln uns mit dem Abenteuer unseres Lebens und der Liebe. Im Zusammenhang mit der schöpferischen Treue zur Form in der Dichtung und in der Ehe drückt Wendell Berry dies folgendermaßen aus:

> Form kommt uns am meisten zustatten, wenn sie als Hindernis auftritt, das uns in Verwirrung stürzt und uns von unserem beabsichtigten Kurs abdrängt. Kann sein, daß wir erst dann an unsere wirkliche Arbeit geraten, wenn wir nicht mehr aus noch ein wissen, und daß wir erst dann unsere wahre Reise angetreten haben, wenn wir nicht mehr wissen wohin. Der Geist, der nicht in Verwirrung ist, arbeitet nicht. Der behinderte Strom ist derjenige, der singt.[1]

Die Hindernisse und das Leiden, das damit Hand in Hand geht, sind in Wirklichkeit Schritte auf dem Weg. Sie sind ein wesentlicher Bestandteil des Weges und wirken sich auf den Verlauf unserer Reise entscheidend aus.

Eine Phase der Reise und der uns gestellten Aufgabe erlebten mein Verlobter und ich auf einer Gebirgswanderung in Afrika. Wir hatten am Anfang unserer Beziehung beschlossen, den Kilimandscharo zu besteigen. Der lockende Ruf Afrikas, des Landes, wo das »Biest« noch umherstreift, muß tief in unserer Psyche geklungen haben. Diese Besteigung war der erste Schwur, den wir gemeinsam ablegten, und er erforderte von jedem von uns ein anderes Verhältnis zum Dasein, das unsere gewohnte Seinsweise ergänzte. Die Besteigung war technisch nicht schwierig, aber anstrengend, und für den von uns gewählten Abstieg brauchten wir ungefähr eine Woche. Wir brachen im Dschungel auf und kämpften uns durch den Schlamm und ein Gewirr von Baumwurzeln, durch einen dichten Dunstschleier und hörten die Geräusche der Tiere in unserer Nähe. Fünf Tage lang stiegen wir auf, vom Dschungel aufwärts, durch sumpfiges Gelände, über eine senkrechte Felsmauer, und kamen schließlich durch die Wolken zu unserem letzten Camp vor dem Endspurt auf den 6000 Meter hohen Gipfel. Der letzte Anstieg sollte um ein Uhr morgens beginnen. Wir würden viele Stunden in der Finsternis mit Taschenlampen steigen müssen, zwei Schritte vorwärts und einen Schritt rückwärts rutschend in dem lockeren Geröll, um den Gipfel dieses geheimnisvollen Berges zu erreichen. Meine Chancen, es zu schaffen, waren gering. Verglichen mit dem Rest der Gruppe, Bergsteigern, die schon früher Fünftausender bewältigt hatten, war ich eine blutige Anfängerin und hatte nicht ordentlich trainiert. Ich war kaum auf den Gipfel von Mount Kenya (5500 m), die Probebesteigung für die jetzige, hinaufgekommen. Mein Verlobter zog mich auf und sagte, daß ich den Gipfel des Kilimandscharo nie und nimmer schaffen würde. Als Arzt der Expedition hatte man ihn gebeten, die Leute so rasch wie möglich den Gipfel hinaufzujagen, und an den vorhergehenden Tagen des Anstiegs rannte er diesen Berg hinauf, ihn attackierend wie ein Biest, glücklich, als er als Erster das Camp erreichte. Ich erreichte es gewöhnlich als Letzte, den ganzen Weg atemlos keuchend. Der Gruppenführer sah mich am letzten Abend zweifelnd an, als er die Gefahren erläuterte, die auf uns zukamen. Ein

Gruppenführer würde diejenigen von uns, die es nicht zum Gipfel schafften, auf einer anderen Route um den Berg herum zu dem Camp führen, wo wir nach dem Anstieg rasten sollten. Wir standen um ein Uhr nachts auf und kämpften uns acht Stunden lang den Berg hinauf, unter Stolpern und Rutschen. In der Dunkelheit bildeten wir verschiedene Gruppen, die unterschiedlich schnell vorankamen. Ich ärgerte mich, daß mein Verlobter gemeint hatte, ich würde den Gipfel nicht schaffen, und war entschlossen, nicht die Flinte ins Korn zu werfen. Außerdem wußte ich in meinem Herzen, daß ich auf diesem Berg einer Muse begegnen würde; denn ich wußte, daß dieser Aufstieg ein symbolisches Versuchsfeld war für meine Verpflichtung mir selbst wie gegenüber dem Kampf um eine Beziehung, die ebenso viele schwierige und gefährliche Stellen hatte wie dieser Berg.

Und so kämpfte ich mich Schritt für Schritt, Atemzug für Atemzug, langsam ans Ziel. Ich wußte nicht, ob ich es schaffen würde, aber der schwierigste Teil des Anstiegs kam in etwa 5600 Meter Höhe, als mein Verlobter aus der Dunkelheit von dem Bergabhang hinter mir rief. *Er* schaffte es nicht! Ein unerwarteter Anfall von Höhenkoller hatte ihn überkommen. Später sagte er mir, daß er das Gleichgewicht verloren habe, und daß seine Gedankenabläufe nachließen. Weil er Arzt war, erkannte er die Symptome. Der Bergführer war ebenfalls der Meinung, daß er zurückgehen sollte – er und ein afrikanischer Führer würden mit ihm gehen. Ich war verzweifelt und wußte nicht, was ich tun sollte: zurückgehen und mich ihm anschließen oder versuchen, allein weiterzugehen und den Gipfel zu erreichen? Ich wußte, daß er zwar in diesem Augenblick vielleicht wollte, daß ich zum Trost bei ihm bliebe, aber später würde er den Respekt vor mir verlieren, wenn ich nicht versucht hätte, auf den Gipfel zu gelangen. Ich wußte außerdem, daß ich um meiner selbst willen diesen Berg besteigen mußte. Ich wandte mich an den Gruppenführer um Rat. »Gehen Sie weiter«, sagte er, »Sie können jetzt nichts für Ihren Freund tun, und er ist bei uns in Sicherheit.« Für mich war dies der weitaus schwierigste Augenblick der ganzen

Expedition. War das Liebe, allein weiterzugehen? War es ein Teil meiner Verpflichtung oder war es ein »Egotrip«, daß ich es schaffen wollte? Bis hierher schien es ganz klar: Die Aufgabe war, den Berg zu besteigen. Ich war verwirrt. Mein Herz sank. Mein Wille schwankte. Zurückzugehen, wäre leicht gewesen. Das zu tun, wäre das Loyale, Liebevolle, Weibliche gewesen. War es das wirklich? Jeder Schritt wurde schwieriger, jeder Atemzug kürzer. Doch plötzlich fiel die Entscheidung tief in meinem Inneren: Geh weiter. Versuche, das Ziel zu erreichen. Dies gehörte zur Hochzeit! So ging ich denn weiter in der Qual meines Kampfes und unter Furcht und Zittern vor der Herausforderung des Berges und der Herausforderung unserer Seelenbeziehung.
Schließlich bezwang ich den Kilimandscharo, den Berg, auf dem angeblich die Götter wohnen. Und als ich an diesem letzten Tag endlich in das Lager zurückkam, war mein Verlobter dort. Aber er war sehr deprimiert und böse mit mir. Er war der einzige von der Gruppe, der den Gipfel nicht geschafft hatte. Er warf mir vor, daß ich selbstsüchtig war, ohne ihn zu gehen. Ich fühlte mich elend, aber im Inneren empfand ich Stolz, daß ich die Herausforderung des Kilimandscharo bestanden hatte. Ich fühlte eine Macht in mir, als sollte ein neues Leben für mich beginnen. Wir verbrachten eine zornige, schweigsame Nacht, und am nächsten Morgen, als wir immer noch nicht miteinander sprachen, setzten wir den Abstieg durch den Dschungel fort, von wo wir aufgebrochen waren, und verbissen die Tränen. Als wir den Dschungel erreichten, richtete mein Verlobter wieder das Wort an mich. Er erzählte mir einen Traum, den er knapp vor der Expedition gehabt hatte.

Ich sah einen hohen, spirituellen Berg. Um den Berg von rechts nach links in Höhe der Wolken führte ein Pfad aus schweren Steinen, und in jeden Stein war ein anderes archetypisches Symbol eingraviert – eine Sonne, eine Schlange, kryptische Zeichen. Auf dem steinernen Pfad bewegten sich uralte, spirituelle Menschen in fließenden Gewändern, die diesen heiligen Berg umschritten.

Als mein Verlobter vom Kilimandscharo abstieg durch einen Wolkenschleier in das grüne Rund des Dschungels, fiel ihm der Traum wieder ein, und seine Bedeutung wurde ihm mit einem Mal klar. Hätte er sich dem Berg mit Heiterkeit und Ehrfurcht genähert wie die alten Heiligen, die auf dem archetypischen Steinpfad den Berg umwandelten, hätte er den Gipfel erreichen können. Er erkannte, daß seine beziehungslose Annäherung an den Berg seine Niederlage war. Seine Wut verwandelte sich in Tränen, als er schweigend die Bedeutung zur Kenntnis nahm, die diese Besteigung des Kilimandscharo für ihn hatte. Es handelte sich um nichts Geringeres als die Besänftigung seines kriegerischen Geistes, die Besänftigung des »Biestes«; das Annehmen des geduldigen, umkreisenden Pfades anstelle der harten, geraden, direkten Angriffslinie; die Anerkennung von Verwundbarkeit und ein neues, rezeptives Verhältnis zum Weiblichen. Auch ich hatte in der Nacht, nachdem ich den Gipfel des Kilimandscharo bestiegen hatte, einen Traum. Darin sprach ein Dichter zu mir, der mich inspiriert hatte, und gratulierte mir zur Besteigung. Ich wußte, daß dieser Traum die Begegnung mit der männlichen Muse auf dem Berg bedeutete.

Nach unserer Besteigung des Kilimandscharo veränderte sich unsere Beziehung. Sie hatte jetzt eine Tiefe und bindende Verpflichtung, die jeder dem anderen und der Herausforderung einer Seelenbeziehung darbringen konnte. Wir hatten dem Tod ins Auge gesehen in den physischen Gefahren der Besteigung – den unbekannten Wetterveränderungen, der großen Höhe, dem schwierigen Gelände. Und er war dem Tod sehr nahe gekommen, als ihn der Höhenkoller überfiel und er nicht weitergehen konnte, während ich in diesem qualvollen Augenblick seinen Tod befürchtete. Es war, als ob unsere individuelle, unterschiedliche Reise auf diesen heiligen Berg unsere Seelenreise miteinander symbolisierte.

Unsere Erfahrung des Kilimandscharo erinnerte mich an »Schnee auf dem Kilimandscharo« von Hemingway, die Geschichte einer Ehe und eines Lebens, das bis zum Ende keine Reise zur Hochzeit war. Der Protagonist Harry ist dem Tode nahe und befindet sich in einem Camp auf der Ebene unterhalb des Kilimandscharo und denkt über sein Leben und seine Liebschaften nach. Er ist müde, verbittert und zornig über ein Leben, das er vergeudet hat und jetzt mit Streitereien mit seiner Frau beendet, einer Frau, die er nicht zu lieben vermag. Durch einen fahrlässigen Unfall ist er in diese Lage geraten: er hatte sich das Bein an einem Dornengestrüpp aufgekratzt, ohne die Wunde zu versorgen, und hatte Brand bekommen. Dies symbolisierte die Art und Weise, wie er sein Leben geführt hatte: er hatte sein schriftstellerisches Talent vernachlässigt und war der Gewohnheit erlegen, nicht täglich zu schreiben und zu arbeiten. Um der Bequemlichkeit und Sicherheit willen, nicht aus Liebe, hatte er geheiratet. Er hatte zugelassen, daß seine Seele Fett ansetzte. Als er im Sterben liegt und mit seiner Frau streitet, die sich weigert, die Wahrheit seines bevorstehenden Todes anzuerkennen, und ihr die Schuld gibt für sein vergeudetes Leben, kommen ihm folgende Gedanken:

Sie schoß ausgezeichnet, diese gute, diese reiche Hure, diese freundliche Hüterin und Zerstörerin seiner Begabung. Unsinn! Er hatte seine Begabung selbst zerstört. Warum sollte er dieser Frau, die ihn so angenehm aushielt, die Schuld zuschieben? Er hatte seine Begabung damit zerstört, daß er sie nicht benutzt, daß er sich selbst und das, woran er glaubte, verraten hatte, daß er so viel trank, bis die Schärfe seiner Wahrnehmungen litt, durch Faulheit, durch Trägheit, durch Snobismus, durch Hochmut und durch Vorurteil – auf Teufel komm raus! Was war das? Ein Verzeichnis alter Bücher? Was war seine Begabung denn schon groß? Eine Begabung war es, aber anstatt sie zu benutzen, war er damit hausieren gegangen. Es war nie das, was er getan hatte, sondern das, was er hätte tun können ...[2]

Mit den Frauen, die er liebte, hatte er immer gestritten, weil er sie zu sehr liebte, zu viel verlangte, bis der ständige Zank die Liebe aushöhlte. Und jetzt war sein Leben eine Lüge. Er war zu müde, um zu lieben, und meinte, daß ihn nichts verletzen konnte, wenn es ihm gleichgültig war. Jetzt würde ihm sogar der Tod gleichgültig sein, dachte er. Wie er zu seiner Frau sagt: »Liebe ist Mist, und ich bin der Hahn, der draufsteigt und kräht.«[3]

Mit diesen bitteren Gedanken, mit der Erinnerung an all die Geschichten, die er nicht geschrieben hatte, an all die Geliebten, die er nicht geliebt hatte, fühlte er, wie sich der Tod ihm näherte, stürmisch zuerst, dann langsamer, und den Raum um ihn herum einnahm. Er bewegte sich so auf ihn zu, daß sein Gewicht auf Harrys Brust lag und er sich weder regen noch sprechen konnte. Seine Frau dachte, er schliefe, und ordnete an, daß die Diener seine Bahre ins Zelt trugen. Am Ende – war es im Traum oder in der Wirklichkeit oder in einem noch anderen Bereich? – befand er sich in einem Flugzeug, das durch einen Sturm flog, und plötzlich

so weit er sehen konnte, so weit wie die ganze Welt, groß, hoch und unvorstellbar weiß in der Sonne war der flache Gipfel des Kilimandscharo. Und dann wußte er, dorthin war es, wohin er ging.[4]
Der Kilimandscharo ist ein schneebedeckter Berg in Afrika. Der westliche Gipfel heißt bei den Massai »Ngàja Ngài«, das Haus Gottes. Dicht unter dem westlichen Gipfel liegt das ausgedörrte und gefrorene Gerippe eines Leoparden. Niemand weiß, was der Leopard in jener Höhe suchte.[5]

Im Angesicht des Todes war Harry am Ende trotz seines zynischen Lebens dieser Leopard, der in dem hohen, weißen Wohnsitz der Götter die Hochzeit mit dem Göttlichen suchte. Aufgeweckt durch einen Schrei des »Biestes« in der Nacht, stellt Harrys Frau fest, daß er tot ist. Sie bleibt in Furcht und Zittern, mit klopfendem Herzen, zurück.
Weder Harrys Leben noch seine Ehe hatte die Authentizität einer »Hochzeit«, denn er hatte nie wirklich nach innen geblickt und sich auf die Herausforderung des Seinsmysteriums eingelassen, noch hatten er und seine Frau das Mysterium ihrer Beziehung zusammen angeschaut. Statt dessen hatten sie durch eine Reihe von Ablenkungen, die ihnen Geld und Sicherheit ermöglichten, ständig nach außen geblickt, bis er zynisch geworden und sie verzweifelt bestrebt war, ihm zu gefallen. Die Konfrontation mit dem Tod ist die äußerste Herausforderung des menschlichen Seins, denn wie Heidegger sagt, sind wir unterwegs zum Tode, sobald wir zu sein beginnen. Der Tod befindet sich im Innersten

unseres Seins und ruft uns schweigend zur Wandlung auf. In der Konfrontation mit dem Tod wird alles andere zurechtgerückt. In der Begegnung mit dem Tod begegnet unsere Seele dem Göttlichen und kann geloben, das Leben zu bejahen. Dies ist die Voraussetzung jeder authentischen Hochzeit, ob es sich um die innere oder die äußere mit dem Geliebten handelt. In der inneren Hochzeit begegnen wir den Toden, die aus der Vereinigung gegensätzlicher Energien kommen, die den Tod der alten, statischen Identitäten erfordern, damit das neue Sein hervortreten kann. In der äußeren Hochzeit nehmen wir, wenn unsere Augen sich begegnen und die Vereinigung zweier Seelen auf einem gemeinsamen Weg anerkennen, den Tod der Ich-Es-Beziehung in Kauf für das Leben der Ich-Du-Liebe. Harry und seine Frau gingen beide dieser Konfrontation bis zum Ende aus dem Weg. Sie zogen diese Seelenreise nicht in Betracht, bis die aktuelle Macht des Todes Harry am Ende erschien. Erst dann wußte Harry, daß auch er wie der mystische Leopard zur Besteigung des Kilimandscharo, der Wohnung Gottes, aufgebrochen war. Und erst dann erwachte seine Frau aus dem Schlummer ihrer Existenz durch den Schrei der Wildnis.

Der Traum einer Frau, der im Verlauf ihrer langen Analyse immer wiederkehrte, betonte ständig die Bedeutung ihrer eigenen, unverwechselbaren Reise auf dem Weg zur Hochzeit. Als sie bei mir ihre Analyse begann, hatte sie bereits mehrere Jahre Therapie hinter sich und lebte mit einem Mann, den sie irgendwann zu heiraten hoffte. In ihren Träumen brach sie immer wieder mit ihrem Freund zu einer Reise auf. Aber sie wurden unweigerlich voneinander getrennt, und sie mußte allein weitergehen, oft durch erschreckende Orte mit gräßlichen Gestalten. Nachdem sie selbst mit diesen Situationen fertig wurde, vereinigte sie sich am Ende des Traumes meistens mit ihrem Geliebten. Auf ihren Traumreisen kam sie – wie Psyche – durch viele gefährliche Gegenden, durch unterirdische Tunnels, dunkle Gänge und vom Krieg verwüstetes Land. Sie kam durch Wälder entlang eines Baches, der mit großen, ekligen schwarzen Wasserschlangen gefüllt war, in ein Niemandsland kämpfender Renegaten, vorbei an wilden Kosaken und dem »KGB«, der ihre Beziehung zerstören wollte. In ihren Träumen mußte sie oftmals dem Tod ins Auge sehen. Sie stellte sich zahlreichen Gestalten aus der Vergangenheit – ihrer verstorbenen Tante und dem Onkel, die sie zu einem »braven Mädchen« erzogen hatten; Freundinnen aus der Schulzeit, deren Lebensauffassung der »geharnischten Amazone« ihre eigene gefühlvollere Sensibilität der *puella* negiert hatte; und alten Freunden, zwischen denen sie sich zerrissen fühlte, von denen einige die kulturelle, intellektuelle Seite und andere die warme, vertraute, emotionale Seite ihrer selbst darstellten. Alle waren Gestalten, die sie jetzt als Teile ihres Inneren empfand, mit denen sie sprechen und die sie integrieren mußte. In vielen Träumen mußte sie sich selbst gegen die drohenden Gestalten zur Wehr setzen. In einem Traum mußte sie einen geladenen Revolver und »körperliche Waffen« einsetzen. Ihre Träume betonten immer wieder, daß sie alles selbst tun, selbst ihr Leben entwerfen und ihren eigenen Weg wählen mußte. Ein Traum drückte dies in folgenden Bildern aus:

A. und ich sind zusammen unterwegs zu einem Ort, wo ich etwas zu erledigen habe. Ich fühle mich beklommen, weil es sich um etwas handelt, das ich allein erledigen muß, aber ich fürchte mich, es ihm zu sagen, weil er es vielleicht nicht verstehen würde. Als er sich danach erkundigt, sage ich es ihm aber doch. Er meint, er habe auf dieser Mission von mir nichts zu suchen. Er hat Verständnis, und ich fühle mich erleichtert und frei.

Sie war bei ihrer Tante und ihrem Onkel aufgewachsen, weil ihr Vater unerwartet verstorben war, als sie noch ein kleines Kind war, und ihre Mutter schon vorher in eine Anstalt kam, und so wurde diese Frau dazu erzogen, eine gute, pflichtbewußte Tochter zu sein. Ihre Tante und ihr Onkel waren freundlich, aber sie hielten sie dazu an, ihre Gefühle des Zorns und der Aggression nicht auszudrücken und sich nicht zu behaupten. Von Natur aus war sie sehr sanft und weiblich und besaß eine hohe ästhetische Sensibilität. Sie interessierte sich für Kunst- und Kulturgeschichte und wollte das Leben einer Hausfrau und Gastgeberin führen. Sie hatte eine natürliche Art, Menschen zu gefallen, war äußerst charmant und anziehend und lebte einen Großteil ihres Lebens in der Rolle des »Püppchens«. Dies lag zwar weitgehend in ihrer persönlichen Veranlagung, und ihr war beigebracht worden, nicht zu kämpfen, aber es war gerade die Rolle der »Kriegerkönigin«, die in ihren Träumen betont wurde. Ihr Leben verlangte auch diese von ihr. Sie wählte nie vermögende Männer, und nachdem sie eine kleine Erbschaft verloren hatte, war sie gezwungen, ihren Lebensunterhalt zu verdienen. Wie viele Frauen heutzutage, die nach jahrelanger Ehe einer Scheidung gegenüberstehen und lernen müssen, sich einen Weg in der Welt zu bahnen, war diese Frau früher mit dieser Aufgabe konfrontiert, noch bevor sie geheiratet hatte. Weil eine Seite von ihr den geheimen Wunsch hegte, sich versorgen zu lassen, einen Mann zu heiraten, der sie aushalten würde, spiegelten einige Gestalten, denen sie auf ihrer Reise begegnete, diese Gefahren – das Langweilige des »Miss-Amerika-Typs«, den Unsinn vom »Bildungswettlauf«, die Oberflächlichkeit der »bürgerlichen Hippies«, die Banalität der »oberen Zehntausend«. In einem Traum kämpfte sie sich durch einen Weg im Inneren eines felsigen Berges in ein fremdes Land, eine steinige Wüste, die berüchtigt war wegen ihrer gefährlichen, wilden Einwohner. Sie war mit ihrem Freund unterwegs, und beide mußten vor zwei gefährlichen Gruppen auf der Hut sein – einige Wilde, die wie Araber aussahen, und einige der »oberen Zehntausend« aus dem internationalen Jetset, die alle mit goldenen Ketten und Safarihüten ausgerüstet und deshalb gefährlich waren, weil sie so abgehoben von der Erde waren. In diesem Traum blieb ihr Freund, den die oberen Zehntausend, wie sie befürchtete, verachten würden, im Schatten zurück, und sie mußte lernen, sich in der Welt zurechtzufinden. Doch sie hoffte, daß sie sich letzten Endes mit ihrem Geliebten wieder vereinigen würde. In einem anderen Traum befand sie sich in einer öden Wüste und begegnete einem exquisit gekleideten, aristokratischen Schauspieler, zu dem sie sich anfangs hingezogen fühlte, bis sie später erfuhr, daß er der Mörder zahlloser junger Mädchen war, die er vorher verführt hatte.

Der Gegensatz zwischen den oberen Zehntausend und den bestialischen Wilden war ein Thema in vielen ihrer Träume und spiegelte die Spaltung im Erbe ihrer Familie – die eine Linie stammte von aristokratischen, gebildeten Leuten aus der Stadt, die andere von ungehobelteren Leuten vom Land. Ein großer Teil ihrer Individuationsarbeit bestand darin, diese beiden Seiten zu integrieren. Weil sie selbst schön war, war die Gefahr von dieser Seite her für sie die größere, und sie mußte lernen, ihrer eigenen Biest-Seite einen Wert zu geben. Einer ihrer Träume schenkte ihr dafür ein verblüffendes Bild.

Ich befinde mich mit meinem Freund in einem Freiluft-Café, das sich gut in die Natur einfügt. A. geht fort, um etwas zu erledigen, und ich unterhalte mich mit einer jungen Frau, die offenbar meine erste Jungianische Analytikerin war. Sie ist alleinstehend, wünscht sich jedoch sehr eine Beziehung zu einem Mann. Sie fühlt sich jedoch so unattraktiv, obwohl dies schwer zu begreifen ist, denn sie ist eine sehr gewinnende Person. Erst als ich sie distanzierter betrachte, erkenne ich ihre Schwierigkeit. Auf beiden Seiten ihrer Nase in ihrem menschlichen Gesicht befindet sich ein kreisrunder Stoßzahn eines Wildschweins. Ich erkenne, daß es eines besonderen Mannes von echter Tiefe bedürfte, ihre Schönheit jenseits dieser Stoßzähne wahrzunehmen! Irgendwie empfinde ich, daß sie ein Teil von mir ist. Ich entdecke einen Mann, der mein früherer Therapeut war, und fordere ihn auf, für einen Plausch herüberzukommen. Ich mag ihn, aber ich fühle mich in seiner Gegenwart zugeknöpft. Irgendwie traue ich ihm nicht zu, daß er diesen Teil von mir versteht. Ich höre, daß er und seine Frau sich scheiden ließen und daß er jetzt Junggeselle ist. Das regt mich auf, da ich von ihm erwartet hatte, daß er Manns genug wäre, eine dauerhafte Bindung einzugehen. Dann finde ich A. auf dem Hügel, offenbar in einem Schulgebäude. Es sieht so aus, als würde hellgrünes Gras aus den Ritzen der marmornen Mauern und Fußböden wachsen. Mir fällt ein, daß dieses Gebäude erst vor wenigen Jahren neu und unberührt war. Ich bin verblüfft, daß man es hatte so herunterkommen lassen. Es ist, als würde es wieder in die Natur eingehen, und ich erkenne, daß es das Jung-Institut ist. A. und ich sind beide verblüfft, aber er scheint etwas zu begreifen, was mir entgeht. Es gefällt mir, daß er sich diesem Ort verbunden fühlt – was, wie ich immer gemeint hatte, früher nicht der Fall war. Sein Gesicht hat einen ernsten Ausdruck, der von großer Aufrichtigkeit kommt, aus dem Wissen um die Tiefen seines Lebens, und das gibt mir Hoffnung und Sicherheit.

Dieser Traum zeigte ihr, daß sie die Kraft der Wildschweinhauer besaß, und daß ihr innerer Geliebter (im Traum durch ihren Freund symbolisiert) ein Mann von Gemütstiefe war, der Jung schätzte, der sie auf ihrer geistigen Suche geführt hatte und in der Lage war, über die äußere Erscheinung hinwegzusehen, eine Seelenbindung mit ihr einzugehen, ein innerer Bräutigam, der das innere Hochzeitsgelübde ablegen würde. Diese innere Hochzeit, so erkannte sie, war eine Voraussetzung für die weltliche Trauung mit ihrem Geliebten. Ihr Weg zur Hochzeit mußte langsam beschritten werden durch die behutsame Integration all dieser Seiten ihres Selbst, gipfelnd darin, daß sie die Schönheit der Hauer des Ebers würdigte, welche die Seite der aggressiven Kriegerkönigin in ihrem Selbst symbolisierten. Vorher hatte sie geträumt, daß ihr Freund wünschte, sie würde zu ihrer Hochzeit weiße Hosen tragen. In dem Traum war sie schockiert und abgestoßen, denn sie wollte ein Kleid tragen, das ihre Weiblichkeit ausdrückte. Doch jetzt gewann das Tragen weißer Hosen zur Hochzeit Bedeutung, weil sie die neuintegrierte kämpferische Seite symbolisierten.

Wenn die innere Hochzeit nicht erreicht ist, bevor die äußere stattfindet oder während des Verlaufs einer Ehe, dann scheitert diese Ehe häufig, weil ihr die Tiefe einer Seelenbeziehung fehlt. Viele Männer und Frauen in unserer Zeit und unserer Kultur schaffen den Weg zur Hochzeit erst, nachdem sie durch die Prüfung einer Ehescheidung hindurchgegangen sind. Kürzlich hielt ich einen Workshop, dessen Teilnehmer vorwiegend Frauen Ende vierzig waren. Viele hatten in ihrer Ehe als »Püppchen« gelebt, hatten den Mangel an Tiefe in diesen Beziehungen erkannt und suchten jetzt den Weg der Vermählung mit ihrer inneren schöpferischen Muse. Wie eine Frau es ausdrückte, die eben den Zusammenbruch ihrer zwanzigjährigen Ehe durchmachte: »Ich suche jetzt nicht nach einer äußeren Beziehung. Ich bin eben mit einem sehr netten Mann ausgegangen, habe aber eingesehen, wie lächerlich das jetzt für mich ist. Ich brauche Zeit, um allein zu sein – Zeit, um herauszufinden, wer ich bin.« Diese Frau wußte, daß sie eine Zeitlang den Brautschleier tragen mußte, damit sie, bei ihrer heiligen inneren Hochzeit, sich selbst gegenüber ein Gelübde ablegen konnte. Nach jahrelanger Ehe, die das göttliche Mysterium zweier, in einer gemeinsamen visionären Suche vereinigter Menschen nicht gefeiert hatte, wußte sie, daß ihre eigene Seelenreise zur göttlichen Hochzeit in ihrem Inneren eine Voraussetzung für eine authentische Hochzeit mit einem Seelenpartner in der äußeren Welt war.

Das Geheimnis der Hochzeit bringt Denise Levertov in ihrem Gedicht »Eine Stickerei« zum Ausdruck:

> Rosenrots Haar ist braun wie ein Pelz
> und glänzt im Feuerschein, wenn sie
> ein Mahl aus Honig, Äpfeln, Dickmilch und Molke
> für den Bären bereitet und es fertig
> am Herd stehenläßt.
>
> Die grauen Augen von Rosenweiß
> blicken in den dunklen Wald.
>
> Rosenrots Wangen brennen,
> ein Zeichen ihres heißen, fröhlichen,
> mitleidigen Herzens.
> Rosenweiß ist blaß,
> wendet sich ab, wenn sie
> die Pranke des Bären auf der Klinke hört.
>
> Wenn er eintritt,
> liegt Frost auf seinem Pelz,
> er geht nahe ans Feuer
> und sprüht Funken.
>
> Rosenweiß fängt den Duft des Waldes auf,
> von Pilzen und Harz.
>
> Rosenrot und Rosenweiß singen
> dem Bären ein Lied;
> ein Wiegenlied, ein Weberlied,
> ein Lied von der Hochzeit,
> einer Pilgerfahrt zu den Bergen
> vor langer Zeit.
> Auf den Ellbogen gestützt,
> streckte sich der Bär am Herd aus,
> nickt und brummt; dann seufzt er
> und läßt den Kopf sinken.

Er schläft; die Rosen
dämpfen das Feuer.
Versunken in den Wolken ihres Federbetts
sind sie bereit für Träume.

Rosenrot träumt von einer honigduftenden Höhle,
in der sie den Pelz ihrer Jungen
mit goldenem Kamme strählt.
Rosenweiß liegt wach.

Rosenweiß wird den Bruder des Bären heiraten.
Wird auch er,
wenn die Zeit reif ist,
aus der Haut des Bären treten?
Ist der andere, der Bräutigam,
hier im Raum?[6]

8 Der fehlende Bräutigam und die Frau in Schwarz

> Venus und die Muttergöttin verschmelzen in einem rasenden Wirbelwind und suchen die Wände der tiefen Schlucht nach dem Verräter ab. Als sie in die Zivilisation kommen, finden sie den Gegenstand ihres weiblichen Zorns.
> Er ist reich. Er ist krank. Er schläft auf der Couch in einem fabelhaft eleganten Zimmer. Er ist blond, verschrumpelt, möglicherweise verrückt. Er liegt im Sterben.
> Sein Gesicht – leer und babyhaft – wird zu einem Kaleidoskop, als es sich den Göttinnen gegenübersieht. In wenigen Augenblicken wurde er zu zehntausend Männern – meinen Vätern, meinen Söhnen, meinen Geliebten.
>
> *Venus und die Muttergöttin*
> Traum einer Frau

Wo ist der Bräutigam? Wer ist die Braut? Dies sind Fragen, die ich von meinen Klienten und Freunden ständig zu hören bekomme, Fragen, die ich mir selbst stelle. Vor kurzem führte ich einige Workshops über das Hochzeitsthema mit verschiedenen Gruppen im ganzen Land durch. Als ich fragte, ob jemand einen Hochzeitstraum gehabt habe, war das Echo überwältigend. Das Auffallendste war jedoch die Kontinuität bestimmter Themen: »Der fehlende Bräutigam« und »Die Frau in Schwarz«. Eine Anzahl von Leuten hatte Träume, in denen der Bräutigam nicht erschien und die Träumerin erkannte, daß es noch nicht Zeit war für die Hochzeit. In anderen Träumen tauchte ein Ersatzbräutigam auf, aber die Träumerin wußte, daß er nicht der Richtige war. Und manchmal hatte die Träumerin keine Ahnung, wer der Bräutigam war. In zwei von diesen Träumen geschah etwas Phänomenales: Als die Träumerin zur Trauungszeremonie ging, entdeckte sie, daß sie sich selbst heiraten sollte. In einem anderen

Traum bereitete eine Frau sich auf ihre Hochzeit vor und war ganz in Weiß gekleidet. Doch plötzlich erkannte sie, daß die Hochzeit in Wirklichkeit ihr Tod sein würde, und darauf trug sie ein schwarzes Kleid. Eine andere Frau träumte, daß ihr Verlobter heiratete, aber die Braut war eine andere – eine seltsame, dunkle und mächtige Frau.
Als wir uns näher darüber unterhielten, trat die Frau in Schwarz als Schlüsselfigur bei der Hochzeit auf. Eine Frau hatte den folgenden Traum:

Ich bin auf der Hochzeit einer Freundin, einer blonden Frau. Die Trauung sollte eben stattfinden, als die Augen aller sich auf eine prachtvolle Treppe im griechischen Stil richteten. Eine elegante Frau in Schwarz und Blau stieg langsam herab. Ihr Kleid schimmerte, und sie trug ein schwarzes Herz auf ihrer Hüfte. Diese dunkle Frau mit dem schwarzen Herzen an der Hüfte forderte unsere Aufmerksamkeit.

Wer war die Dame in Schwarz? Warum fehlte der Bräutigam? Wir wußten es nicht, aber das Geheimnisvolle dieser Träume deutete auf einen Sinn, der über das Leben der individuellen Träumerin hinausging, und zeigte uns ein Bild auf einer universellen menschlichen Ebene.
Bevor die Trauung vollzogen werden konnte, hatte die geheimnisvolle Frau in Schwarz offenbar eine Botschaft, die alle hören sollten. Der alte sumerische Mythos von Inanna, der Himmelskönigin (Ischtar), der Göttin, die in die Unterwelt hinabsteigt, wo Demütigung, Leiden und Tod sie erwarten in der Gegenüberstellung mit Ereschkigal, der Königin der Unterwelt, kam vielen Frauen auf dem Seminar in Erinnerung.[1] Diese Frauen spürten, daß die dunkle, mächtige Seite des Weiblichen, die »dunkle Göttin«, durch das Patriarchat abgespalten und abgelehnt worden war und sich folglich in eine Schrecken erregende Macht des Unbewußten verwandelt hatte. Diese Gestalt der dunklen Göttin kam immer in den Mythen vieler Kulturen vor: als Kali, die indische Göttin der Zerstörung und Schöpfung; als Persephone, die griechische Göttin der Unterwelt; als Lilith (»die Nächtliche«), der weibliche böse Dämon der Bibel und der jüdischen

Überlieferung; als Baba Jaga, die Hexe der russischen Märchen; und als Ereschkigal, die sumerische Königin der Unterwelt. Doch im Leben der Menschen wurde diese weibliche Schreckgestalt oft in das Dunkel der nächtlichen Welt verbannt. Der Mythos von Inannas Abstieg zur dunklen Göttin – ihre Initiation und ihr Wiedererscheinen aus der Unterwelt, nachdem sie Ereschkigals Leiden anerkannt und ihre Macht zur Kenntnis genommen hat – ist der archetypische Ausdruck einer Reise, die vor der Hochzeit gemacht werden muß. Deshab zieht die Frau in Schwarz und Blau mit dem schwarzen Herzen auf der Hüfte die Aufmerksamkeit aller in diesem Hochzeitstraum auf sich. Die Macht des dunklen Weiblichen, die einer Frau die Kraft gibt, nein zu sagen und ihr Bedürfnis nach Entwicklung durchzusetzen – nicht aus bewaffneter Kontrolle und Selbstgerechtigkeit, sondern aus dem dunklen Abstieg der Seele zur Begegnung mit dem Tod –, muß vorhanden sein, damit eine Beziehung Tiefe und einen tragfähigen Boden bekommt. Sie muß übrigens sowohl beim Mann als auch bei der Frau vorhanden sein. Im Mythos wird ein Ersatz verlangt für die Begegnung mit Ereschkigal in der Unterwelt, damit Inanna in die Oberwelt zurückkehren darf. Inanna wählt Dumuzi (Tammuz), ihren Hauptgemahl. Doch Dumuzi, der stolz ist auf die Wonnen seines hohen Ranges, versucht zu fliehen. Von Dämonen unerbittlich verfolgt, wendet sich Dumuzi in einer Variante der Geschichte an seine Schwester um Hilfe, die bereit ist, statt seiner zu gehen. Schließlich erlaubt Inanna den beiden, die Zeit in der Unterwelt miteinander zu teilen.

Auch der Mann muß hinabsteigen und sich der dunklen Göttin stellen, so wie die jungfräuliche Persephone sich mit Pluto, dem Herrn der Unterwelt, vermählen muß. Er muß den Zorn und die Tränen seines eigenen »dunkelen Schluchzens«, wie Rilke es ausdrückt, ertragen, um bei der Hochzeit wirklich anwesend zu sein. Vielleicht fehlte aus diesem Grunde der Bräutigam in so vielen Träumen – er muß zuerst der dunklen Frau in seinem Inneren begegnen, bevor er heiraten kann.

In dem Film *Paris, Texas* aus dem Jahre 1984, geht es um den

Abstieg eines Mannes in die Finsternis, der ihn schließlich seiner eigenen Hilflosigkeit und Sterblichkeit gegenüberstellt und es ihm ermöglicht, mit Ehrlichkeit, Offenheit und Demut zu seiner Exehefrau zu sprechen, Abbitte zu leisten für die Art, wie er sie behandelt hatte, und die Möglichkeit für eine Seelenbeziehung zu eröffnen. Am Beginn des Films wandert Travis, die Hauptgestalt, verloren und dem Tode nahe durch die Wüste. Er stolpert in eine einsame Tankstelle auf einer entlegenen Straße in einer mondartigen Landschaft, wird vor Erschöpfung ohnmächtig und wird in eine ländliche Klinik gebracht. Travis ist stumm, aber der Arzt macht schließlich seinen Bruder Walt in Los Angeles ausfindig. Travis war vier Jahre abgängig gewesen, und der Bruder und dessen Frau kümmerten sich um seinen Sohn, den er bei seinem geheimnisvollen Verschwinden im Stich gelassen hatte. Als Walt die Klinik im südlichen Texas erreicht, ist Travis wieder verschwunden. Walt findet ihn schließlich, als er in benommenem Zustand querfeldein über das Land streift, unfähig zu sprechen. Er fragt Travis, warum er so mysteriös verschwand, aber Travis sieht ihn abwesend an und antwortet nicht. Während der langen Rückfahrt durch die Wüste nach Los Angeles rückt Travis noch einmal aus, als wollte er sich wieder in die öde Einsamkeit flüchten, aus der er gekommen ist. Aber Walt findet ihn wieder und fragt Travis, ob er sich an seinen kleinen Sohn Hunter erinnern könne. Travis öffnet sich seinem liebevollen, vorurteilslosen Bruder mit stummen Tränen, als sein Sohn erwähnt wird, aber er vermag immer noch nicht seine Geschichte zu erzählen.

Als sie in Los Angeles ankommen, begegnet Travis seinem siebenjährigen Sohn. Ihre Begegnung ist zuerst schwierig – verwirrend und beunruhigend für den scheuen, mißtrauischen Sohn, voll Verzweiflung und Schmerz für den Vater, der sich langsam erinnert, was in den dunklen Jahren davor geschehen war. Ihre stumme Versöhnung findet statt, als Walt einige Familienfilme vorführt. Als eine Szene mit Travis, dem dreijährigen Hunter und Jane, Travis' Exehefrau, auf der Leinwand erscheint, kommen Travis' versunkene Erinnerungen wieder hoch, und er sieht verwirrt und benommen aus, als erlebte er einen Traum. Als Hunter die bestürzte Reaktion seines Vaters sieht, begreift er ihn und nennt Travis »Pappi«. Danach erkennt Travis, daß er »*den* Vater suchte« – seinen eigenen, inneren Vater, wie man ein Vater ist, und er gewinnt mehr Zuversicht in seiner Annäherung an seinen Sohn. Anne, die Frau von Walt, erzählt Travis, daß Jane sie gebeten hatte, für Hunter zu sorgen, und daß sie über eine Bank in Houston Geld überwies, um die Zukunft des Jungen zu sichern. Travis denkt an seine frühere Wut auf Jane und an seine Liebe zu ihr und beschließt, sie zu suchen, damit sie und Hunter wieder zusammen sein können. Er nimmt Hunter mit und bricht nach Texas auf, wo er sie an ihrem Arbeitsplatz in Houston findet, einem Peepshow-Club für einsame Männer, die durch Einweg-Fenster Frauen anschauen und so ihre Phantasien ausleben. Die Männer können die Frauen nicht berühren, und die Frauen können die Männer nicht sehen. Travis betritt eine der Kojen und verlangt so lange eine andere Frau, bis Jane schließlich in dem Einweg-Fenster erscheint. Sie ist überrascht, daß dieser Mann nicht von ihr verlangt, daß sie sich auszieht, aber sie hört ihm zu und versucht, auf ihn einzugehen. Travis geht in wortloser Wut und in Tränen fort, während Jane weiterspricht und nicht weiß, daß er schon weg ist. Er geht in eine Bar, um sich zu besaufen und den demütigenden Erinnerungen an ihre Beziehung, an seine eigene rasende Eifersucht und Besitzgier, an seine Angst, betrogen zu werden, zu entfliehen. Betrunken erzählt er Hunter von seinen Eltern und seiner Herkunft aus »Paris, Texas«, wo sein Vater und seine Mutter sich zum ersten Mal liebten, wo er gezeugt wurde und wo er vor vier Jahren hingegangen war, um ein Grundstück zu kaufen in der Hoffnung, dort ein Haus der Liebe wiederaufzubauen, das auf seine Phantasie gegründet war. Er erzählt Hunter von seiner schlichten Mutter und den Projektionen seines Vaters auf sie, eine Geschichte, die er zum Teil mit Jane wiederholt hatte.

O Gott. Meine Mutter, nicht *deine* Mutter, *meine* Mutter, war *keine* kesse Biene. Sie war . . . sie wollte nie keß sein, sie gab sich nie wie eine kesse Biene, sie tat nie so, als wäre sie eine ... sie war einfach ... schlicht. Einfach schlicht und gut. Aber mein Daddy, weißte, mein Daddy, der bildete sich das ein, der hatte diese Idee im Kopf, die wie eine Krankheit war... Er hatte diese Vorstellung von ihr ... er sah sie an, aber ... er sah sie nicht. Er sah seine Vorstellung. Und er erzählte den Leuten, daß sie aus Paris war. Es war ein großer Witz. Aber dann erzählte er das ständig jedem, und schließlich war es kein Witz mehr. Er glaubte es wirklich. Und eines Tages, da glaubte er es wirklich. Und meine Mutter ... o Gott, es war ihr so peinlich. Sie war ... sie war so schüchtern.[2]

Als Travis sich von seinem Rückfall in den Suff erholt, nimmt er eine Botschaft für seinen Sohn auf Band auf und dankt dem Jungen, daß er ihn lehrte, ein Vater zu sein. Aber er sagt seinem Sohn auch, daß er zu seiner Mutter gehört, daß er, Travis, es war, der sie auseinandergerissen hatte und daß er sie wieder zusammenführen möchte, daß er Angst davor hatte, wegzugehen, aber noch größere Angst, dieser Angst auszuweichen. »Ich hab dich lieb, Hunter«, sagt er, »ich liebe dich mehr als mein Leben.«[3]

Travis geht noch einmal in den Club zurück und betritt eine Koje der Peepshow, um mit Jane zu reden. Er erzählt ihr seine Geschichte: er war rasend verliebt in ein junges, sehr schönes siebzehnjähriges Mädchen, das auch ihn liebte. Sie waren immer zusammen, und alles wurde zu einem gemeinsamen Abenteuer. Er liebte sie über alles und hielt es nicht aus, von ihr getrennt zu sein. So gab er seine Arbeit auf, damit er bei ihr sein konnte, aber das Geld ging ihnen aus und sie fing an, sich Sorgen zu machen. Er war innerlich zerrissen und begann zu trinken. Er wußte, daß er arbeiten mußte, aber er ertrug es nicht, von ihr entfernt zu sein. Wenn er weg von ihr war, fing er an verrückt zu werden und sich einzubilden, daß sie sich heimlich mit Männern traf. Schließlich machte er ihr Vorwürfe, schrie mit ihr herum und zertrümmerte Gegenstände in ihrem Wohnwagen. Um sie auf die Probe zu stellen, blieb er abends lange aus, weil er sehen wollte, ob sie eifersüchtig werden würde. Sie war in Sorge um ihn, aber sie wurde nicht eifersüchtig, und das machte ihn noch verrückter, denn wenn sie nicht eifersüchtig auf ihn war, bedeutete das, daß

sie ihn nicht liebte. Als sie schwanger wurde, glaubte er wieder, daß sie ihn liebte, weil sie sein Kind trug. Er hörte auf zu trinken, nahm einen Job an und wollte ihr ein Heim einrichten. Aber als sie das Baby bekommen hatte, fing sie an, böse und irritiert zu werden. Er konnte tun, was er wollte, und spürte doch, daß er sie nicht glücklich machen konnte. Zwei Jahre lang versuchte er, alles so zu machen wie bei ihrer ersten Begegnung. Doch schließlich gab er es auf und verfiel wieder dem Suff. Er war betrunken und gemein, und sie kochte vor Wut. Sie fühlte sich eingesperrt und sagte ihm, er wollte sie gefangenhalten, indem er sie zwang, ein Kind zu bekommen. Sie wollte entfliehen – in ihren Träumen lief sie immer von ihm weg, und er hielt sie immer zurück. Als er das hörte, wußte er, daß er sie aufhalten mußte, bevor sie ihn für immer verließ. So band er ihr eine Kuhglocke an das Fußgelenk, damit er sie immer hören konnte, und fesselte sie dadurch noch mehr. Aber sie lernte, das Geräusch zu dämpfen und trachtete noch verzweifelter, zu entkommen. In einer Nacht hörte er sie, hielt sie auf, fesselte sie an den Ofen und hörte, wie sie schrie und wie auch ihr Sohn schrie. Aber jetzt konnte er nichts mehr empfinden; er wollte nur noch schlafen. Er versank in einen tiefen, dunklen Traum, und als er aufwachte, stand er in Flammen. Sein Bett brannte, und seine Frau und sein Sohn waren verschwunden. Er warf nicht einen einzigen Blick auf sein brennendes Heim zurück, sondern lief in die Wüste, bis es keine Spur von Menschen mehr gab, in die dunkle Öde der Wüste.
Obwohl sie den Fremden nicht sehen kann, der ihr seine Geschichte erzählt, weiß Jane, wer es ist, denn es ist auch ihre Geschichte. Unter Tränen ruft sie seinen Namen und drückt ihr Gesicht an das Glas. Er dreht sich um, so daß sie einander gegenüberstehen, und sieht seine Gesichtszüge in den ihren gespiegelt. Er bittet sie, das Licht in ihrem Zimmer abzudrehen, damit sie ihn vielleicht sehen könnte. Es funktioniert – der Spiegel geht in die andere Richtung. Jetzt sieht sie ihn, aber er kann sie nicht sehen. Sie erzählt ihm ihre einfache Geschichte – daß sie das nicht hatte, was ihr Sohn brauchte, daß sie Hunter nicht mißbrauchen wollte, um ihre Einsamkeit auszufüllen, und

daß sie ihn deshalb der Obhut von Walt und Anne überlassen hatte. Schließlich hielt sie den Schmerz nicht mehr aus, ihren Sohn aufwachsen zu sehen und ihn zu vermissen, und so hatte sie Anne gebeten, keine Bilder mehr von ihm zu schicken. Sie redete mit Travis, obwohl er nicht da war, und stellte sich vor, daß sie miteinander sprachen, und sie redete mit ihm in lebhaften Träumen. »Ich höre immer deine Stimme. Jeder Mann hat deine Stimme.«[4] Und dann verblaßte schließlich alles – seine Stimme, sein Bild – und sie gab auf und begann, in dem Club zu arbeiten.

Als sie ihre Geschichte beendet hat, sagt Travis ihr, wo Hunter ist, daß ihr Sohn sie jetzt braucht, und geht dann fort. Jane sitzt zuerst eine Weile schweigend da und geht dann in das Hotelzimmer, wo Hunter ist. Als er seine Mutter sieht, ist er zuerst wie betäubt, doch dann läuft er zu ihr und umarmt sie voll Freude. Sie umarmen sich zärtlich und »drehen und drehen sich im fröhlichen Reigen«.[5] Vom Dach der Parkgarage schaut Travis aus der Ferne zu, steigt in sein Auto, lächelt schließlich und fährt fort.

Paris, Texas ist die Geschichte vom Abstieg eines Mannes in die Finsternis seiner eigenen Eifersucht und Wut, seines unmenschlichen Versuchs, seine Frau zu besitzen, seines Phantasiebildes von ihr, das ihm nie erlaubt zu sehen, wer sie wirklich ist oder ihr Bedürfnis nach Unabhängigkeit anzuerkennen. Statt dessen bindet er sie an wie eine Kuh, wie ein Besitztum, bis sie so wütend und verzweifelt ist, daß sie weglaufen muß und ein brennendes Haus hinter sich zurückläßt. Im Spiegel der Verzweiflung, Wut und Verlassenheit seiner Frau begegnet er diesen dunklen Gesichtern des Weiblichen in sich selbst. Seine Qual ist so unaussprechlich, daß er alles verliert, sogar sein Gedächtnis. Er ertrinkt im Suff, verbrennt im Feuer seiner eifersüchtigen Wut und verdorrt in der Wüste seiner Entfremdung. Er befindet sich auf einer langen »Nachtmeerfahrt« und macht vier Jahre der alchimistischen Auflösung durch, der Verbrennung, des Verdorrens und der Umgestaltung zu einem neuen Wesen. Die Heilung kommt durch das Männliche, nicht durch »Konfrontation«, sondern durch Liebe. Die Liebe seines Bruders und seines Sohnes helfen ihm, »den Vater« zu finden und die Wunde zu transformieren, die er von seinem Vater geerbt hatte. Dieser hatte versucht, seine Identität durch eine Projektion auf seine Frau zu finden, die Projektion von »Paris«, die Stadt schöner Frauen und glitzernder Vornehmheit, vielleicht auch des Trojaners Paris, der Helena, das Symbol der Schönheit und Macht, den Griechen raubte und auf diese Weise den Trojanischen Krieg heraufbeschwor. In seinem Kommentar zu dem Film sagt Wim Wenders, daß es ihm u. a. darauf ankam, einen Mann zu zeigen, »der auf einer bestimmten Vorstellung von einer Frau besteht . . . deshalb bringe ich die Peepshow herein: Travis sitzt vor einem Bildschirm, und auf dem Bildschirm oder dahinter ist sie, und in Wirklichkeit ist sie ein Gegenstand seiner Phantasie.«[6] Die Wandlung, die Travis durchmacht, erfordert die Einsicht, daß er zu seiner Frau eine Objekt-Beziehung hatte und daß sein Verlangen, sie zu besitzen, ein Dominieren aufgrund von Gewalt war, daß er am Ende ist und der Demütigung gegenübersteht. Travis' Verzweiflung zwingt ihn dazu, ehrlich zu sein. Er stellt sich seinen Emotionen, seiner Liebe und seiner Sehnsucht, seiner Verletzlichkeit und seiner Gewalttätigkeit, und durch die Tiefe seiner Erniedrigung wird er schließlich fähig zu lieben, Jane Abbitte zu leisten und ihr freiwillig den Sohn zu überlassen. Als ich den Film zum ersten Mal sah, vergoß ich Tränen der Schmerzen um diesen hilflosen, gedemütigten Mann, der mich an meinen eigenen verwundeten Vater erinnerte und an das, worin ich ihm ähnlich war. Ich weinte Tränen der Dankbarkeit für seine Erlösung – für den Mann mit Herz, der Travis mutig sein wollte als Folge seines dunklen Abstiegs. Hier war ein Mann, dachte ich, der endlich bereit war, Bräutigam der heiligen Hochzeit zu sein, denn jetzt war ihm bewußt die Frau in Schwarz in seinem Inneren begegnet.

Die Frau in Schwarz ist oft zornig und in Trauer, weil sie vernachlässigt worden ist. Männer fürchten sich oft davor, dieser schwarzen Frau zu begegnen, weil sie Angst haben, daß sie ihre Seele an sie verlieren. So binden sie ihre Seele an die besondere

Prinzessin, ein lichteres Bild der Frau, das sie kennen und kontrollieren können, ein kollektives Bild. Ein Mann, mit dem ich arbeitete, erzählte mir die folgende Geschichte seiner Begegnung mit der dunklen Frau. Er liebte eine Frau, die Freiheit brauchte, um ihrem eigenen Leben nachzugehen. Ihm stiegen Gefühle der Unsicherheit auf, und seine ganze jugendliche Eifersucht überschwemmte ihn. Er hatte eine Zeitlang in Analyse an sich gearbeitet und meinte, daß er diese Gefühle bewältigt hatte, aber sie kamen wieder und quälten ihn. Als er mir erzählte, wie es ihm mit Frauen ergangen war, kamen verschiedene Dinge zutage. So war er immer von glamourösen Frauen mit Sexappeal angezogen gewesen, dem Hollywood-Typ. Es fiel ihm nicht schwer, solche Frauen kennenzulernen, aber jetzt, da er in den Dreißigern war, hatte er nur drei intime Beziehungen zu Frauen gehabt. Die erste Beziehung hatte er mit einem jungen Mädchen, und sie endete, als seine Freundin einer religiösen Bewegung beitrat, die ihre Heirat nicht erlaubte. Die zweite Beziehung führte zu einer Ehe, doch damit kam ein wachsender Mangel an Interesse an intimen Beziehungen zu seiner Partnerin. Dies war ein Muster, das er selbst an sich beobachtete: Bevor er die Frau »erobert« hatte, war er Feuer und Flamme. Sobald sie die »Seine« war, verlor er das Interesse an ihr. Er und seine Frau ließen sich scheiden, aber sie schieden als Freunde. Die dritte Beziehung war die gegenwärtige, und er wollte an diesen Themen arbeiten. In dieser Beziehung hatte er beide Pole erlebt: das Gefühl der Entfremdung, als die Beziehung zu einer Verpflichtung wurde, und die überwältigenden Gefühle der Eifersucht, als er spürte, daß seine Geliebte ihrem eigenen unabhängigen Leben nachging.

Eine Zeitlang hatten die Bilder des Weiblichen sich in seinen Träumen verändert, und zwar von der sexuellen Verführerin hin zu einer gewöhnlicheren Frau mit Seele. Doch um die Zeit seiner Eifersucht hatte er verschiedene Träume von Frauen, die ihn betrogen. Ich fragte mich, ob diese nicht seine innere Frau darstellten, die ihn reizte und sich dann als flatterhaft erwies, denn in seiner schöpferischen Arbeit vermochte er nicht, bei einem Projekt zu bleiben. Er war enorm intelligent und begabt, wollte komponieren und Bücher schreiben und hatte auch schon damit begonnen. Aber er konnte nicht lange genug bei einem Projekt ausharren, um es zu Ende zu bringen und zu veröffentlichen. Er war nicht ganz imstande, sich auf die Hochzeit auf der inneren oder der äußeren Ebene einzulassen. Auch die Familiendynamik schien dieses Dilemma nicht zu klären. Er hatte jedoch folgenden Traum von einer »dunklen Frau«, die offenbar eine Botschaft für ihn hatte:

Ich stand hinter einer Trennwand aus Glas und beobachtete die vorüberfahrenden Autos. Es gab einen Verkehrsstau, aber in dem Auto unmittelbar vor mir saß eine schwarze Frau. Sie sah etwas androgyn aus, denn auf ihren Wangen stand ein Bart wie bei einem Mann, der sich einen Tag nicht rasiert hat. Normalerweise hätte mich das gestört, doch zu meinem Erstaunen empfand ich eine tiefe Seelenverbindung zu ihr, gleichsam eine innige Liebe wie zu einer Freundin. Der Verkehr stand still, und durch eine Öffnung in der Glaswand reichte sie mir einen Zettel. Sie dankte mir, daß ich ihr geholfen hatte, sagte aber, daß sie jetzt gehen müsse. Dann brach das Auto hinter ihr zusammen, und der Verkehr wurde eine Weile aufgehalten. In dem Augenblick öffnete sich die Glaswand, und sie fuhr durch diese größere Öffnung im Glas durch. Ihr Auto war voll älterer Frauen, die anscheinend in den Sechzigern waren, sowohl schwarze als weiße Frauen. Ich ging zu dem Auto und begrüßte die Frauen, schüttelte ihre Hände und spürte die enorme Energie ihrer menschlichen Güte.

Der Träumer assoziierte die schwarze Frau mit einem tiefen Instinkt seiner Seele. Obwohl sie nicht wie die Frau seiner »Träume« aussah, empfand er zu ihr eine Seelenverwandtschaft. Sie war imstande, ihn durch die Glaswand zu erreichen, die seine Distanz zu Frauen symbolisierte, die Barriere, die ihn hinderte, sich auf die äußere Frau sowie auf seine innere weibliche Inspiration einzulassen. Das Auto, das hinten zusammenbrach, assoziierte er mit Hindernissen aus seiner Vergangenheit, der Eifersucht, dem Neid, der Unsicherheit, die seinen Weg in Beziehungen blockierten. Seine jetzige Erfahrung wühlte alle diese Gefühle wieder auf, sie setzte ihn aber auch in Beziehung zu der schwarzen Frau und den teilnahmsvollen älteren Frauen in ihrem Auto. Er war jetzt verliebt, verliebt in das Mysterium seiner Seele. Mit dieser Beziehung zu der dunklen Frau würde er vielleicht nicht mehr zwischen Traum und Wirklichkeit steckenbleiben, sondern frei werden für eine echte Bindung an beide.

Nach diesem Traum erkannte er, daß seine Kindheit nicht so unkompliziert gewesen war, wie er angenommen hatte. Seine Mutter hatte ihn immer bedingungslos geliebt, ohne daß irgendeine Gegenleistung von ihm verlangt wurde. Er hatte von ihr immer so viel Zuwendung bekommen, wie er nur wollte. Da fiel ihm ein, daß er in seiner Ehe dieselbe Zuwendung und bedingungslose Liebe erwartet hatte und nur selbst etwas gab, wenn er wollte. Und als er seit kurzem nicht die Zuwendung von seiner Geliebten bekam, die er wünschte, weil sie sich um ihre eigenen Bedürfnisse kümmern mußte, stiegen starke Gefühle der Eifersucht und des infantilen Besitztriebs in ihm auf. Er nahm aber diese neuen Offenbarungen aus seiner Psyche zur Kenntnis, und als er seine Geliebte wieder besuchte, besaß er genügend Einsicht, um seine Eifersucht zu verarbeiten, und konnte akzeptieren, daß sie sich um sich selbst kümmern mußte. Ihr gelegentlicher Mangel an Zuwendung zu ihm bedeutete nicht, daß sie ihn nicht liebte. Es war, als ob seine Begegnung mit der dunklen Frau in seinem Traum ein Korrektiv für seine allzu positive, allzu hingebungsvolle Mutter wäre. Die dunkle Frau führte ihn zum Weiblichen und zu Frauen als individuelle Menschen mit ihren eigenen, persönlichen Bedürfnissen nach Freiheit und Entwicklung. Durch seine Liebe zu der dunklen Frau konnte er Frauen jetzt wirklich in ihrer Individualität sowie die schöpferische Muse in ihm selbst lieben.

Eine Frau, die den Abstieg unternahm, um der dunklen Frau in ihrem Inneren zu begegnen, erzählte mir die folgende Geschichte über den Verfall ihrer ersten Ehe – einer Verbindung zwischen Märchenprinz und besonderer Prinzessin – und der göttlichen Hochzeit, die sie nach ihrem Abstieg erlebte. Sie und ihr Mann hatten sich während der ersten vier Jahre ihrer Ehe sehr geliebt. Er war der Märchenprinz, den sie sich immer gewünscht hatte, ein »goldener Junge«, der im College sowohl Fußballspieler als auch Ballettänzer war. Er war gescheit, fröhlich und gesund. An dem Tag, als sie ihn zum ersten Mal sah, dachte sie: »Das ist mein Mann.« Zusammen lebten sie ihren goldenen Traum einer Ehe: sie wollten sich vom Land ernähren und eine glückliche Familie sein. Sie betrieben eine Farm im Mittelwesten, mußten jedoch die Erfahrung machen, daß die Verwirklichung ihres leuchtenden Traumes sie in die Dunkelheit führte. Ein Unglück nach dem anderen brach über sie herein. Im ersten Jahr verbrannte ihre Weizenernte; im folgenden Jahr kam sie durch Hagelschlag um. Die Melonen wurden von einem seltsamen Pilz befallen, und alle ihre Schecks wurden retourniert. Nach zwei Jahren der Frustration gaben sie die Farm auf und gingen in ein Meditationszentrum. Dort zerbröckelte die Phantasie ihrer Ehe, und beide waren zu einer Auseinandersetzung mit sich selbst gezwungen. Der Ehemann beschloß, sich vollkommen dem meditativen Leben zu weihen. Dies bewog die Frau zu ihrem Abstieg. Sie fühlte sich abgelehnt: »Es war schlimmer, als wenn er sich in eine andere Frau verliebt hätte.« Ihre falsche, glückliche Persona zerbrökkelte. »In meiner Ehe war ich hell, sonnig, ordentlich, eine Gehilfin gewesen, immer da und immer gut.« Als sie schließlich zugaben, daß die Ehe nicht klappte, kam die dunkle Seite zum Vorschein. Obwohl sie verliebt gewesen war, hatte die sexuelle Beziehung sie enttäuscht, und ihr unterdrückter Zorn kam heraus. Sie fing an, stark zu trinken, und auf Parties kam ihre Wildheit zum Vorschein. Sie empfand, daß sie zwei verschiedene Personen war: bei Tag eine kostbare Prinzessin, sanft und beherrscht; bei Nacht ein wildes Weib, das so zornig war, daß es begann, sich selbst und alles um sich herum zu zerstören. Ihr heftiges Trinken führte zu einer Reihe körperlicher Unfälle. Sie schlug sich dreimal den Kopf auf und trug eine Gehirnerschütterung davon. Ihre linke Körperhälfte versagte vorübergehend den Dienst. Der Schmerz war so unerträglich, daß sie meinte, ihre Seele würde den Körper verlassen. Die Demütigung dadurch war überwältigend.

In ihrer Verzweiflung versuchte sie es mit einer traditionellen

medizinischen Behandlung, aber sie half ihr nicht. Dann ging sie zu einem Akupunkteur, der versuchte, die energetischen Kräfte in ihren beiden Körperhälften auszugleichen. Als der Ausgleich zwischen den dunklen und hellen Kräften stattfand, hatte sie eine Reihe von Wandlungsträumen. In einem davon liebte sie eine mysteriöse Frau, die für sie ein Symbol des göttlichen Weiblichen in ihr war. In einem anderen konfrontierte sie eine dunkle, hexenartige Frau, die im Traum mit dem Mann verheiratet war, den sie liebte, und sie brachte ihren Zorn voll und wirksam zum Ausdruck. Dann hatte sie einen Traum, in dem sie ein kleines Mädchen gebar, das gehen und sprechen konnte – ein Symbol des weiblichen göttlichen Kindes.
Jetzt begann sie, den Ausgleich der dunklen und lichten Kräfte in ihrem Inneren zu spüren. Sie konnte jetzt ihren Zorn ausdrücken, ihre dunkle Seite anerkennen und ihr Mysterium als Frau, als ein sich ständig entfaltendes, faszinierendes neues weibliches Wesen annehmen. Sie empfand insbesondere das Geheimnis ihres Schoßes – »den dunklen Raum, der still und stumm ist und für andere schöpferisch sein kann.«
Sie heiratete ein zweites Mal, und diese Ehe war nicht auf die Phantasievorstellung von Märchenprinz und besonderer Prinzessin gegründet, sondern auf der spirituellen Arbeit der Wandlung, die beide Partner an sich geleistet hatten. Mehrere Monate nach ihrer Heirat hatte sie einen magischen Hochzeitstraum, der die göttliche Vermählung im Inneren symbolisierte.

Ich befinde mich auf einer chinesischen Hochzeit. Jemand sagte, die Hochzeit würde aufgeschoben, bis das besondere Brot fertig sei. Ich wurde in die Bäckerei eingeladen, wo das Hochzeitsbrot hergestellt wurde, und bemerkte, daß ich ein weißes Kleid trug. Die Bäckerei sah innen magisch aus, rot lackiert wie die Innenseite eines chinesischen Korbes. Wir konnten das Backen des Brotes hören. Eine Freundin von mir, eine weise alte Frau mit einer wunderbaren Ehe, sagte, daß der Hochzeitsstab, den ihr Mann ihr geschenkt hatte, aus Gold sei. Dann kam ein Mann und sagte: »Der Hochzeitsstab ist aus dem *Malleus maleficorum* (dem *Hexenhammer,* einem alten Handbuch über Hexen) und ist der alchimistische Stab.«

Der goldene Hochzeitsstab symbolisierte für diese Frau die Macht des schöpferischen Phallus, den sie jetzt in ihrem Inneren spürte. Durch ihren Abstieg in die Dunkelheit und ihre Begegnung mit der dunklen Frau in ihrem Inneren (worauf in ihrem Traum durch das Hexenhandbuch angespielt wurde) hatte sie wie die Alchimisten, die niedrige Materie in Gold verwandeln wollten, die dunklen Kräfte in sich in den schöpferischen Phallus verwandelt. Jetzt war die Macht des inneren Bräutigams gegenwärtig.

Das Bild des fehlenden Bräutigams, das in so vielen Träumen von Frauen auftauchte, kommt einem immer wieder in den Sinn, wenn Frauen fragen: »Wo sind die entwickelten Männer, die Frauen verstehen? Wo ist der Mann, der sowohl sensibel als auch stark ist, der Mann, der sich nicht fürchtet vor Leiden, der keine Angst vor einer Herausforderung hat, der Mann, der Kreativität und Wandlung sucht, der eine entwickelte Frau sucht?« Viele Frauen von heute, die den Abstieg gemacht haben, schreien diese Frage mit der Wut der Frau in Schwarz heraus. Doch obwohl diese Frage sich auf den äußeren Mann bezieht, fragen die meisten dieser Frauen im Grunde, wo dieser Mann in ihnen selber ist, dieser inwendige Mann mit Herz und Mut, der hochsensible innere Bräutigam? Auch Männer, stelle ich fest, suchen für sich selbst dieses Modell und fragen ebenfalls: »Wo sind die Frauen mit einer sich vertiefenden Stärke, Unabhängigkeit und Sensibilität?«

Rainer Maria Rilke begab sich auf den Abstieg, den der fehlende Bräutigam leisten muß. Der Dichter weihte den Großteil seines Lebens der Erkenntnis und dem Ausdruck der Seelenreise zu Liebe und Schönheit, nahm das tiefe Leid des »dunkelen Schluchzens« auf sich und begegnete der dunklen Dame der Klage. Dann konnte er das Leben bejahen und beide, Liebe und Tod, als wesentlich für den schöpferischen Prozeß erkennen. Er hatte die folgende Vision von der Beziehung zwischen Mann und Frau:

. . . eines Tages wird das Mädchen da sein und die Frau, deren Name nicht mehr nur einen Gegensatz zum Männlichen bedeuten wird, sondern etwas für sich, etwas, wobei man keine Ergänzung und Grenze denkt, nur an Leben und Dasein –: der weibliche Mensch.
Dieser Fortschritt wird das Liebe-Erleben, das jetzt voll Irrung ist (sehr gegen den Willen der überholten Männer zunächst), verwandeln, von Grund aus verändern, zu einer Beziehung umbilden, die von Mensch zu Mensch gemeint ist, nicht mehr von Mann zu Weib. Und diese menschlichere Liebe (die unendlich rücksichtsvoll und leise, und gut und klar in Binden und Lösen sich vollziehen wird) wird jener ähneln, die wir ringend und mühsam vorbereiten, die Liebe, die darin besteht, daß zwei Einsamkeiten einander schützen, grenzen und grüßen.[7]

Rilke gibt vielen Männern und Frauen Hoffnung und Inspiration auf ihrer langen, einsamen Reise auf der Suche nach Liebe – zu anderen und in sich selbst. Denn Rilke hatte aus eigener Erfahrung Verständnis für den Abstieg in die Tiefen der inneren Einsamkeit, die notwendig war für ein Leben der Liebe und des schöpferischen Wirkens. Er war ein Mann mit Herz und Mut, ein Mann von ungeheurer Innenschau und Einsicht, die aus der Bereitschaft kam, die Fragen des Daseins zu leben und zu lieben. Er war ein Mann, der sowohl Frauen als auch Männer verstand, der den geheimnisvollen Unterschied zwischen den Geschlechtern und das noch größere Geheimnis der göttlichen Einheit, in der sie vermählt sind und durch die sie schöpferisch sind, voll Ehrfurcht betrachtete. Vor allem jedoch begriff er, daß die quälende Einsamkeit, über die so viele von uns verzweifeln, in Wirklichkeit eine Lernerfahrung ist, eine Zeit der Abgeschiedenheit zur Vorbereitung für die Liebe. Eine Frau, die in tiefer Verzweiflung war wegen des Scheiterns einer Liebesbeziehung, weil sie in diesem Scheitern alle ihre Beziehungen und letztlich das Scheitern ihres ganzen Lebens gespiegelt sah, fand Trost in Rilkes *Briefe an einen jungen Dichter.* »Rilkes Worte trösteten mich in meinem Kummer«, sagte sie. »Sie bestätigten mich in meinem Wesen und halfen mir zu begreifen, daß ich mich in meinem Leben nicht in einer Sackgasse befand, sondern daß gerade das Leiden meiner Seele in ihrer Suche nach Liebe Tiefe verlieh.« Allen, die darauf warten, daß Liebe ihnen in den Schoß fällt, die erwarten, daß sie auf wunderbare Weise von außen komme, hat Rilke folgendes zu sagen:

> ... es sprechen viele Anzeichen dafür, daß die Zukunft in solcher Weise in uns eintritt, um sich in uns zu verwandeln, lange bevor sie geschieht. Und darum ist es so wichtig, einsam und aufmerksam zu sein, wenn man traurig ist: weil der scheinbar ereignislose und starre Augenblick, da unsere Zukunft uns betritt, dem Leben so viel näher steht als jener andere laute und zufällige Zeitpunkt, da sie uns, wie von außen her, geschieht. Je stiller, geduldiger und offener wir als Traurige sind, um so tiefer und um so unbeirrter geht das Neue in uns ein, um so besser erwerben wir es, um so mehr wird es *unser* Schicksal sein, und wir werden uns ihm, wenn es eines späteren Tages »geschieht« (das heißt: aus uns heraus zu den anderen tritt), im Innersten verwandt und nahe fühlen. Und das ist nötig. Es ist nötig – und dahin wird nach und nach unsere Entwicklung gehen –, daß uns nichts Fremdes widerfahre, sondern nur das, was uns seit lange gehört. Man hat schon so viele Bewegungs-Begriffe umdenken müssen, man wird auch allmählich erkennen lernen, daß das, was wir Schicksal nennen, aus den Menschen heraustritt, nicht von außen her in sie hinein.[8]

Rilkes lebenslange Reise in die Tiefen, wo die Seele das Werk der Liebe lernt, zeigt einen Weg zur göttlichen Hochzeit, in der die Frau in Schwarz und der fehlende Bräutigam wiedervereint werden können. Er erhellt den Weg für uns alle, ob diese innere Hochzeit zu einer Ehe führt oder zu einem Junggesellenleben, das dem äußeren Ausdruck der heiligen Sehnsucht geweiht ist.

9 Die Schönheit und das Biest

> Wie sollten wir jener alten Mythen vergessen können, die am Anfange aller Völker stehen, der Mythen von den Drachen, die sich im äußersten Augenblick in Prinzessinnen verwandeln; vielleicht sind alle Drachen unseres Lebens Prinzessinnen, die nur darauf warten, uns einmal schön und mutig zu sehen. Vielleicht ist alles Schreckliche im tiefsten Grunde das Hilflose, das von uns Hilfe will.
>
> Rainer Maria Rilke
> *Briefe an einen jungen Dichter*

»Die Schönheit und das Biest« ist die Geschichte der Reise eines Paares, das unterwegs ist zur Hochzeit. Es ist eine Geschichte, die ein fundamentales Hindernis für die innere und die äußere Hochzeit aufzeigt sowie die Verwandlung dieses Hindernisses in das existentielle Gelübde der schöpferischen Treue gegenüber dem Mysterium des Lebens und der Liebe. Diese Geschichte der Wandlung hat für viele von uns etwas Wahres: für den Mann, der Glauben und Vertrauen zu seiner Seele gewinnen muß, daß sie ihm treu bleibt; und für die Frau, die lernen muß, sich nicht von der äußeren Erscheinung täuschen zu lassen, und daß der Schrekken des Überfalls durch ein häßliches Biest den Reichtum der Liebe im Inneren verbergen kann, der beide zu transformieren vermag.

Tief im Wald haust ein so schreckliches Ungeheuer, daß viele Mädchen Angst haben, auf dem Weg zur Hochzeit durch den Wald zu gehen. Und dieses Biest, das sich danach sehnt, von der Schönheit einer Braut verwandelt zu werden, hat selbst Angst, daß kein Mädchen sich in seine Nähe wagen wird. Denn die Stimme des Biestes ist so schroff, von »einem Ton, der das kühnste Herz vor Entsetzen erschauern ließ, obgleich er nicht böse zu sein schien.«[1] Das Biest trägt einen Schleier der Häßlichkeit und des Zorns, der seine innere Schönheit verbirgt, und das Mädchen, das ihn heiraten will, muß imstande sein, durch den Schleier das Geheimnis von ihm, von ihr und ihrer Beziehung zu sehen.

Das Mädchen Schönheit ist die jüngste Tochter eines reichen Kaufmanns, der seinen sechs Söhnen und sechs Töchtern alles geboten hat, was sie sich wünschten. Doch plötzlich wird dieser wohlhabende Vater vom Unglück heimgesucht. Sein Haus brennt ab bis auf den Grund, und er verliert alle seine Schiffe auf See. Vom größten Reichtum stürzt er in bitterste Armut. Zunächst können seine Kinder sich nicht darauf einstellen. Sie erwarten, daß ihre Freunde sie bedauern und ihnen helfen werden, aber statt dessen geben die Freunde ihrer Verschwendungssucht die Schuld für diese unglückliche Wende.

Die Familie muß jetzt in einer rohgezimmerten Hütte tief in einem finsteren Wald leben, dem trostlosesten Ort der Welt. Die Kinder müssen arbeiten gehen, die Söhne auf den Feldern und die Töchter als Bauermägde, und alle haben nur den Wunsch nach ihrem früheren Vermögen – alle außer der jüngsten Tochter, die mit Mut und Fröhlichkeit und der Gabe des Gesanges und des Tanzes ausgestattet ist. Als der Vater die Nachricht erhält, daß eines seiner Schiffe im Hafen gelandet ist, glauben alle Kinder, daß sie wieder reich sein werden, außer dem Mädchen Schönheit. Jedes Kind verlangt Edelsteine und Kleider, während Schönheit, die nur die Sicherheit ihres Vaters will, nichts für sich erbittet. Als ihr Vater darauf besteht, daß auch sie einen Wunsch äußere, bittet Schönheit um eine Rose, ihre Lieblingsblume, die in dem düsteren Wald, in dem sie leben, nicht wächst.

In der Hafenstadt angekommen, stellt der Vater fest, daß die Güter seines Schiffes von seinen früheren Teilhabern gestohlen worden waren, die ihn für tot hielten. Auf seiner schrecklichen Rückfahrt, durch Gewitter und Schnee, verirrt er sich in einem tiefen Wald. Bei Nacht folgt er einer Spur, die ihn zu einem in tiefer Stille und Frieden ruhenden Palast führt. Überall ist Winter, nur hier scheint die Sonne, die Vögel singen, Blumen blühen, und die Luft ist milde und lieblich. Im Palast wird ihm in prachtvoller Umgebung eine gute Mahlzeit aufgetischt, und der Kaufmann denkt in seiner Ekstase: »All dies muß für mich bestimmt sein!« Als er eine Hecke erlesener Rosen erblickt, erinnert er sich an das Versprechen, das er Schönheit gegeben hatte und wählt eine Rose für sie aus. In diesem Augenblick hört er ein seltsames Geräusch hinter sich, und als er sich umdreht, sieht er das erschreckende, zornige Biest, das ihm mit entsetzlicher Stimme vorwirft, daß er seine gütige Gastfreundschaft durch den Diebstahl einer seiner Blumen beleidigt habe, und droht, ihn mit dem Tode zu bestrafen. Der Kaufmann versucht, das Biest mit Entschuldigungen und Schmeicheleien zu besänftigen, doch vergeblich, und verzweifelt denkt er daran, daß die einfache Bitte von Schönheit ihn mehr gekostet hat als das Lösegeld eines Königs. Er erzählt dem Biest von den Wünschen seiner Töchter, und das Biest erwidert, es würde den Kaufmann am Leben lassen, wenn eine seiner Töchter den Mut hätte und ihn so liebte, daß sie sein Leben rettete, indem sie freiwillig zu ihm käme und mit ihm in dem Palast lebte. Das Biest gewährt dem Kaufmann einen Monat, um sein Versprechen zu halten, und warnt ihn, daß er unweigerlich sein Leben lassen müsse, wenn nicht eine seiner Töchter aus freiem Willen käme.

Mit einem prächtigen Mantel bekleidet und auf einem herrlichen Roß reitend, kehrt der Kaufmann zurück, und traurig daran denkend, wie wenig Schönheit weiß, was es ihn kostete, erzählt er seinen Kindern von seinem Unglück. Die Töchter geben Schönheit die Schuld, und die Söhne erklären, sie wollten dieses schreckliche Biest töten. Aber Schönheit, die sehr betrübt ist, erbietet sich, mit dem Biest zu leben, um das Leben ihres Vaters zu retten. Zuerst sträuben sich alle, aber Schönheit bleibt fest, und am Ende des Monates besteigt sie das Pferd, das schnell wie der Wind zum Schloß des Biestes zurückläuft. Obwohl sie Angst hat, kann sie nicht umhin, die erstaunlichen und wunderbaren Dinge zu bewundern, die sie im Palast des Biestes erblickt. Ihr Vater ist bei ihr, und als sie hört, wie das Biest sich nähert, klammert sie sich entsetzt an ihren Vater. Aber sie verbirgt ihre

Angst beim Erscheinen des Biestes und redet freundlich mit ihm. Sie ist zutiefst erschreckt von seiner Stimme, aber sie sagt, daß sie freiwillig gekommen sei und mit ihm leben wolle. Erfreut über ihre Antwort, läßt das Biest den Vater gehen und erlaubt ihm, so viele Reichtümer mitzunehmen, wie er tragen könne. In der Nacht träumt Schönheit, nachdem sie sich in den Schlaf geweint hat, daß ein schöner junger Prinz zu ihr käme und ihr sagte, daß sie für alle ihre Leiden belohnt werden würde, daß sie sich jedoch nicht von der äußeren Erscheinung täuschen lassen dürfe, und daß er hoffte, sie würde ihn finden, unter welcher Verkleidung auch immer. »Habe ein so treues Herz, wie du schön bist, und verlaß mich nicht wegen meines grausamen Elends«, sagt er.[2] Dann erscheint ihr eine schöne, majestätische Dame im Traum und mahnt sie daran, sich nicht von der äußeren Erscheinung täuschen zu lassen.

Während ihres Aufenthalts bei dem Biest wird Schönheit freundlich und königlich behandelt. Sie meint jedoch, ihr Traum bedeute, daß das schreckliche Biest den Prinzen gefangenhalte. In den Räumen des Palastes findet Schönheit erstaunliche Dinge. Einer ist voll von Spiegeln, in denen sie sich selbst erblickt. Sie findet ein Armband, das ihren Traumprinzen spiegelt, dann eine Bildergalerie mit einem Porträt des Prinzen, einen Raum mit Musikinstrumenten jeglicher Art, eine Bibliothek voll von Büchern für ein ganzes Leben, und schließlich einen Raum, der von Kandelabern aus Rubinen und Diamanten erleuchtet ist, in dem ein köstliches Mahl aufgetragen ist. Nach dem Mahl erscheint das Biest und fragt sie, ob sie in diesem Palast glücklich sein könne und ihn heiraten wolle. Ihr Entsetzen verbergend, erwidert Schönheit, daß sie in diesem schönen Palast freilich glücklich sein könne. Seinen Heiratsantrag weist sie jedoch zurück, obwohl sie Angst hat, das Biest zu erzürnen. In dieser Nacht träumt sie, daß der Prinz sie fragte, warum sie so unfreundlich zu ihm gewesen sei.

Am nächsten Tag entdeckt Schönheit neue Räume – einen mit künstlerischen Dingen jeder Art, einen anderen mit seltenen Vögeln, die so zahm sind, daß sie ihr auf die Schulter fliegen, einen weiteren, der jegliche Unterhaltung bot, die sie sich nur wünschen konnte – Pantomimen, Tanz, Musik – und alles war so fröhlich, daß sie sich niemals einsam zu fühlen brauchte. Aber obwohl das Biest einen freundlicheren Eindruck macht, muß sie seinen Heiratsantrag ablehnen. Und jede Nacht erscheint der Prinz in ihren Träumen und mahnt sie ständig, »den äußeren Erscheinungen zu mißtrauen, sich von ihrem Herzen leiten zu lassen . . .«[3]

Doch bald hat Schönheit Sehnsucht nach ihrem Vater und ihrer Familie. Sie weiß, daß das Biest trotz seines grimmigen Aussehens und seiner schrecklichen Stimme in Wirklichkeit sanft ist, und so bittet sie darum, für zwei Monate nach Hause zurückkehren zu dürfen, und dann wolle sie zu ihm zurückkommen. Das Biest willig ein, sagt ihr jedoch, daß es sterben müsse, wenn sie nicht zurückkäme. Als Schönheit in dieser Nacht einschläft, träumt sie noch einmal von dem Prinzen, doch dieses Mal sagt er traurig und müde zu ihr: »Überläßt du mich nicht vielleicht meinem Tod?«[4] Schönheit versichert dem Prinzen, daß sie zu dem Biest zurückkehren und sogar ihr Leben hingeben würde, um es vor Schmerzen zu bewahren, denn es ist freundlich, obwohl es häßlich ist. Am nächsten Morgen wacht Schönheit im Hause ihres Vaters auf, und alle freuen sich, sie zu sehen. Als Schönheit ihren Vater fragt, was ihre Träume vom Prinzen zu bedeuten hätten, warum der Prinz sie ständig bäte, der bloßen Erscheinung zu mißtrauen, antwortet ihr Vater nachdenklich, daß der Prinz wohl meinte, sie solle das Biest heiraten, da es sanft und freundlich sei. Schönheit denkt, er habe wohl recht, aber sie ist noch in den schönen Prinzen verliebt, und nicht in das häßliche Biest.

Während der zwei Monate ihres Aufenthalts zu Hause findet Schönheit, daß sie sich trotz all des Reichtums, den ihre Familie wieder besitzt, langweilt. Sie träumt auch nicht ein einziges Mal von dem Prinzen. Aber sie verzögert ihre Rückkehr zu dem Biest, bis sie eines Tages einen düsteren Traum hat, daß es in einer Höhle im Sterben läge. In dieser Nacht dreht sie den Ring, den das Biest ihr gegeben hat, und sagt fest entschlossen, sie wolle in

den Palast des Biestes zurückkehren. Als sie erwacht, befindet sie sich wieder in dem Palast. Sie wartet voll Sorge darauf, daß das Biest zum Nachtmahl erscheinen würde, wie er es früher immer getan hatte. Als es nicht kommt, gerät sie in Panik und durchsucht die Wege des Gartens. Plötzlich steht sie vor dem schattigen Pfad, den sie im Traum gesehen hat. Als sie die Höhle aus ihrem Traum erblickt, eilt sie hinein und findet das Biest – ob schlafend oder tot, weiß sie nicht. Voll panischer Angst beugt sie sich über es und sagt: »O Biest, wie hast du mich erschreckt! Ich wußte bis jetzt nicht, wie sehr ich dich liebe, als ich befürchtete, ich sei zu spät gekommen, um dein Leben zu retten.« »Schönheit«, fragte es leise, »kannst du wirklich ein so häßliches Geschöpf wie mich lieben? Ich lag im Sterben, weil ich dachte, du hättest dein Versprechen vergessen.«[5] Dann versichert es ihr, daß es nach dem Nachtmahl zu ihr kommen würde. Schönheit wundert sich, daß es nicht böse auf sie war. Seine sanfte Stimme beruhigt sie, und sie geht zum Palast zurück.
An diesem Abend kommt es nach dem Nachtmahl zu Schönheit und erkundigt sich nach ihrer Reise. Und als es Zeit ist zu gehen, bittet es sie noch einmal, ihn zu heiraten. Diesmal sagt Schönheit ja, und in diesem Augenblick erstrahlt ein Licht und ein Feuerwerk und Salutschüsse knallen. Als sie sich umschaut und das Biest fragen will, was das zu bedeuten habe, ist das Biest nicht mehr da, sondern ihr seit langem geliebter Prinz. Dann kommt die majestätische Dame ihrer Träume herbei, die zur Königinmutter des Prinzen (die plötzlich erscheint) sagt: »Dies ist Schönheit, die den Mut hatte, Euren Sohn von dem schrecklichen Zauber zu erlösen.«[6] Die Königin jubelt und dankt Schönheit, und am nächsten Tag wird mit Pracht Hochzeit gefeiert.
»Die Schönheit und das Biest« ist in gewisser Hinsicht ein Gegenstück zu dem Drama des Märchenprinzen und der besonderen Prinzessin, aber hier kommt die Rettung von der weiblichen Seite. Die Geschichte zeigt auch eine zunehmende Entfernung vom Kollektiv: der reiche Vater hat sein Geld und seine materiellen Güter verloren, und die geheimen Reichtümer sind statt dessen im Herzen des Waldes zu finden. Weil Schönheit um

ein natürliches Geschenk bittet – eine Rose, das Symbol der spirituellen Liebe – statt um etwas, das für Geld zu kaufen ist, entfaltet die Wandlung sich auf diese Weise. In dieser Geschichte ist das männliche Prinzip in der Gestalt des Biestes verzaubert und muß verwandelt werden.

Die Erscheinung des Biestes ist häßlich, und es kann böse, erschreckend, rachsüchtig sein (es droht, den Vater mit dem Tode zu bestrafen), selbstgerecht (es wirft dem Vater Beleidigung vor, weil er eine Rose pflückte und sich undankbar für seine Gastfreundschaft erwies), unversöhnlich (wenn es keine Entschädigung für die Rose, eine Tochter, erhält), und hat Angst davor, verlassen zu werden (es fürchtet sich, Schönheit weggehen zu lassen). Doch unter diesem Äußeren ist es freundlich, sanft und großzügig, wie Schönheit während ihres Aufenthalts in dem Palast erfährt. Und es ist unermeßlich reich. Es besitzt einen magischen Palast voll von Räumen, die intellektuelle, künstlerische, musikalische und schöpferische Möglichkeiten enthalten, umgeben von blühenden Orangenbäumen und Blumen, obwohl an allen anderen Orten Winter ist. Die Aufgabe der Erlösung, die sich der Schönheit stellt, ist eine zweifache: sie muß ihre Angst überwinden und tapfer sein, und außerdem darf sie, wie ihr wiederholt in ihren Träumen mitgeteilt wird, sich von der äußeren Erscheinung nicht täuschen lassen. In ihrer Reinheit und Unschuld kennt sie den ungeheuren Preis der Rose nicht: sie muß lernen, das Biest zu lieben. Dies erscheint schwierig für die Schönheit, aber auch das Biest hat eine gewaltige Wandlung zu bestehen. Trotz seiner ganzen Macht muß es Schönheit schließlich die Erlaubnis geben, fortzugehen, und darauf vertrauen lernen, daß sie zurückkehren wird. Zuerst kommt Schönheit nur in den Palast wegen seiner Drohung, ihrem Vater das Leben zu nehmen. Solange es Schönheit dort nur festhält kraft seiner Macht über ihren Vater, wird es nie erfahren, ob sie es liebt oder nicht, denn es hat ihr keine freie Wahl gegeben. Seine Wandlung erfordert, daß es sie gehen läßt, und daß es sich der Verwundung öffnet, der äußersten Verwundung des Todes.

Die Geschichte von der Schönheit und dem Biest hat in meinen

Augen viel zu bedeuten, weil sich darin die Aufgabe der Männer und Frauen in unserer Kultur spiegelt. Den Frauen ist ihr eigenes »Biest« vorenthalten worden, weil die Männer derart im Bann eines Kollektivbildes von Schönheit stehen. Sie wollen eine Frau, die jung ist und rein, damit sie die Schönheit der Seele auf sie projizieren können. Dies erspart ihnen die Arbeit der Liebe, die Seelenarbeit erfordert. Die Frau, die diese Projektion akzeptiert, erspart sich ebenfalls die Auseinandersetzung mit ihrem inneren Biest, seinem Zorn, seiner Besitzgier und Macht. Doch gleichzeitig versäumt sie die Entdeckung der magischen Räume im Palast des Biestes, die Räume der Kreativität. Das Biest ist ein Teil der männlichen Urkraft und Sexualität, die sie selbst in sich hat. Das kann sehr erschreckend sein, weil es so viel anmaßende Energie umfaßt. Viele Frauen, die durch Männer leben, überlassen dem Mann diese schöpferische Kraft an ihrer Stelle. Manchmal, durch Anpassung an die Rolle des »Püppchens«, bleiben sie aus Angst bei einem Mann, der wie das Biest ist, und lassen sich von ihm dominieren. In dem Märchen muß Schönheit zuerst in das Haus des Biestes kommen, und zwar ursprünglich nicht aus freiem Willen, sondern als Bedingung für die Rettung ihres Vaters. Sie hatte einen guten Vater, der das Biest nicht in sich entwickelt hat. Da sie also von ihrem Vater nichts über das Biest erfahren kann, muß sie selbst zu dem Biest gehen. Viele Frauen, die keine Beziehungen eingehen oder »den Richtigen nicht finden können«, haben schreckliche Angst davor, sich der Macht eines Mannes auszuliefern. So machen sie sich, ohne es zu wissen, unverfügbar für eine Beziehung. Ich tat das selbst nach meiner ersten Ehe und entzog mich dadurch 14 Jahre lang einer verbindlichen Beziehung. In diesen 14 Jahren entdeckte ich jedoch mit Schmerzen und erlebte qualvoll das Biest in meinem Inneren.

Wenn die Schönheit einmal in das Haus des Biestes kommt, hat sie Gelegenheit, alle Reichtümer und schöpferischen Möglichkeiten in seinem Besitz, sowie seine verborgene Freundlichkeit und Sanftmut zu sehen. Und ihre Träume weisen sie an, sich nicht von äußeren Erscheinungen täuschen zu lassen. Dennoch kann sie nicht akzeptieren, daß das Biest auch die Seite des Prinzen hat, von dem sie träumt. Zuerst trennt sie die beiden und denkt, das Biest halte den Prinzen gefangen. Sie sehnt sich immer noch danach, in die Welt ihres Vaters zurückzukehren, trotz aller wunderbaren Dinge, die sie gesehen hat. Wie viele Frauen, die den Schutz des Vaters oder des Patriarchats wollen, ist Schönheit noch nicht bereit, auf eigenen Füßen zu stehen. So bittet sie das Biest, sie nach Hause zu entlassen, und es willigt traurig ein, sagt ihr jedoch, daß es sterben müsse, wenn sie nicht in zwei Monaten zurückkehrte. Um ihre eigene Macht zu gewinnen, muß Schönheit aus freiem Willen zu dem Biest zurückkehren. Liebe kann das Biest verwandeln, aber es kann keine aus Angst geborene Liebe sein. Wenn eine Frau aus Angst in einer Beziehung bleibt – sei es Angst um wirtschaftliche Sicherheit, Angst vor Zurückweisung, vor Einsamkeit, Angst, nicht die innere Stärke zu besitzen, um den Anforderungen des Lebens zu entsprechen oder sich gegen ihren Partner zu behaupten –, verrät sie sich selbst und findet nicht den inneren Prinzen. Um das Biest zu verwandeln, muß sie aus eigenem Bewußtsein und Willen, mit der Kraft ihrer Liebe zu ihm zurückkehren. Schönheit kann den Schrecken des Biestes durch ihre Liebe überwinden, die die Verwundbarkeit des Biestes erkennt. Wie im Fall von Schönheit bedarf es oft einer Trennung, um einer mutigen Liebe und einer echten Wahl fähig zu sein. In einer reifen Beziehung ist es nötig, sich vom anderen innerlich zu trennen, damit man mit Stärke aus der eigenen Mitte handeln kann. Dies ist oft das Schwerste, denn wir wollen im Zustand ekstatischen »Verliebtseins« mit dem anderen verschmelzen. Rilke brachte diese Notwendigkeit der Trennung in den *Briefen an einen jungen Dichter* sehr schön zum Ausdruck:

Lernzeit ist immer eine lange, abgeschlossene Zeit, und so ist Lieben für lange hinaus und weit ins Leben hinein –: Einsamkeit, gesteigertes und vertieftes Alleinsein für den, der liebt. Lieben ist zunächst nichts, was aufgehen, hingeben und sich mit einem Zweiten vereinen heißt (denn was wäre eine Vereinigung von Ungeklärtem und Unfertigem, noch

Ungeordnetem –?), es ist erhabener Anlaß für den einzelnen, zu reifen, in sich etwas zu werden, Welt zu werden, Welt zu werden für sich um eines anderen willen, es ist ein großer, unbescheidener Anspruch an ihn, etwas, was ihn auserwählt und zu Weitem beruft.[7]

In der Erzählung von Amor und Psyche ist eine solche Trennung ebenfalls vonnöten, um Stärke aufzubauen. Diese Geschichte birgt in sich das Thema von »Schönheit und Biest«. Psyche wird im Schlaf vom Wind fortgetragen zu einem Palast, in dessen geheimnisvollen Besitzer sie sich verliebt. Sie darf ihn jedoch nicht sehen, sondern nur während der Nacht lieben. Ihre Schwestern wecken den Argwohn in ihr, daß er ein Ungeheuer sei, und drängen sie, eine Lampe anzuzünden, um ihn zu sehen, damit sie ihn töten kann. Als sie ihn bei Licht sieht, erkennt sie in ihm den Gott Eros (Amor). Doch der Preis, den sie für ihre Erkenntnis bezahlen muß, ist die Trennung, denn die Bedingung ihres Zusammenseins war, daß sie ihn nicht bei Licht sehen dürfe. Darauf werden ihr vier Aufgaben gestellt, und in jeder wird sie von Verzweiflung und ungeheurer Angst befallen. Zu den Aufgaben gehört das Verlesen eines schier unendlich großen Körnerhaufens (als Akt der bewußten Differenzierung); das Gewinnen des Vlieses von rasenden Widdern, denen man sich nur nachts nähern kann (das Gewinnen von Stärke durch Geduld statt der direkten Konfrontation); das Füllen einer Kristallschale mit Wasser aus einem Fluß, der zwischen der Ober- und der Unterwelt fließt (zur Gewinnung und Bewahrung von Energie); und als letztes ein Abstieg in die Unterwelt, um von der dunklen Göttin der Unterwelt, Persephone, das Geheimnis der Schönheit zu erlangen. Diese letzte Aufgabe erfordert, daß sie alle Kuchen und Geldstücke, die sie für diese gefährliche Reise bekommt, aufsparen muß. Sie darf sie nicht ausgeben, damit sie später mit dem Geheimnis der Schönheit wieder aus der Unterwelt aufsteigen kann. In dieser Geschichte verleihen die Aufgaben Psyche die Stärke, von anderen unabhängig zu sein und ihre eigene Identität zu gewinnen.

Ist die Trennung einmal vollzogen, wird es möglich, eine echte

Wahl zu treffen. Für Schönheit bedeutet dies, daß sie in das Haus ihrer Familie zurückkehrt und feststellt, daß es gar nicht so interessant ist. Ihm fehlen die magischen Räume wie im Palast des Biestes, und zu Hause träumt sie nicht einmal von dem Prinzen. Außerdem erkennt sie, daß sie das Biest trotz seiner Häßlichkeit wirklich gern hat. Am Ende vermag sie zwischen der äußeren Erscheinung und der inneren Schönheit zu unterscheiden. Das Mädchen Schönheit besitzt selbst äußere Schönheit, und ohne dieses Unterscheidungsvermögen wäre sie nie imstande, ihre eigene innere Schönheit, die Schönheit ihrer weiblichen Mitte, zu würdigen. Viele Frauen leiden unter dem Gefühl, daß sie verglichen mit dem kollektiven Schönheitsideal, das von Männern über die Massenmedien projiziert wird, nicht schön sind. Verführt von diesem Plastikimage suchen viele Frauen ihren Prinzen dann auch in der äußeren Erscheinung und vergessen die innere Schönheit des Biestes im dunklen Wald. Die ihre weibliche spirituelle Mitte symbolisierende Entdeckung von Schönheit ist die, daß ihre wahre Schönheit in ihrer Tapferkeit und Verwundbarkeit liegt, in ihrer Bereitschaft, offen zu sein gegenüber dem Geheimnis des Unbekannten. Es ist diese Eigenschaft, die das Biest am Ende rettet, als es im Sterben liegt: daß Schönheit gewillt ist, sein Leben zu retten. Dies ist keine Liebe, die aus Angst geboren ist, sondern aus der Tapferkeit. Jetzt fürchtet sie sich nicht, seinen Heiratsantrag anzunehmen. Als sie es tut, kann ihre Hochzeit mit dem Prinzen stattfinden. Es braucht Bewußtsein, freie Wahl und Wandlung, damit eine Frau sich zu einem Mann in seiner Ganzheit, und nicht nur zu der idealisierten väterlichen Seite, die sie vielleicht möchte, in Beziehung setzen kann. Durch die Reise von Schönheit und ihre Begegnung mit dem Biest hat sich außerdem der Vater in dieser Geschichte entwickelt. Zuerst ist er ein liebenswürdiger, aber naiver Mensch, der materiellen Erscheinungen Wert beimißt und nie dem Biest begegnete. Dann lernt er, den Wert des Biestes, diese noble Möglichkeit in sich selbst, anzuerkennen, und so gibt er sogar seinen Segen zur Hochzeit von Schönheit mit dem Biest.

Viele Männer unserer Generation haben sich, wie Robert Bly

feststellte, vom »Macho«-Image der Männlichkeit abgewandt und ihre sanftere Seite des »Blumenkindes« betont, die von den Frauen gewünscht wurde, wie sie sagten. Doch dann waren die Frauen von den Männern enttäuscht, wenn diese männliche Urkraft fehlte. Bly meint, daß Integration für einen Mann bedeutet, wieder Verbindung mit dem »Wilden« aufzunehmen, jener primitiven Energie, die tief im männlichen Instinkt liegt, eine dunkle Energie, die gleichzeitig durch das Haar hindurchscheint als eine strahlende spirituelle, gefährlich schöpferische Energie.[8] Der Biest-Prinz mit seinen magischen Räumen der Kreativität ist ein Abbild dieser Energie. Erst wenn die Schönheit das Biest lieben kann, in sich selbst und in dem Mann ihrer Wahl, wird die positive Kraft des »Wilden« als integraler Bestandteil der Beziehung angenommen werden.

Oft haben Männer das Bedürfnis, von einer Frau zu hören, daß ihr »Biest« schön sei. Aber das verlangt auch, daß sie die Offenheit haben, so etwas zu hören. Eine Frau, die den Prozeß durchmachte, ihre eigene Biest-Seite anzuerkennen und einen Wert darin zu sehen, drückte dies folgendermaßen aus: »Mein Freund meint, daß er ein Biest ist und benimmt sich auch oft so, und dann fühlt er sich schuldig. Wenn er nur aufmachen würde, könnte ich ihm sagen, wie schön er in Wirklichkeit ist.«

Rilke war der Ansicht, daß das Biest eine natürliche Beziehung zum Göttlichen besitzt, eine Beziehung, nach der wir streben, die wir aber nie völlig erreichen können, weil wir Menschen Geschöpfe »im Zwischenbereich« sind. Im Unterschied zu Tieren, die in die Ewigkeit blicken, kreisen wir um die ungebrochene Einheit, schauen zurück und sehen das von unserer Existenz bedingte *Nein* vor uns. Mit den Worten Rilkes:

> Mit allen Augen sieht die Kreatur
> das Offene. Nur unsre Augen sind
> wie umgekehrt und ganz um sie gestellt
> als Fallen, rings um ihren freien Ausgang.
> Was draußen *ist*, wir wissen's aus des Tiers
> Antlitz allein; denn schon das frühe Kind

wenden wir um und zwingens, daß es rückwärts
Gestaltung sehe, nicht das Offne, das
im Tiergesicht so tief ist. Frei von Tod,
Ihn sehen wir allein; das freie Tier
hat seinen Untergang stets hinter sich
und vor sich Gott, und wenn es geht, so gehts
in Ewigkeit, so wie die Brunnen gehen.[9]

Für Rilke macht die enge, beinahe mediale Beziehung des Tieres zur Natur, zum Ganzen, aus dem es hervorging, seine Überlegenheit über den Menschen aus. »Und doch ist in dem wachsam warmen Tier/ Gewicht und Sorge einer großen Schwermut«[10], und dieses Sehnen des Tieres verbindet es mit uns in unserer Verwundbarkeit.

Das Biest in seinem tiefsten Wesen ist der Teil von uns, den wir fürchten, der schreckensvolle Aspekt des Daseins, der unsere Ich-Kontrolle bedroht, diese naive, rohe Offenheit, die uns ohne Mißtrauen, ohne Kontrolle, ohne die Bedingungen und Manipulationen des Ich mit dem Göttlichen vermählt. Wenn wir das Biest fürchten, wenn wir uns vor der Vitalität der Lebenskraft, die es uns bietet, fürchten, wenn wir uns vor der großen Einheit des Lebens und Todes, die im Wesen des Tieres pulsiert, fürchten, versuchen wir oft, es hinter Gitter zu bringen, es zu objektivieren, um seine Gefahr abzuwehren, uns davor zu schützen, während wir doch so fasziniert von ihm sind wie die Schaulustigen im Zoo. In Rilkes Gedicht »Der Panther« ist das Biest im Käfig, seine Schönheit ist eingekerkert, seine große Lebensenergie eingeschlossen und betäubt.

Sein Blick ist vom Vorübergehn der Stäbe
so müd geworden, daß er nichts mehr hält.
Ihm ist, als ob es tausend Stäbe gäbe
und hinter tausend Stäben keine Welt.

Der weiche Gang geschmeidig starker Schritte,
der sich im allerkleinsten Kreise dreht,
ist wie ein Tanz von Kraft um eine Mitte,
in der betäubt ein großer Wille steht.

> Nur manchmal schiebt der Vorhang der Pupille
> sich lautlos auf –. Dann geht ein Bild hinein,
> geht durch der Glieder angespannte Stille –
> und hört im Herzen auf zu sein.[11]

Um die noble Kraft des Panthers zu befreien, müssen wir (wie Schönheit) die Angst aufgeben, unserer Sterblichkeit ins Auge sehen, lernen, im »offenen Bereich« zu sein, und im heiligen Raum mit dem Biest tanzen. Dieser Tanz mit dem Biest ist wesentlich für die schöpferische Hochzeit im Inneren und die Hochzeit in unserer äußeren schöpferischen Beziehung.

Einer meiner eigenen Wachträume führte dazu, daß ich mit einem Geschöpf tanzte, das für mich das bestialischste, gräßlichste und erschreckendste von allen ist – eine Kakerlake. In dem Traum war ich wie Psyche ausgezogen, um einen Seelengefährten zu suchen, und hatte einen hohen Turm bestiegen, um mich zu orientieren. Oben begegnete ich einer weisen, majestätischen, königlichen Frau, die mich an den Rand führte, auf das Meer hinaus und dann auf das Ufer wies, wo sich ein von einem Riesenschwan gezogenes Floß befand. Auf der Suche nach dem Eros, sagte sie, müsse ich mit diesem Floß eine Seefahrt unternehmen. Sie führte mich den Turm hinab und brachte mich zu dem Floß, das ich bestieg, worauf der Schwan in die offene See hinausschwamm. Nach einer längeren Zeit tauchte der Schwan plötzlich unter, und auch ich geriet unter Wasser, und schließlich erreichten wir den Eingang einer Höhle unter dem Meer. Ich wurde von einer Hexe in die Höhle hineingeführt. Wir gingen durch eine Reihe dunkler Tunnels, und in einem sah ich einen an die dunkle, feuchte Wand geketteten wilden Eber, der wütend auf dem Boden herumtrampelte. Dann führte mich die Hexe in einen kreisrunden Raum, in dem sich eine riesige Kakerlake befand. Ich war erschrocken und angewidert, aber die Hexe zog mich zu der Kakerlake hin, ergriff eine Hand von ihr und zwang mich, die andere zu nehmen, und begann mit uns einen Reigen zu dritt zu tanzen. Wir tanzten in dem winzigen Raum im Kreis herum, immer schneller und schneller, als die Hexe plötzlich beiseite trat und mich mit der Kakerlake allein weitertanzen ließ. Ich konnte es kaum ertragen und schloß die Augen, aber als ich sie wieder aufmachte, war der Panzer der Kakerlake geborsten, und ein schöner Prinz trat heraus, mit dem ich, von Staunen überwältigt, tanzte.

Für mich repräsentierte die Kakerlake meinen Vater, denn wenn er mitten in der Nacht betrunken nach Hause kam, bestialisch und gewalttätig, liefen die Kakerlaken herum. Für mich waren Kakerlaken mit dieser bestialischen Seite meines Vaters verbunden, und ich haßte und fürchtete sie mehr als irgend welche anderen Lebewesen. Wenn ich mit meinem Vater zu Rande kommen wollte, mußte ich mit dieser bestialischen Seite meines Selbst zu Rande kommen. Der Tanz mit der Kakerlake, einem alten Geschöpf, das seit Urzeiten überlebte, führte zu dem Tanz mit dem Prinzen.

Eine Frau hatte in dem Augenblick, als sie dem schöpferischen Prozeß ihrer Seele ein existentielles Gelübde abgelegt hatte, einen Traum, in dem sie dem Biest begegnen mußte.

Ich bin auf einem Schiff. Es ist das Ende eines Weltkrieges. Wir landen in der schmalen Bucht einer Insel und fahren landeinwärts zur Insel, um einen Ort zu finden, wo wir unser neues Leben beginnen können. Das Gelände hat Schluchten so ähnlich wie der Grand Canyon. Zur linken Hand erspähe ich ein riesiges Ungeheuer, einen Zyklopen, der uns entweder folgt oder uns führt. Er flirtet mit mir und zieht mich in ein scherzhaftes Gespräch, während wir weitergehen. Ich fürchte mich und rufe aus: »Warum ist dieses gräßliche Biest hier? Wird es mir wehtun? Wird es mich umbringen?«, als eine Stimme antwortet: »Dies ist dein spirituelles Biest!«

Dieser Traum hatte auf der persönlichen sowie auf einer universalen Ebene eine Bedeutung für sie. Sie war eine hochbegabte und medial veranlagte Frau, mit der Gabe von Träumen, die oft die Geschichte der Seele erzählen wie die Träume von Dichtern. Bisher hatte sie in ihrem persönlichen Leben für andere gelebt und den Ausdruck ihrer eigenen schöpferischen Vision aufgeopfert. Aber jetzt, da sie sich der Lebensmitte näherte, forderte ihre Psyche, daß sie ihr Leben änderte. Ihre Psyche verlangte nichts

Geringeres als ein existentielles Gelübde, die bindende Verpflichtung, sich zu wandeln. Das bedeutete für sie, daß sie ihre medialen Kräfte annahm und ihnen in der Welt Ausdruck verlieh. Ihre Mutter hatte bereits diese Gabe der Traumgesichte gehabt, sie jedoch zurückgewiesen und damit ihre pantherartige Macht in einen Käfig gesperrt, worauf diese Macht sich in einer tödlichen, schwächenden Depression gegen sie richtete, die sie unbewußt an ihre Tochter weitergab. Daher kam es, daß die Tochter ihre eigene schöpferische Vision und deren Ausdruck aufopferte. Sie hatte sogar einen Traum, in dem die Mutter ihrem Bruder und ihr verkündete, daß sie eine besondere Gabe der Weissagung hatte, etwas wie ASW (außersinnliche Wahrnehmung), vor der sie Angst hatte, die sie schrecklich fand und ihr ganzes Leben lang unterdrückt hatte, weil sie es vor der Welt verbergen wollte. Dies war der Grund, sagte die Mutter ihren Kindern, warum sie selbst sich nie entwickelt hatte. Zum grenzenlosen Erstaunen ihrer Mutter und ihres Bruders sagte die Träumerin: »Siehst du denn nicht, daß diese Macht zum Wohl und zur Wandlung der Welt angewandt werden kann?« Dies war das existentielle Gelübde, das sie zur Zeit des Traumes vom Biest abgelegt hatte – die bindende Zusage, die Reise nach innen anzutreten, den Tod ihres alten Selbst für die Wiedergeburt ihres neuen Seins in der Welt auf sich zu nehmen. Auf der persönlichen Ebene spiegelte das Ende eines Weltkriegs das Ende einer alten Epoche ihres Lebens, den Tod eines alten Selbst, das mit sich im Widerstreit lag. Die Fahrt auf dem Schiff reflektierte die Reise ins Unbewußte und das verantwortungsbewußte Annehmen des Lebens, das sie dort vorfand. Sich zur Mitte der Insel zu begeben, um ein neues Leben anzufangen, war der von ihr gewählte neue Weg, der Weg nach innen zur Mitte des Selbst. Und das riesenhafte Ungetüm zu ihrer Linken, der Zyklop, der mit ihr flirtete, war das hellsichtige Biest der spirituellen Vision, das sie heiraten sollte. Mochte die Reise auch schrecklich und furchterregend sein, sie hatte jetzt mutig die Herausforderung angenommen, dem Mysterium des Lebens auf schöpferische Weise treu zu sein.

Das Gelübde, ihren weiblichen Geist zu finden, was ein intensives Ringen um das Verhältnis zu dem Biest in ihrem Inneren mit sich brachte, war das zentrale Thema im Leben und in den Träumen einer anderen Klientin. Sie war von Natur aus eine sanfte und liebevolle Frau, aber ihre Macht wurde von einem inneren Biest verschlungen, das so erschreckend war, daß sie um jeden Preis anderen gefällig sein und ihrem eigenen Zorn aus dem Wege gehen wollte. Diese Verhaltensweise war offenbar auf einen trunksüchtigen Vater zurückzufühen, der unvorhersehbare, gewalttätige Wutausbrüche hatte, und eine sanfte Mutter vom Typ einer Doris Day, die das Chaos in ihrem Leben vor der Außenwelt zu verbergen suchte und auf ihre liebe, sanfte Tochter das Image des »goldenen Mädchens« projizierte, das der blonden, blauäugigen Erscheinung der Tochter und ihrem angeborenen Temperament entsprach. Als Folge davon war die Tochter von ihrer eigenen Wut abgeschnitten. Diese zeigte sich nur, wenn sie sich betrank, und in der Wahl ihrer Partnerinnen – dunklen, zornigen Frauen. Der Zugang zu ihren eigenen dunklen Kräften der Selbstbehauptung war derart verschlossen, daß sie eine so verheerende Phobie vor öffentlichem Sprechen entwickelte, daß sie ihr bei Vorstellungsgesprächen oder in jeder Situation, in der sie sich darstellen mußte, im Weg stand. Ihr versagte einfach die Stimme!
Kurz nachdem sie mit der Analyse begonnen hatte, träumte sie mehrmals von einer »Begegnung mit dem Biest«. Sie begegnete verwundeten, blutigen Tieren, dann einem menschenfressenden Hai, der versuchte, sie zu töten. Aber der folgende Traum, der sie zu einer Auseinandersetzung mit dem Biest in ihrem Inneren und im Kollektivurteil der Gesellschaft führte, brachte einige zentrale Themen in ihrem Ringen um die Integration des Biestes zum Vorschein.

Ich bin zu Besuch in einer großen Nervenheilanstalt. Eine Krankenschwester bietet an, mich durch die geschlossene Abteilung im hinteren Teil der Klinik zu führen. Ganz hinten, hinter Gittern eingesperrt, grinst mich ein kleiner Gorilla höhnisch an. Plötzlich wächst der Gorilla und wird so groß wie King Kong, durchbricht das Gitter, packt die Krankenschwester und rennt wie verrückt durch das Hospital. Um das Personal zu warnen, laufe ich in meiner Verzweiflung in das erste Zimmer, das ich sehe. Eine Gruppe männlicher Psychiater bespricht gerade »die Lesbierin« als einen pathologischen Fall. Eine weibliche Mentorin von mir ist dabei und nickt zustimmend mit dem Kopf. Ich fühle mich verraten, will aber immer noch ihre Aufmerksamkeit erregen, um sie vor dem frei herumlaufenden, riesenhaften wilden Gorilla zu warnen. Doch sie scheinen mich nicht zu sehen und zu hören. Ich laufe weiter, um Hilfe zu holen, als ich erkenne, daß das ganze Hospital in Gefahr ist. Es ist jetzt ein Schiff auf hoher See, das gefährlich dahingleitet, und ich tauche unter Wasser, um den Anker festzumachen, damit nicht das ganze Hospital untergeht.

Der Traum stellte die Riesengröße des Biestes dar, das sie in Gestalt ihrer eigenen Wut und der Wut vieler Frauen auf das kollektive Patriarchat konfrontieren mußte, das sie als pathologisch beurteilte, weil sie Lesbierin war, statt die Schönheit ihrer weiblichen Natur anzuerkennen. Der Traum hatte auch eine Bedeutung für sie auf der kollektiven Ebene, denn er spiegelte die Haltung des psychiatrischen Patriarchats, das sich dessen nicht bewußt ist, daß der Riesengorilla frei durch ihre institutionellen Urteile läuft, und diese Urteile bedrohten die Stabilität des Systems der Nervenheilanstalten. Die Träumerin selbst war eine Therapeutin, die in diesem System arbeitete und sich verunsichert fühlte und ihre Stimme vor autoritativen Personen verlor, die nur von der männlichen Seite her sprachen, gleichgültig, ob es Männer oder Frauen waren. Sie fürchtete sich auch vor dem negativen Urteil von Frauen, symbolisiert in dem weiblichen Mentor ihrer Träume, und das kam zum Teil daher, daß ihre Mutter es nie fertig gebracht hatte, sie als Lesbierin zu akzeptieren. Doch letzten Endes war der frei herumlaufende Riesengorilla die Macht ihres eigenen inneren Biestes.
Um das Biest in den Griff zu bekommen, fertigte sie eine Gorillamaske an und tanzte die Wut heraus, die ihre Wut auf ihren Vater war, wenn er in seiner gewalttätigen Trunksucht das Biest herausließ; die Wut auf ihre Mutter, die sich damit abgefunden hatte und ihre Tochter zu einer Person machen wollte, die sie nicht war; die Wut auf ihre früheren Geliebten, weil sie ihr Biest

ausagiert hatten, und schließlich die Wut auf das Patriarchat, das in einer Gestalt namens »Mr. Tyrannis« symbolisiert war. Später kam sie in einer anderen phantasievollen Bewegung näher an das Biest heran und spürte seine Einsamkeit und Trauer. Sie empfand Zärtlichkeit und drückte in ihren Bewegungen sowohl das Biest als sich selbst aus. Als sie im Schatten des Fenstergitters tanzte, verschmolz ihr tanzender Schatten schließlich mit dem Schatten des Biestes hinter den Gitterstäben.

Die Arbeit an ihrem inwendigen Biest nahm Jahre in Anspruch, doch allmählich gelang es ihr, sich von ihren dunklen, possessiven Geliebten loszusagen. Dazu brauchte sie eine Zeitspanne, in der sie allein lebte und diese dunklen Kräfte in ihrem Selbst anerkannte. Ihr war, als sei sie in den Palast des Biestes gegangen, als sie mit ihren früheren Geliebten zusammenlebte, als hätte sie die Reichtümer dort entdeckt, aber erkannt, daß sie fortgehen mußte, um sich selbst zu finden. Nach einigen Jahren der Trennung und Arbeit an ihrem inneren Gorilla machte sie in ihrem Leben eine Wandlung durch. Sie gewann plötzlich mehr Zuversicht, verliebte sich in eine Person, die besser zu ihr paßte, und wurde selbstsicherer in ihrer Arbeit und in zwischenmenschlichen Beziehungen. Ihre Träume reflektierten dies. In einem Traum wanderte sie den Kamm eines grasbewachsenen grünen Hügels entlang (wo sie auch im wachen Leben mit Vorliebe ging), als sie plötzlich zu Fall kam und auf einen ebenen Platz in der Mitte herunterrollte. Sich von ihrem Sturz erholend, blickte sie auf und sah einen behaarten, zwergenhaften Mann, der sie wissend anblickte. Vielleicht war er eine Variante des »Wilden«; auf alle Fälle schien er ein Bergmann zu sein, der ein uraltes Wissen besaß. Danach hatte sie eine Reihe von Träumen über Tiere, die sie rettete, die sie verfolgten und denen sie gegenübertrat. Der bemerkenswerteste von ihnen war ein Traum von einem grimmigen Wolf.

Ich befand mich in einem Haus, als ich lauten Lärm hörte. Draußen war eine Herde von Huftieren, die ziellos herumlief. Ich fürchtete, daß sie in das Haus einbrechen würden, und so lief ich von ihnen weg. Ich merkte, daß sie in blindem Entsetzen so dahinrannten, weil ein riesiger Wolf sie verfolgte. Dann sah ich, daß der Wolf sich mir zuwandte, und in meinem Schrecken versuchte ich, vor ihm davonzulaufen. Doch bald liefen wir Hals an Hals. Dann aber schaute ich, während ich rannte, zu dem Wolf hin und sah ihm unmittelbar in die Augen. Er erwiderte meinen Blick und schien zu lächeln, und als mein Blick den seinen spiegelte, fühlte ich plötzlich, wie eine wilde Kraft in mir aufstieg. Nachdem wir diesen tiefen, seelenvollen Blick ausgetauscht hatten, liefen wir zusammen weiter.

Diese Frau, die ihr ganzes Leben lang vor dem Biest davongelaufen war, begann jetzt seine Macht zu spüren und es zu lieben. Jetzt war sie bereit für die innere Hochzeit von Schönheit und Biest, denn jetzt konnte sie es in ihrem Inneren lieben. Diese Liebe war eine Seelenliebe, eine göttliche Liebe, und erinnerte an die ersten Verse von Francis Thompsons Gedicht »Der Himmelshund«.

Ich floh ihn durch die Nächte und die Tage;
Ich floh ihn durch den Bogengang der Jahre,
Ich floh ihn auf labyrinthischen Wegen
meines Geistes; inmitten von Tränen
Verbarg ich mich und unter perlendem Lachen.
Ich raste Hoffnungen empor;
Und schoß, jäh stürzend,
Titanisches Dunkel abgründiger Ängste hinab,
Vor diesen starken Füßen, die mir ewig folgten.
Doch jagend ohne Eile,
Gelassen ruhigen Schritts,
Bewußter Schnelligkeit, erhabner Dringlichkeit,
Schlagen sie Takt – und eine Stimme,
Dringlicher als die Füße –
»Alle Dinge verraten dich, der du mich verrätst.«[12]

Verfolgt von der Macht der göttlichen Wildheit und nicht mehr auf der Flucht vor ihr, fühlte sie jetzt, daß diese Macht sich in ihrem Inneren mit ihrer Weiblichkeit vermählte.
Eine andere Frau, eine Künstlerin, die eine gute eheliche Beziehung hatte, aber darum rang, in der Außenwelt zu ihrer Kreativität zu stehen, träumte, daß sie einen Liebesakt mit einer schönen

weißen Robbe vollzog und daß beide ins Meer hinaus schwammen. Für die Träumerin war diese weiße Robbe wie eine Tiergottheit, eine mystische Muse voll anmutiger weiblicher Instinkthaftigkeit, die sie auf ihren schöpferischen Meerfahrten führen und begleiten würde. Diese Frau war zunächst in die Analyse gekommen, um Beziehungsprobleme in ihrer ersten Ehe aufzuarbeiten. Nachdem diese Arbeit geleistet war, konnte sie sich aus einer Ehe lösen, die auf der instinktiven Ebene nicht erfüllend war, und später heiratete sie einen Mann, der sowohl ihre Kreativität als auch ihre Weiblichkeit würdigte. Einige Jahre später kam sie noch einmal in die Analyse, um ihre Kreativität unmittelbar zu bearbeiten. Um diese Zeit malte sie Urnen, da diese, wie sie meinte, den rezeptiven Fluß des Weiblichen zeigten. Außerdem hatte sie die Möglichkeit, einen Roman zu veröffentlichen, der die Verwirrung einer Frau ausdrückte, die unter der strengen Herrschaft ihres Vaters, eines puritanischen Geistlichen, aufgewachsen war. Obwohl ihre schöpferische Arbeit frei aus ihrer weiblichen Mitte floß, fürchtete sie sich noch immer vor dem kritischen Urteil ihres Vaters und dem kulturellen Kollektivismus, der ihre weibliche Natur entwertete. Dieser Traum vom Liebesakt mit einem Meeresgeschöpf, der anmutigen, mysteriösen weißen Robbe, symbolisierte ihre Hochzeit mit dem göttlichen Weiblichen und bestätigte ihre Kreativität.

Für einen Mann kann die Geschichte von der Schönheit und dem Biest sogar noch aufschlußreicher sein. Männer in unserer Kultur sind entweder als »Biest« abgestempelt worden, oder sie wurden entmannt (d.h. das Biest wurde ihnen ausgetrieben). In dieser Geschichte ist das Biest auf der Suche nach seiner Seele. Er möchte eine Frau, die den Mut hat, freiwillig in sein Reich zu kommen, und die ihren Vater so liebt, daß sie aus freien Stücken diese Wahl trifft. Aber dieser Wunsch hat eine Bedingung: Er behält sich die Macht in dieser Beziehung vor, da er es ist, der die Bedingung stellt. Für viele Männer ist das Aufgeben von Kontrolle und Possessivität die größte Herausforderung, wie es das für Travis in *Paris, Texas* der Fall war. Ein solcher Mann will die Schönheit der Seele haben, aber er meint, der Weg dazu sei ein äußerlicher, indem er eine schöne junge Frau heiratet, die er dann besitzen will. Oft ist die schöne junge Frau, die er findet, selbst unsicher und auf der Suche nach einem Vater. So versucht er, diese Frau an sich zu binden, indem er sie finanziell oder emotional dominiert, und er ist oft in ständiger Angst, daß sie ihn verlassen wird. Dieses Muster tritt noch deutlicher in einer Beziehung zwischen einem älteren Mann und einer jüngeren Frau hervor, aber es ist häufig auch ein Bestandteil von Beziehungen, denen man dies nicht unbedingt ansieht.

Worum es eigentlich geht, ist, daß der Mann sich in Beziehung setzt zu seiner eigenen Seele. Wie in der Geschichte muß das Biest die Schönheit fortgehen lassen und sehen, ob sie aus freiem Willen zurückkommt. Dies bedeutet, daß er seiner Kontrolle entsagt und seine Verwundbarkeit preisgibt und dabei sogar den Tod riskiert wie das Biest. Das heißt, daß er eine rezeptive Rolle annimmt und das Weibliche in sich zuläßt. Innerlich symbolisiert die Schönheit als seine Seele das nichtpossessive Prinzip. Sie bittet nur um eine Rose, das Symbol der spirituellen Liebe. Wenn ein Mann seine innere Rose findet, bedeutet dies, daß er sanfter mit sich selbst umgeht, daß er die kontrollierenden Ansprüche sich selbst gegenüber losläßt und sich als Biest wie auch als Prinz annimmt. Darin liegt für den Mann ein Paradox: er muß imstande sein, die Seele gehen zu lassen, damit sie zu ihm zurückkehrt. Das kann heißen, daß er die Projektion eines Seelenbildes auf eine Frau und den Versuch, sie zu besitzen, losläßt.

Ein Mann träumte, daß er sich auf der Spitze eines alten Schloßturmes befand. In einem runden Bett auf einem Steinsockel lag unter einem großen weißen Seidenschleier der Leib einer Frau. Er dachte, sie sei tot. Im Turm flog ein weißer Vogel umher. Einige Nächte später hatte er denselben Traum, aber dieses Mal öffnete er das Fenster und ließ den weißen Vogel hinausfliegen. Zu seinem Erstaunen kehrte der weiße Vogel nach einer Weile zurück und flog wieder hinein. Als der Vogel zurückkam, wußte er, daß die Frau nicht tot war. Der Schleier lüftete sich geheimnisvoll, und da war die Frau – am Leben. Er setzte die tote Frau zum Verlust seiner Seele in Verbindung. Sein Versuch, den weißen Vogel im Turm festzuhalten, war sein Versuch, so meinte er, seine Geliebte zu besitzen, sie nie aus den Augen zu lassen. Er war eifersüchtig auf alle ihre Freundschaften und führte dieses Gefühl auf seine Kindheit zurück. Seine Mutter hatte viele Freunde, von denen viele sehr kreativ waren. Wenn sie ihm ihre Aufmerksamkeit entzog und sich diesen Freunden zuwandte, fühlte er sich verlassen, als ob er seine Seele, seinen Lebenssinn verloren hätte. Obwohl er ein Mann von hoher Intelligenz, von außergewöhnlich lebhafter Phantasie und großem schöpferischen Potential war, fühlte er sich minderwertig. Er fürchtete immer, daß irgendein Mann mit größerer Kreativität kommen und seine Mutter-Frau-Geliebte-innere-Weiblichkeit wegnehmen würde. So versuchte er, seine Geliebte festzuhalten, indem er sie durch seinen Zorn dominierte, wenn sie mit jemand anders ihre Zeit verbrachte. In dieser Hinsicht war er wie das Biest. In seinem inneren Palast besaß er alle magischen Räume der Kreativität, aber er projizierte sie auf seine Geliebte, die Künstlerin war. Als er den Traum hatte, war sie von einer Skulptur für eine Ausstellung ganz in Anspruch genommen, und so widmete sie ihre Zeit und Energie etwas anderem, obgleich sie nicht mit ihren Freunden beschäftigt war. Er wurde mit ihrem kreativen Prozeß konfrontiert und geriet in einen Konflikt von Gegensätzen. Zwar wollte er, daß sie schöpferisch tätig war, aber er wollte sie auch ganz für sich haben. Im Verlauf der Analyse und insbesondere durch diesen Traum sah er ein, daß er sie loslassen mußte, wenn er eine Beziehung zu ihr haben wollte, und daß er dadurch Zugang zur Verwirklichung seiner eigenen Kreativität bekommen würde. So wie das Biest die Schönheit gehen lassen mußte, um zu erfahren, ob sie ihn wirklich liebte, und sich in diesem Prozeß seiner Verwundbarkeit stellen und sogar den Tod an sich heranlassen mußte, so mußte dieser Mann der Frau unter dem Schleier und der Möglichkeit des Todes gegenübertreten, das Fenster seines Phantasieturmes öffnen und den Vogel hinausfliegen lassen. Und als das Fenster offen war, konnte der Vogel wieder hineinfliegen. Es war, als ob er seine Seele verlieren mußte, um sie zu gewinnen. Sobald er seine eigene schöpferische

Seele spürte, brauchte er nicht zu fürchten, daß er seine Geliebte verlieren würde – weder an ihre eigene Kreativität noch an ihre Freunde.

Wenn ein in Possessivität verstrickter Mann die Möglichkeit zuläßt, daß die Frau weggehen könnte, gesteht er ihr die Freiheit der Wahl als Individuum zu. In der Vergangenheit war der Mann gewöhnt, zu wählen und Entscheidungen zu treffen. Jetzt muß er zur Kenntnis nehmen, daß auch die Frau wählen kann, und darauf vertrauen, daß sie ihn wählen wird. Solange er nicht loslassen kann, wird seine possessive, kontrollierende Biest-Seite sich nicht in den Prinzen verwandeln. Loslassen heißt, sich einer Zurechtweisung zu öffnen und anzuerkennen, daß man nicht immer im Recht ist. Wenn das Biest die Schönheit schließlich gehen und freiwillig zurückkehren läßt, hat es sich dem Mysterium des Lebens und der Liebe mit Demut geöffnet.

Wenn ich die Geschichte von der Schönheit und dem Biest erzählte, wurde ich oft gefragt, wie sich das Biest vom dämonischen Geliebten unterscheidet, denn die beiden scheinen sich ähnlich zu sein. Das Biest kann Kreativität geben, aber der dämonische Geliebte saugt die Kreativität aus und tötet uns. Hier wird ein Unterschied spürbar! Das Biest vermag die Frau letzten Endes freizugeben; es läßt sie wählen. Es versucht nicht, sie zu seinem Ebenbild zu machen wie Dracula, der seine Frauen in Vampire verwandelt wie er selbst, sich von ihrer Lebensenergie nährt und sie zu seinen Sklavinnen macht. Wenn man mit dem Biest lebt, spürt man Liebe, Großzügigkeit, schöpferische Vitalität und spirituellen Glanz und hat teil daran. Das Biest bietet das Lebenselixier, während der dämonische Geliebte sich von der Energie des anderen nährt und ihn dem lebenden Tod der ruhelosen Verstorbenen überläßt.

Als ich über Schönheit und Biest schrieb, wurde mir klar, wie sehr dies die Geschichte der Hochzeit meiner eigenen Seele war, ein Pfad, dem ich auf dem Weg zur Hochzeit folgen mußte. Das Niederschreiben der Geschichte führte mich in das Herz des Waldes und tief in den Wald meines eigenen Herzens. Ich wünschte verzweifelt eine Beziehung, aber ich schien nie den

Mann zu finden, in den ich mich verlieben konnte. Eine Stimme sprach immer wieder dieselben Worte der Frustration, die ich von vielen meiner Freundinnen und Klientinnen hörte: »Männer sind unterentwickelt, nicht interessiert an Individuation; sie wollen nur geistlose, schöne junge Frauen, die sie dominieren können. Männer sind wie das Biest!« Das war auch die Stimme meiner Mutter, meiner Großmutter und der zornigen, mißtrauischen, eifersüchtigen Schwestern in meinem Inneren, der verwundeten Frau, die von ihrem Vater im Stich gelassen worden war und darunter gelitten hatte, sowie unter seinem eigenen verzauberten und eingesperrten Biest, das sich nie in die noble Macht verwandelte, zu der es befähigt war. Als ich erkannte, daß mein Vater verwundet war, daß er von mir erlöst werden mußte, unternahm ich meine erste Reise in die Wälder, wo das Biest herrschte, und begegnete dort auch dem Biest in mir selbst. Als ich mich mit dem Biest meines Vaters auseinandersetzte, mußte ich auch mein eigenes erfahren und erlösen, und dies führte mich erstaunlicherweise dazu, eine neue Anschauung von meinem weiblichen Geist zu gewinnen. Es war, als hätte die Psyche um die Rose gebeten, die der Vater im Garten des Biestes fand, ohne daß mir bewußt wurde, daß ich um diese Rose gebeten hatte oder was sie kosten würde.

Die Niederschrift von *Töchter und Väter* war meine erste Reise in das Reich des Biestes. Wie Schönheit mußte ich die Reise in den Wald zum Palast des Biestes auf mich nehmen, um meinen inneren Vater zu erlösen, dessen schönes Biest verzaubert war, um die Urpotenz des Prinzen zu befreien und den instinkthaften Mann mit Herz in meinem Inneren zu finden. Diese Reise war nicht nur die meinige, stellte ich fest, sondern auch eine psychische Reise anderer Frauen. Nach diesem schweren Weg fand ich einen neuen Mittelpunkt, ein Zentrum der Rose, eine Knospe, die ihre Blütenblätter öffnen und beginnen konnte, die Wärme der Liebe zu empfangen. Und so konnte ich wunderbarerweise dem Mann mit Herz begegnen, der jetzt plötzlich hier war und darauf wartete zu heiraten. Hier in dieser Beziehung lag ein tiefes Potential einer echten Heirat von Schönheit und Biest. Der

Mann, dem ich begegnete, war ein Mann von Tiefe und Kreativität, ein introvertierter und phantasiebegabter Mann, der die Seele des Biestes in den Wäldern kannte, der pfauchen und knurren, aber auch die Musik der Liebe spielen konnte. In unserem ersten gemeinsamen Jahr lebten wir sogar in einem rosenbedeckten Gutshaus, einem magischen Ort im Herzen der Redwoods, einem Haus, in dem es viele Räume zum Phantasieren gab. Aber ich fürchtete mich oft vor diesem dunklen, geheimnisvollen, geräumigen Haus tief im Walde. Denn ich hatte immer noch die Angst der Schönheit vor dem Biest, die Angst vor seiner Wut und maskulinen Urkraft, die Angst, daß meine Freiheit verlorengehen würde. In dieser Beziehung mußte ich jetzt lernen, die Macht meines inneren Biestes bewußt anzuwenden, die Macht der Selbstbehauptung, die früher sowohl in meinem Vater als auch in mir verlorengegangen war. Um der äußeren Hochzeit unserer potentiellen Ehe und der inneren Hochzeit mit dem Göttlichen willen mußte ich dem Biest gegenübertreten, es lieben und heiraten, damit die heilige Vereinigung mit dem göttlichen Prinzen stattfinden konnte. Die Macht meines inneren Biestes anzuwenden hieß, daß ich lernte, innerhalb der Beziehung eine Trennung zu vollziehen, um meine weibliche Mitte und meine Freiheit zu bewahren, ohne zu fliehen, so daß wir uns gegenseitig an unserem heiligen Raum teilnehmen lassen konnten. Während dieser Zeit hatte ich eine Reihe von Träumen, in denen geheimnisvolle Frauen den Liebesakt mit mir vollzogen, und diese Träume symbolisierten für mich die heilige Hochzeit mit meiner weiblichen Seele. Ich hatte außerdem einen Traum, in dem mein Vater mir die Konjugation des lateinischen Wortes für »lieben«, *amare,* beibrachte. Auch mein Geliebter machte seine Lehrzeit der Liebe durch – er mußte lernen, seiner »Schönheit« zu vertrauen und sie freizugeben. Er mußte lernen, daß er seine Seele nicht in einer Frau kontrollieren oder besitzen konnte, sondern daß sie ihr eigenes Leben, ihre Zeit und Bewegung hat, und diesem Leben gegenüber mußte er offen und sanft sein, damit er es empfangen konnte. Während dieser Zeit träumte er von einem großen, schönen Kreis, der in Vierecke unterteilt war.

Zwei der Vierecke fehlten jedoch. Die fehlenden Vierecke stellten für ihn die Teile unserer Beziehung dar, in denen wir uns bekriegten. Im Traum erkannte er, daß wir gemeinsam darum kämpfen sollten, um den Kreis unserer Liebesbeziehung zu schließen, statt daß er gegen mich kämpfte.

In uns allen müssen Schönheit und Biest sich begegnen und ihre heilige Hochzeit halten. Im Märchen geschieht dies, als Schönheit und Biest ihrer Sterblichkeit ins Auge sehen: als das Biest bereit ist, verwundbar zu sein und das Risiko des Todes auf sich zu nehmen; als Schönheit gewillt ist zu sterben, um sein Leben zu retten. Eine innere Hochzeit führt uns dahin, daß wir unsere Sterblichkeit und damit die höheren Mächte von Leben und Tod annehmen können. Eine Hochzeit in der Welt, die über die äußere Erscheinung hinausgeht, stellt jeden Partner seinem oder ihrem Tod gegenüber, denn es erfordert den Verzicht auf Ichbedürfnisse und -wünsche, um die höheren Mächte der Seelenbeziehung zu erfahren.

Letztlich verkörpern Schönheit und Biest eine Vermählung des Menschlichen und Tierischen, ein vom göttlichen Geheimnis in uns gesegneter Hochzeitsruf (Berufung). Die Hochzeit vereint die dunkle männliche Seele des Biestes und den weiblichen Geist der Schönheit. Auf dieser Hochzeit tanzen diese beiden miteinander. Sie legen sich gegenseitig ein Gelübde ab, und dieses Gelübde ist ein Tanz in dem geheimnisvollen Kreislauf von Leben, Tod und Liebe.

Dritter Teil: Das Wundern

Ein Gott vermags. Wie aber, sag mir, soll
ein Mann ihm folgen durch die schmale Leier?
Sein Sinn ist Zwiespalt. An der Kreuzung zweier
Herzwege steht kein Tempel für Apoll.

Gesang, wie du ihn lehrst, ist nicht Begehr,
nicht Werbung um ein endlich noch Erreichtes;
Gesang ist Dasein. Für den Gott ein Leichtes.
Wann aber *sind* wir? Und wann wendet *er*

an unser Sein die Erde und die Sterne?
Dies *ists* nicht, Jüngling, daß du liebst, wenn auch
die Stimme dann den Mund dir aufstößt, – lerne

vergessen, daß du aufsangst. Das verrinnt.
In Wahrheit singen, ist ein andrer Hauch.
Ein Hauch um nichts. Ein Wehn im Gott. Ein Wind.

Rainer Maria Rilke
Sonette an Orpheus

10 Die göttliche Hochzeit

Nur wer die Leier schon hob
auch unter Schatten,
darf das unendliche Lob
ahnend erstatten.

Nur wer mit Toten vom Mohn
aß, von dem ihren,
wird nicht den leisesten Ton
wieder verlieren.

Mag auch die Spieglung im Teich
oft uns verschwimmen:
Wisse das Bild.

Erst in dem Doppelbereich
werden die Stimmen
ewig und mild.

Rainer Maria Rilke
Sonette an Orpheus

Der Mann oder die Frau, die einen Seelengefährten sucht, ist auf der Suche nach dem Göttlichen und hält oft Ausschau danach in einer konkreten Person, die Göttlichkeit im Inneren hat. Aber der menschliche Geliebte wie auch der Liebende, ist ebenfalls endlich, lebt im Bereich des Gewöhnlichen und muß daher letztlich enttäuschen, wenn er mit der Vision der göttlichen Liebe verglichen wird. Deshalb muß die romantische Liebe im »Liebestod« enden wie in *Tristan und Isolde,* im *Fliegenden Holländer* und in *Schwanensee.* Nur im Reich des Ewigen jenseits des gewöhnlichen Lebens kann diese reine romantische Vision erreicht werden. In der alltäglichen Welt mit einer konkreten Person kann eine solche reine Liebe nicht Bestand haben. Die Ernüchterung ist unvermeidlich.

Doch die Vision der reinen Liebe der Romantik, die zwar –

wörtlich genommen – symbolisch für eine den Tod annehmende göttliche Liebe ist, beruht auf einer dualistischen Auffassung von Leben und Liebe, ebenso wie ihr Gegenteil: die »rein« praktische Einstellung, die die mystische Sehnsucht und das Mysterium ablehnt, weil es nicht vollkommen zu beherrschen und zu erreichen ist. Dieser praktische Begriff von Liebe und Leben führt zum Materialismus, zu einer banalen, leblosen Existenz, die ihre primitive, vitale Lebenskraft verausgabt hat. Dieser Dualismus – die Spaltung zwischen dem Endlichen und dem Unendlichen, dem Zeitlichen und Ewigen, dem Äußeren und Inneren, Materie und Geist – wurde von den Existenzphilosophen Nietzsche, Kierkegaard und Heidegger in Frage gestellt.

Auf meiner eigenen Suche nach dem Seelengefährten machte ich mir die leidenschaftliche Sehnsucht der deutschen Romantiker zu eigen. Auch ich trank wie Tristan und Isolde den »Liebestrank«. Ich geriet unter die Verzauberung des Weines – eines Tranks, der mich erstmals zu der ekstatischen Sehnsucht nach einer Liebe führte, die sich wie auf Flügeln emporschwingt, der Verheißung totaler Vereinigung – ein Trank, der später zum Gift für mich wurde und mein Leben bedrohte. Auf der physischen Ebene litt ich unter Alkoholkrankheit, die schon meinen Vater und meine Großväter heimgesucht hatte. Auf der emotionalen Ebene litt ich unter einem Dualismus, der Leben und Liebe vom Tod abspaltete, der immer den Bereich des Ewigen suchte und dem Gewöhnlichen aus dem Wege ging. Als die physische Komponente meiner Krankheit mein Leben so intensiv bedrohte, daß ich wußte, daß ich sterben würde, wenn ich dem Liebestrank des Weines, der jetzt mein mächtigster Schattengeliebter war, nicht entsagte, war ich gezwungen, Leben, Liebe und Tod auf neue Weise zu betrachten. Obwoh ich nie aufhörte, an eine höhere Macht zu glauben, verkehrte sich meine Sehnsucht nach dem für mich unerreichbaren Gott in Wut, eine Wut, die jetzt vom dämonischen Geliebten gelenkt wurde. Denn das Mysterium des Schattengeliebten war von der Macht des Fürsten der Finsternis verzehrt worden. Bis ich diese Wut lange genug durchlebte und den dämonischen Geliebten erkannte, der mir wie Dracula mein

Lebensblut und meine Liebe aussaugte und mich zu einem Vampir machte, wie er es selbst war, bekämpfte ich das Geheimnis des Lebens mit meinem alten, kontrollierenden Dualismus, der Liebe und Mysterium objektivierte, indem er sie von der Endlichkeit und der Bedingtheit des Irdischen abspaltete. Obwohl ich mich philosophisch zu einer Anschauung bekannte, die das Leben in der Spannung des Doppelbereichs von Menschlichem und Göttlichem anerkannte, obwohl die Worte Heideggers, Jungs und Rilkes mir Einsicht und Trost vermittelten, gehörten mein gefesselter Wille und meine Leidenschaften dem Dämon des Dualismus an.

Schließlich mußte ich durch meine qualvollen Jahre der Sehnsucht lernen, daß Liebe nicht wörtlich zu nehmen war; daß Liebe nicht für immer im Geliebten als einem Objekt zu finden war. Liebe war kein Eigentum, das ich besitzen konnte. Ich erfuhr, daß es im Herzen der Liebe einen dunklen, abgründigen Tod gibt, durch den ich hinabsteigen mußte, bevor ich einer Liebe begegnen konnte, die nicht Macht war, bevor ich einer Liebe begegnen konnte, die heil und heilig war. Für mich bedeutete dies den Verzicht auf meine besonderen Varianten der Liebe, meine inneren Hindernisse – den Schattengeliebten, der mich, wörtlich genommen, nicht zur Seele, sondern zu einer unerreichbaren Liebe führte, und den dämonischen Geliebten, der meine Seele gefesselt hatte und mein Lebensblut aussaugte, indem er mich in dem unechten Dasein der ruhelosen Verstorbenen von der Liebe wie vom Tod fernhielt. Trotz meiner Kenntnisse in Philosophie und der Jungschen Tiefenpsychologie brauchte ich Jahre, bis ich diese existentielle Wahrheit sozusagen bis ins Mark akzeptieren konnte. Und sogar jetzt noch muß ich die Liebe täglich neu lernen; jeden Tag muß ich das Gelübde gegenüber der Wahrheit des Daseins erneuern.

Diese vierzehn Jahre der Einsamkeit, als ich den Schleier der Tränen trug und den tiefen Abstieg in die dunklen, schauerlichen Höhlen meines Wesens auf mich nahm, waren auch die Jahre, in denen ich die Liebe lernte. Diese schweren Jahre machten es mir möglich, die Liebe zu schätzen und den Kampf, den sie mich kosten würde, als einen Wert zu betrachten. Ich lernte, daß ich um die Liebe kämpfen mußte, daß ich im Reich der Liebe eine Kriegerin war und wie Brünnhilde den Ring der possessiven Macht täglich der Natur zurückerstatten mußte als erlösendes Opfer für die Liebe des Mitleids. Dies erforderte, daß ich täglich die Machtwünsche meines Ich, die durch den Geliebten jene reine Liebe besitzen wollten, opferte und die stürmischen Kämpfe mit meinem Geliebten als Teil der Ganzheit der Liebe annahm. Ich mußte lernen, meine Sehnsucht nach der göttlichen Liebe gelten zu lassen und gleichzeitig auf das Ideal einer totalen Verwirklichung in dieser einen endlichen Person, die ich liebte, zu verzichten. Schließlich begriff ich, daß ich vom Geliebten nicht Liebe »bekommen« konnte, sondern wir konnten nur *gemeinsam* die Liebe finden. Zusammen konnten wir, in den Geheimnissen lebend, die Liebe lernen. Es gibt Zeiten des Kampfes in dieser Liebe, Zeiten der Langeweile, Zeiten des dunklen Abstiegs und wundersame, beschwingte Zeiten der Inspiration und Ekstase. Zusammen sind wir nun unterwegs mit unserer heiligen Sehnsucht, staunend auf der Wanderschaft, in einer Kreisspirale, die sich immer gleichzeitig abwärts und aufwärts dreht und den ruhenden Punkt in der Mitte unseres Wesens umkreist.

Dieses Staunen, das tägliche Leben in der Spannung von Gegensätzen, ein authentisches Leben, das dem Mysterium des Daseins mit Ehrfurcht begegnet und ihm Ehre erweist, ist für uns beide der Weg zur Hochzeit. Denn letztlich gründet die Hochzeit, die wir miteinander feiern, in der Vermählung mit dem Göttlichen. Wir menschlichen Liebenden müssen in der großen transzendenten Liebe des Erbarmens gegründet sein. Vermählung ist eine Vereinigung zweier unterschiedlicher Wesen in einer heiligen Suche nach dem Sinn des Lebens. Jede Seelenhochzeit stellt uns vor das Sein, vor den Grund der Seele. Diese Seelenhochzeit, diese innere Vermählung, die königliche oder göttliche Hochzeit, ist für C. G. Jung ein Symbol des Individuationsprozesses, der in dieser Hochzeit gipfelt. Sie ist ein Symbol höchster und letzter Einigung, die »das Werk zu seiner endgültigen Vollendung bringen und durch die Liebe das Widerstrebende binden soll, denn ›Liebe ist stärker als der Tod.‹«[1] Letztlich stellt die göttliche Hochzeit die Vereinigung von Gegensätzen durch die Liebe dar; sie ist ein Archetyp, der sich in den meisten Kulturen, Religionen, Märchen und Mythen sowie in Träumen findet.

Ein Mann träumte am Anfang seiner Analyse, daß er zur Hochzeit des Königs und der Königin eingeladen sei. Das königliche Paar war da und das ganze Gefolge in großem Staat. Als er aber seine Kleider ansah, merkte er, daß er ein paar alte Jeans trug, und kam sich deplaziert vor. Als er erwachte, wurde ihm klar, daß er für die göttliche Hochzeit nicht vorbereitet war und daß er noch sehr an sich arbeiten mußte, bevor er diesem sakralen Ereignis beiwohnen konnte. Eine Frau träumte, daß sie bei der königlichen Hochzeit anwesend war und dem König und der Königin sogar half, die Zeremonie zu proben, aber da merkte sie, daß ihr Körper von Würmern strotzte. Sie stand noch im Prozeß des Leidens, in der dunklen *nigredo* des alchimistischen Wandlungsprozesses, und trug den Schleier in Bereitschaft für das Gelübde ihres Jaworts. Sie litt noch, aber sie war jetzt imstande, das goldene Licht der königlichen Hochzeit der Gegensätze in ihrem Inneren zu sehen.

Die göttliche Paarung, die mystische Ehe, ist laut C. G. Jung ein vorgegebenes Bild, ein Archetyp, der unserer menschlichen Existenz zutiefst innewohnt. Es ist diese Vision, die die heilige Reise der Seele zum Göttlichen anregt. Und obwohl wir sehr oft die göttliche Hochzeit als ein Mysterium projizieren, das außerhalb unser selbst zu finden ist, stellen wir letzten Endes fest, daß der Tanz der göttlichen Vermählung eine innere Hochzeit ist.

Der Schleier, das Gelübde und der Ring sind symbolische Elemente der inneren und äußeren Hochzeit. Bei Hochzeitszeremonien ist der Schleier ein traditionelles Symbol. Ursprünglich war die Braut verschleiert, um sie vor bösen Kräften zu schützen, damit sie für den Vollzug der Ehe ihre Reinheit bewahre. Mit der Zeit wurde der Schleier zu einem Symbol für Treue, ein Zeichen der Hingabe an den heiligen Stand der Ehe. So wie »den Schleier zu nehmen« für eine Nonne ein sakramentales Symbol der

Hingabe an das religiöse Leben ist, so symbolisiert der Schleier in einer Trauungszeremonie die unverbrüchliche Treue gegenüber der sakralen Ehe. Durch seine Assoziation mit dem Sakralen trennt der Schleier die Braut von den äußeren profanen Einflüssen.[2] Wenn eine Frau einen Schleier trägt, wird ihr Blick von den Ablenkungen der äußerlichen, kollektiven Welt beschirmt und wendet sich nach innen. Der Schleier stellt die Zeit des Nach-innen-Lebens dar, den Teil der Reise, den man allein, oft unter Qualen, zurücklegt. Oft ist der Schleier auch ein Tränenschleier. Einer Frau kam am Beginn ihrer Reise zur Selbstfindung spontan das Bild, daß sie einen Schleier trug wie eine Mohammedanerin. Jetzt erkannte sie einen symbolischen Sinn in einem Brauch, den sie früher für barbarisch gehalten hatte. Sie spürte, daß sie den Schutz des Schleiers für die lange, empfindliche Zeit brauchte, in die sie jetzt eintrat. Die Zeit des Schleiers ist eine Zeit, in der man dem Selbst ein Gelübde ablegt, dem schöpferischen Prozeß der eigenen, einmaligen Lebensreise auf dieser Erde. Es ist eine Zeit der Vertiefung, der Seelenarbeit, der nach innen gelenkten Energie.

Diese Zeit des Empfangens spiegelt sich in dem Märchen vom Mädchen ohne Hände, das von ihrem leichtsinnigen Vater dem Teufel ausgeliefert wurde und sich vor ihm durch ihren Tränenschleier schützt. Denn der Teufel kann von der Person, die sich durch dieses heilige Wasser geläutert hat, nicht Besitz ergreifen. Als er vergeblich versuchte, sie in Besitz zu nehmen, schnitt er ihr jedoch die Hände ab. Als sie ihren Vater verläßt und ohne Hände in den Wald zieht, wird sie von den Engeln beschützt und ernährt, bis der König des Landes sie entdeckt, sich in sie verliebt und ihr vorläufige Hände aus Silber machen läßt. Die beiden halten Hochzeit, aber dann zerstört der Krieg das Land, und die beiden werden getrennt, als der König in den Kampf ziehen muß. Wiederum mischt sich der Teufel ein. Voll Haß gegen die Frau, die er nicht in Besitz nehmen konnte, übermittelt er dem König die Lügenbotschaft, daß seine Gemahlin ihn betrüge und getötet werden sollte. Als der König schließlich sein Vertrauen zu ihr verliert, gibt er der Forderung des Teufels nach und trägt seiner

Mutter auf, seine Gemahlin zu töten. Aber die Mutter kennt in ihrem Herzen die Reinheit des Mädchens ohne Hände und beschützt sie, indem sie sie in den Wald schickt, wo sie warten und ihr Kind gebären kann. Das Mädchen ohne Hände wartet in der Einsamkeit, wiederum mit dem Schleier des Leides, und bringt einen Sohn zur Welt, der den Namen Schmerzenreich erhält. Als der Krieg zu Ende ist und der König heimkehrt, erkennt er, daß er vom Teufel getäuscht worden war, und nun geht auch er sieben Jahre auf Wanderschaft und trägt den Schleier. Als die beiden sich eines Tages auf einer Waldlichtung begegnen, sieht die Frau, deren Hände während ihrer Wartezeit unter dem Schleier auf natürliche Weise nachgewachsen waren, daß jetzt auch er die Bedeutung des Schleiers kennt und dem Geheimnis zwischen ihnen Ehre erweist. Als der König seinen Schleier schließlich lüftet und die treue, standhafte Liebe seiner Gemahlin und das Kind ihrer Verbindung, »Schmerzenreich«, erkennt, werden die beiden wieder vereinigt und halten ein zweites Mal Hochzeit, eine göttliche Hochzeit zur Feier ihrer Liebe, Standhaftigkeit und Treue.

Wie in diesem Märchen beschützt uns der Schleier und gewährt uns die heilige Zeit, damit wir der treuen und beständigen Liebe unser Gelübde ablegen können. Wenn wir den Schleier tragen, richten wir den Blick auf das innere Geheimnis und sind vor den Augen derer verschleiert, die uns betrachten, vor dem Beobachter, der unsere Identität objektivieren möchte. Und weil er das Gesicht der Braut nicht sehen kann, wird auch der Bräutigam dazu gedrängt, nach innen zu gehen, hin zum Geheimnis seiner eigenen Seele. Der Schleier ist ein Ausdruck des Geheimnisses, das sowohl für die Braut wie für den Bräutigam der Hochzeit innewohnt. Als Symbol des Unbekannten betont der Schleier das Geheimnis des anderen, dem man das Gelübde ablegt.

In der äußeren Hochzeit bewahrt der Schleier das Geheimnis der Braut für sich selbst und für den Bräutigam. Das Tragen des Schleiers lenkt den Blick der Person, die ihn trägt, nach innen und spart eine Zeit der Einkehr aus. Es symbolisiert die geheiligte Zeit der Innenschau, während wir die innere Arbeit der Individuation, der Vereinigung der Gegensätze, in uns vollziehen. Dies ist die innere Hochzeit, die uns auf die äußere Hochzeit mit der Seelenarbeit in der Welt vorbereitet, sei es in einer Ehe (die Liebenden), einem gottgeweihten Leben (der Heilige), in politischer Aktion (der Held) oder in einem schöpferischen Beitrag zur menschlichen Kultur (der Wissenschaftler und Künstler). Der Schleier symbolisiert das Geheimnis der inneren Hochzeit, die Zeit des Aufbruchs in die innersten Mysterien von Leben, Liebe und Tod. Der Schleier ist die Zeit der Vorbereitung für das Gelübde.

Das Gelübde ist der Teil der Hochzeit, der ihren das Individuum transzendierenden Sinn aktiv bestätigt. Das Gelübde gilt dem anderen, sei es Gott, ein Geliebter, ein Kind oder die Arbeit in der Welt. Dieses Gelübde dem anderen gegenüber ist ein wichtiger Bestandteil der Individuation, der wesentlich ist für die Ganzheit. Jung drückt die Notwendigkeit dieses Gelübdes auf folgende Weise aus:

> Der unbezogene Mensch hat keine Ganzheit, denn er erreicht diese nur durch die Seele, die ihrerseits nicht sein kann ohne ihre andere Seite, welche sich stets im »Du« findet. Die Ganzheit besteht aus der Zusammensetzung von Ich und Du, welche als Teile einer transzendenten Einheit erscheinen, deren Wesen nur noch symbolisch erfaßt werden kann, z. B. durch das Symbol des Runden, der Rose, des Rades oder der coniunctio Solis et Lunae.[3]

Das Gelübde ist ein Ja zur Beziehung und letztlich zur menschlichen Sehnsucht nach transzendenter Ganzheit. Dieses Gelübde wird oft mit Furcht und Zittern abgelegt, denn wir wissen nicht, wo das geheimnisvolle andere uns hinführen wird. Deshalb ist Angst unweigerlich die Stimmung vor der Hochzeit. Ein Mann sagte mir, daß er nur ein einziges Mal im Leben einen Anfall von Angst erlebt hätte, und zwar unmittelbar vor seiner Hochzeit. Plötzlich stürzte er ohne Vorwarnung in eine namenlose Angst, die ihn erschauern machte. Eine Frau, die vor ihrer Hochzeit stand, hatte plötzlich einen Traum nach dem anderen, in denen sie vor Verfolgern floh, die sie einfangen wollten. Die Angst ihrer Träume entsprach der Angst in ihrem wachen Leben – hatte sie die rechte Wahl getroffen? Für mich war die Zeit vor dem Gelübde eine Zeit von Furcht und Zittern. Ich fürchtete, ich würde die Freiheit und Unabhängigkeit verlieren, um die ich in den vier Jahrzehnten meines Lebens so verzweifelt gekämpft hatte. Angst vor einer Seelenhochzeit, sei es eine innere oder eine äußere, ist natürlich, weil sie den Tod der Ich-Kontrolle bedeutet und das Gelübde gegenüber dem größeren Mysterium der Liebe und des Lebens ermöglicht.

Angst ist die Stimmung, die in unser kontrollierendes Ich einbricht und die starren, statischen Wege, mit denen wir laut Heidegger so oft unser Leben vergeuden, aufbricht. Nach Heideggers Auffassung leben die Menschen in einem Doppelbereich. Sie sind einerseits Geschöpfe der praktischen Welt, in der sie lernen müssen, ihre Umgebung und ihr Leben zu kontrollieren, um zu überleben. Die Technik und ein Großteil des Fortschritts gründen auf diesem Aspekt des Daseins. Doch die Menschen gehören auch einem größeren Ganzen an – der Ganzheit des Seins, die über Kontrolle hinausgeht und sich der rationalen Erklärung entzieht. Obwohl wir diesem größeren Geheimnis begegnen, insbesondere in der Erfahrung von Liebe und Tod, auf die wir zugehen, sobald wir geboren sind, finden die meisten Menschen es leichter und sicherer, dem Weg der Kontrolle zu folgen, der schnelle und unmittelbare Resultate zeitigt und scheinbare Sicherheit bietet. Deshalb optieren viele von uns für die praktische Ehe und wehren den göttlichen Blitz einer Seelenhochzeit ab. Angst ist die Stimmung, durch die der göttliche Blitz der Liebe einschlägt, unsere kontrollierenden und zupackenden Hände öffnet, damit sie die sublimen, jedoch unerklärlichen Offenbarungen des Seinsmysteriums empfangen können, und so das Annehmen des Todes fordert, die Bereitschaft, den alten Wegen und Formulierungen zu sterben, die Bereitschaft in der Liebe (wie wir im Märchen von der »Schönheit und dem Biest« gesehen haben), für den anderen zu sterben. Dies ist der Ursprung der Angst, der Furcht und des Zitterns, das wir vor dem Gelübde erleben.

Laut Heidegger ist Rilke ein Dichter, der klar erkannt hat, daß die Armut unserer Zeit daher kommt, daß wir die Zusammengehörigkeit von Tod, Schmerz und Liebe nicht annehmen. Bezug nehmend auf Rilkes poetischen Ausdruck des Geheimnisses des Schleiers und des Gelübdes in den *Duineser Elegien* und den *Sonetten an Orpheus* sagt Heidegger:

Unterwegs erfährt Rilke das Dürftige der Zeit deutlicher. Dürftig bleibt die Zeit nicht nur, weil Gott tot ist, sondern weil die Sterblichen sogar ihr eigenes Sterbliches kaum kennen und vermögen. Noch sind die Sterblichen nicht im Eigentum ihres Wesens. Der Tod entzieht sich in das Rätselhafte. Das Geheimnis des Schmerzes bleibt verhüllt. Die Liebe ist nicht gelernt . . . Dürftig ist die Zeit, weil ihr die Unverborgenheit des Wesens von Schmerz, Tod und Liebe fehlt. Dürftig ist dieses Dürftige selbst, weil der Wesensbereich sicht entzieht, in dem Schmerz und Tod und Liebe zusammengehören.[4]

Der Dualismus, der mich daran hinderte, mein Gelübde der göttlichen Hochzeit gegenüber abzulegen, mich zum Leben und zur Liebe zu bekennen, war so, wie Heidegger ihn schildert. Aber ich hatte mich nicht für die praktische Welt entschieden. In meiner reinen, romantischen Vision hatte ich Liebe und Tod so sehr idealisiert, daß ich sie verabsolutierte und meinte, ihre Vereinigung sei nur im Reich des Ewigen möglich (wie im Liebestod des Fliegenden Holländers und Tristans und Isoldes). Indem ich das Romantische im Mysterium suchte, hatte ich das Mysterium verabsolutiert und verlor es dadurch, daß ich den schweren Weg des Lebens in der Spannung des Doppelbereichs verlor. Ich hatte den Schmerz von der Liebe und vom Tod getrennt. Meine Lehrzeit in der Liebe erforderte, daß ich im Kampf der Gegensätze lebte und ihn durchlitt. Und dann erkannte ich mit der Zeit den »Tanz« beider Gelübde.

In einer Seelenhochzeit gibt es zwei Gelübde: das konkrete Gelübde dem anderen und das existentielle Gelübde dem Leben gegenüber. Die beiden Gelübde müssen ineinander ruhen und in Harmonie miteinander tanzen. Ohne das existentielle Gelübde dem Geheimnis des Lebens und der Liebe gegenüber hat das persönliche Gelübde keinen geheiligten Raum, in dem es ruhen und sich bewegen kann. Ohne das persönliche, spezifische Gelübde dem anderen gegenüber hat das existentielle Gelübde wiederum keinen spezifischen Grund oder Ort, an dem es wachsen kann. Es wird unbestimmt und wurzellos, und das Mysterium suchend, objektiviert es dieses oft und verliert es statt dessen. Das konkrete Gelübde ist das Medium, durch welches das existentielle Gelübde abgelegt wird. Für manche ist das Medium die Beziehung zu einer anderen Person; für andere betrifft das konkrete Gelübde hauptsächlich das Medium ihrer Arbeit in der Welt; für manche kann es eine spirituelle Gemeinschaft oder eine spirituelle Meditationspraxis sein. Der Mantras rezitierende buddhistische Mönch, das Paar, das sich gegenseitig sein Leben und seine Liebe weiht, der Künstler, dessen Gelübde sich ständig in einem Gemälde oder einem Gedicht ausdrückt, der Mensch, der durch seine hingebungsvolle Arbeit und sein Tun zum sozialen Wachstum beiträgt – alle bestätigen je auf ihre Weise das Gelübde gegenüber dem Dasein.

In einem Workshop, den ich vor kurzem leitete, teilten wir uns gegenseitig Bilder des existentiellen Gelübdes in Hochzeitsträumen mit. Aus diesen Träumen geht hervor, wie wichtig es ist, sich auf die Seelenreise einzulassen und bei diesem Ja zu bleiben. Eine Frau hatte geträumt, daß sie erkannte, als sie zu ihrer Hochzeit kam, daß die äußere Hochzeit nicht das Entscheidende war, sondern das Ja zur Reise ihrer Seele. Eine andere Frau, die eben eine Hochzeit mit ihrer lesbischen Geliebten gefeiert hatte, hatte eine ekstatische Traumvision, in der der Himmel eine Überfülle strahlender, überschwenglicher Farben war wie in einem Gemälde von Chagall, und alles war in dem Bild eines gewebten Fadens geeint, der für sie die existentielle Kontinuität und Einheit ihres göttlichen Liebesversprechens symbolisierte.

In feudalistischen Zeiten leistete die schwächere Person der stärkeren einen Eid, um beschützt zu werden: der Leibeigene seinem Lehensherrn, dieser dem König und dieser Gott gegenüber. Der Eid bestätigte die eigene Machtlosigkeit und das

Vertrauen, daß der andere seine Macht weise und rechtens gebrauchen würde. Obwohl in unserer Zeit die ökonomischen und gesellschaftlichen Umstände andere sind, liegt im Eid immer noch eine Bestätigung der Verwundbarkeit und Demut gegenüber der höheren Macht des Geheimnisses des anderen und der Seelenbeziehung. Bei einer Hochzeit empfindet jede Person Demut vor dem Mysterium der Hochzeit, vor der Vereinigung zweier eigenständiger Wesen. Aber durch diese Demut nimmt jeder am Mysterium teil und wird stärker. Den Eid zu leisten, heißt nicht, daß man seine Mitte aufgibt. Ein Eid ist nur dann echt, wenn er aus der Wesensmitte kommt, und er stärkt, beschützt und bestätigt diese Mitte.

Manchmal setzen wir das Gelübde herab, weil wir äußerlichere Aspekte im Blick haben, die vergänglich sind. Einige Männer in einem Workshop kritisierten Gelübde, die auf wandelbaren Gefühlen oder nur auf dem Gesetz beruhten. Denn solchen Gelübden fehlt das Herz des Mysteriums, und wir befinden uns wieder allein in dem praktischen, vergänglichen Bereich. Ein anderer Mann erwiderte, indem er auf die Notwendigkeit des inneren Gelübdes der Seele gegenüber hinwies, sowohl für ein sinnvolles individuelles Leben als für eine Gemeinschaft. Wie er sagte, würden wir ohne das Gelübde ein Leben ohne Bindung und eine vom »Schelm« beherrschte bindungslose Gesellschaft haben. Der Verzicht auf vergängliche Ich-Wünsche ist wesentlich für das Gelübde, und dies erfordert ein Bekenntnis zu sich selbst im Angesicht des Todes. Dadurch werden wir mit der Disziplin des Gelübdes konfrontiert.

Die Disziplin des Gelübdes bedeutet eine tägliche Erneuerung in unserem menschlichen Leben. Ein frischverheiratetes Paar sagte mir, daß beide nach ihrer Hochzeit unabhängig voneinander sich wiederholende Träume mit demselben Motiv hatten. In diesen Träumen mußten sie die Trauungszeremonie noch einmal durchmachen, obwohl sie bereits verheiratet waren. Beide Partner waren der Ansicht, daß diese Träume sie an die Notwendigkeit erinnerten, ihr Hochzeitsgelübde jeden Tag zu erneuern. Jemand anders sagte mir, daß er sein Gelübde seiner Frau gegenüber

täglich erneuern mußte. Er tat es, indem er sich seinen dunklen Phantasien des Zorns, der Eifersucht und Possessivität stellte und versuchte, sie zu verwandeln, statt ihr Sklave zu sein. Durch seine tägliche Arbeit an sich selbst war er imstande, seine Bindung in ihrer Tiefe zu erneuern.
In der buddhistischen Praxis ist das Gelübde ein Weg der Bewußtseinssteigerung. Indem man ein Gelübde ablegt, bildet man ein Gefäß, das die Energie einer Beziehung oder einer schöpferischen Arbeit enthält. Als ich das Gelübde ablegte, dieses Buch zu schreiben, teilte ich jeden Tag Zeit und Raum dafür ein, und setzte mich mit Bleistift und Papier hin. Weil ich mich an die Disziplin und Struktur meines Gelübdes hielt, kamen die Worte, die mein Leben veränderten und mich zu einem höheren Bewußtsein führten. Noch wichtiger war: das Gelübde, das ich einer neuen Seelenbeziehung ablegte, bildete das Gefäß für eine verwandelnde Liebe. Wendell Berry vergleicht das Hochzeitsgelübde mit der Form eines Gedichts. Bei beiden bildet das Gelübde ein alchimistisches Gefäß für die verwandelnde Energie. Die Disziplin und Struktur und die tägliche Erneuerung des konkreten Gelübdes in der praktischen Welt bilden das Gefäß für das existentielle Gelübde gegenüber dem Fluß des Mysteriums. Mit Berrys Worten:

> Richtig angewendet, schafft die Versform, wie eine Ehe, einen »Impasse«, der mit dem Willen und dem gegenwärtigen Verständnis nur willkürlich und oberflächlich aufzulösen ist. Diese Stockungen und Schwierigkeiten verlangen keine unmittelbare Abhilfe. Wir verfehlen sie, wenn wir eine Not aus ihnen machen. Sie verlangen vielmehr Geduld, Nachsicht, Inspiration – die Gaben und Gnaden der Zeit, der Umstände und des Glaubens. Sie sind vielleicht die wahre Gelegenheit für ein Gedicht: eine Gelegenheit, über unser Wissen und unsere Erwartungen hinauszugehen. Sie sind Punkte des Wachstums, wie die Achseln der Blätter.[5]

Das Gelübde gegenüber der Ganzheit, dem Gesamt des Daseins, wird durch den Ring symbolisiert. In seiner Kreisform bietet der Ring uns ein Bild für die Rundung des Lebens, den Kreislauf der

Jahreszeiten, die Fülle des Wachstums- und Wandlungszyklus, von Tod und Wiedergeburt. Er ist ein Abbild der kosmischen Hochzeit, der Vermählung von Himmel und Erde. Der Ring lenkt das Auge zum Mittelpunkt – dem Mittelpunkt des Selbst und des Seinsmysteriums. Im Austausch der Ringe während der Hochzeitszeremonie findet die ekstatische Vereinigung zweier Seelen, die Ekstase des Ich und des Du statt.
In der inneren Hochzeit ist der Ring das Symbol der Vereinigung mit dem Göttlichen. Frauenträume enthalten oft das Motiv des Ringes in einer Hochzeit, in der die Frau mit ihrem göttlichen weiblichen Selbst vereinigt wird. Der volle Zyklus der Heilung und der Hochzeit des Männlichen und Weiblichen im Inneren zeigte sich im Bild eines Ringes von Blut in dem folgenden Traum einer Frau.

Ich bin im Wald und stehe in stummer Ehrfurcht vor der zarten Schönheit eines sanften Rehs. Plötzlich ertönt ein Schuß. Das Reh fällt verwundet zu Boden, und ein Jäger erscheint im Gehölz. Zornig halte ich diesem Mann vor, daß er dieses schöne Geschöpf der Natur achtlos verwundet habe. Der Jäger ist betroffen über seine Tat und hofft, das verwundete Reh heilen zu können. Er sagt mir, ich solle eine Schale mit dem Blut füllen, das aus der Wunde fließt, und es dem sterbenden Reh zu trinken geben. Ich bin aber mißtrauisch! Dieser Mann hat das Reh verwundet. Vielleicht will er mich mit diesen Worten nur verleiten, daß ich es töte. Ich zögere, als das Reh zu sprechen beginnt. Es sagt mir, daß dieser Ring des Blutes die Heilweise der Natur ist.

Wie das Reh war die Träumerin im wirklichen Leben in ihrem weiblichen Instinkt von ihrem Vater verwundet worden, einem Alkoholiker, dessen zornige, gewalttätige und unvorhersehbare Ausbrüche sie so erschreckt hatten, daß sie unfähig war, sich zu behaupten. Und wie das Reh war sie von Natur aus sanft, rezeptiv und weiblich. Sie hatte erotische Beziehungen zu anderen Frauen, und das kollektive patriarchale Urteil über die lesbische Liebe stellte eine weitere Wunde dar. Als sie im Traum zornig den Jäger anschrie, der auf das Reh geschossen hatte, verspürte sie endlich die Kraft, sich gegen das aggressive Männliche behaupten zu können. Sie fürchtete sich nicht mehr vor seiner Macht, hatte jedoch Angst vor seiner List. Als das Reh sprach und sie zuließ, daß der Jäger beim Heilen der Wunde half, konnte sie dem Männlichen vergeben, daß er ihren weiblichen Instinkt verwundet hatte, und sie begriff, daß es einen Heilungszyklus und eine Quelle des Lebens gab, die aus der Wunde selbst strömte. Für sie stellte der Traum ein Bild der inneren Hochzeit des Männlichen und Weiblichen dar, und das Trinken des Bluts aus der Wunde des Rehs veranschaulichte einen Ring der Heilung, ein uraltes Ritual des Christentums – das Trinken des Blutes Christi als heiliges Sakrament.

11 Der Schleier

> Hat sie dirs nicht gesagt, da sie dirs auftrug, daß jenes Lager, das da drinnen wartet, zur Unterwelt gehört? Ich nahm ja Abschied. Abschied über Abschied. Kein Sterbender nimmt mehr davon. Ich ging ja, damit das Alles, unter Dem begraben, der jetzt mein Gatte ist, zergeht, sich auflöst –. So führ mich hin: ich sterbe ja für ihn.
>
> Rainer Maria Rilke
> *Alkestis*

Hochzeit war für Rainer Maria Rilke eine inwendige Hochzeit. Rilkes Braut war seine dichterische Phantasie; er war mit der Muse verheiratet. Sein ganzes Leben kämpfte Rilke um Sinn in einer Welt, die voll Krieg, Zerstörung und der zerrissenen Existenz der menschlichen Endlichkeit war. Viele Jahre lang trug er den Schleier der Tränen.

Ich las Rilke zum ersten Mal, als ich Anfang dreißig war und in Zürich lebte, nicht weit von manchen Orten, wo er seine Werke verfaßt hatte. Er wirkte so stark auf mich, daß er mein innerer Bräutigam, meine Inspiration, meine männliche Muse wurde. Ich hatte mich tief ins Unbewußte gestürzt und suchte verzweifelt nach dem Sinn des Lebens, doch ohne die Mittel, um aus dem nächtlichen Meer, in das ich gefallen war, herausfinden zu können. Rilkes Roman *Die Aufzeichnungen des Malte Laurids Brigge* spiegelten, was ich damals empfand – den Schmerz der Welt, eine Sensibiliät, die das Entsetzliche der Straßen manchmal nicht ertragen konnte, und ein tiefes, hoffnungsloses Leiden, das danach schrie, daß das Göttliche sich als existent erweisen möge. Und dennoch war um mich herum eine so unbeschreibliche Schönheit, daß ich nach einem Seelengefährten Ausschau hielt, der an meiner Suche teilhaben könnte. Aber ich begegnete

ihm nirgends. So berührte Rilke durch sein Werk und die transzendente Schönheit seiner poetischen Bilder meine Seele und half mir, diese Zeit zu verstehen und zu ertragen. Er wurde mein innerer Seelengefährte.
So wie ich es erlebte, hatte Rilke sein Leben und sein Werk der Suche nach der Seele geweiht, mochte sie führen, wohin sie wollte. Er suchte nach der Hochzeit zwischen dem Menschlichen und Göttlichen, und er verwirklichte diese Hochzeit in sich durch sein schriftstellerisches Ringen, um diesem Thema für andere Ausdruck zu verleihen. Daher galt sein Gelübde dem Wort, jenem Wort, das der menschlichen Sinnsuche Ausdruck zu geben vermochte.
Rilkes Suche spiegelte mir die innere Suche, die sich in mir selbst zutrug, und das war nötig, um mich auf die innere Hochzeit mit meiner schöpferischen Muse, dem Mann mit Herz, und auf die äußere Hochzeit mit dem Mann, der mein Lebensgefährte sein würde, vorzubereiten. Diese Zeit der Vorbereitung war eine einsame Zeit, eine Zeit der Innenschau, in der ich den »Schleier nahm« und mich der Begegnung mit Leben, Liebe und Tod stellte. Es war eine Zeit der Furcht und des Zitterns vor den großen Mysterien.
Die Zeit des Schleiers dauerte für mich lange, etwa vierzehn Jahre. Sie ist für jede Person unterschiedlich lang. Bei manchen kann sie viel kürzer sein. Bei Rilke dauerte sie beinahe ein ganzes Leben. In meiner Praxis höre ich vom Leiden vieler Männer und Frauen, wie sie sich nach einer Beziehung sehnen, wie einsam sie ohne eine solche sind, und welche Qual es ist, nicht zu wissen, ob sie jemals einem Menschen begegnen werden, den sie lieben können oder der sie lieben kann. Auch ich ging durch diese Tortur und zweifelte daran, daß Liebe möglich sei, daß ich fähig wäre, irgend jemanden zu lieben, ja, daß ich mich selbst zu lieben vermöchte. Und hinter all diesem stand der größte Zweifel: Gab es denn wirklich einen Sinn in unserem endlichen menschlichen Dasein? Gab es eine höhere Macht, eine ewige Dimension in unserem Leben? War Liebe möglich? Oder gab es nur den Tod?

Dies waren auch Rilkes lebenslange Fragen. Und sein Ringen um Sinn und Bejahung des menschlichen Daseins und um Verwandlung der flüchtigen Kräfte in etwas Ewiges war die große Aufgabe und Bedeutung seines Lebens und seines Werkes. Rilkes göttliche Hochzeit gründete darin, daß er die endgültige Einheit von Leben, Liebe und Tod annahm.

Dieses letztliche Annehmen dieser Einheit erwuchs bei Rilke aus großem persönlichen Leiden, das sich am Ende bis zu dem Punkt vertiefte, wo es das Mysterium des menschlichen Lebens berührte. In diesem Bereich, wo das Universelle und das Persönliche sich begegnen, kam seine Bejahung zum Durchbruch. Rilke fand seinen individuellen Zugang zu diesem Bereich durch sein Schreiben, insbesondere die Lyrik, die seine Lebenssuche ausdrückte und leitete. Wie Orpheus in die Unterwelt hinabstieg, um seine Liebe, Eurydike, ins Leben zurückzuholen, so stieg Rilke in den Abgrund und bejahte das Leben, indem er den Tod annahm. Dies ist der Abstieg, den auch Travis in *Paris, Texas,* auf sich nimmt und den wir alle auf dem Wege zur Hochzeit leisten müssen.

Rilkes Weg zur Hochzeit, der Vermählung des Menschlichen und Göttlichen, verlangte von ihm eine einsame innere Reise. *Die Aufzeichnungen des Malte Laurids Brigge* sind der eindringliche Ausdruck dieser Suche nach dem Sinn des Lebens. Dieser halb autobiographische Roman offenbart die Gedanken und Gefühle eines sensiblen jungen Mannes, der allein in Paris ist und darum kämpft, inmitten des sinnlosen und entsetzlichen Leidens, das ihm jeden Tag begegnet, Sinn zu bewahren. In den Aufzeichnungen wird man sofort mit dem grundlegenden Problem von Leben und Tod konfrontiert, denn Sterben ereignet sich physisch und spirituell überall in den Straßen. Am ersten Tag sieht Malte einen Mann straucheln und zu Boden sinken und sterben, während eine neugierige Menge sich um ihn sammelt; er sieht eine in den elenden Straßen fast Gebärende und ein krankes Kind mit grünlicher Haut. Diese täglichen Begebenheiten in dieser an Hospitälern reichen Stadt scheinen ein Sinnbild der Conditio humana zu sein. Malte ist erschüttert und beginnt sich innerlich zu wandeln. Er sinnt nach: »Ich lerne sehen. Ich weiß nicht, woran es liegt, es geht alles tiefer in mich ein und bleibt nicht an der Stelle stehen, wo es sonst immer zu Ende war. Ich habe ein Inneres, von dem ich nicht wußte.«[1] Indem er sich der Angst, den Schrecknissen und Leiden der Stadt aussetzt, beginnt Malte gleichzeitig, sich mit sich selbst auseinanderzusetzen, und das führt ihn zur Auseinandersetzung mit dem Sinn von Leben und Tod. Als er überall um sich herum physischen Tod und »lebendigen Tod« wahrnimmt, beginnt er über den Tod nachzudenken. Die unpersönliche Beziehung zum Leben, die er überall beobachtet, scheint in einem ebenso unpersönlichen Tod zu enden. Die sterbenden Menschen erkennen offenbar nie, daß ihr Tod ihr eigener ist und Würde hat, »daß man den Tod *in* sich hatte wie die Frucht den Kern.«[2]

Überwältigt gelangt Malte zu der Erkenntnis, daß Furcht und Leiden die Basis sind, auf der er wachsen muß, und daß er lernen muß, darüber zu schreiben. Es wird ihm klar, daß er bisher nichts vom Leben zum Ausdruck gebracht hat. Die Verse, die er geschrieben hatte, waren lediglich der Ausfluß jugendlicher Gefühle, keine Lebenserfahrungen. So beginnt der einsame, furchtsame 28jährige Malte, der eben »sehen lernt«, über den Ursprung des Dichtens nachzudenken.

Denn Verse sind nicht, wie die Leute meinen, Gefühle (die hat man früh genug), – es sind Erfahrungen. Um eines Verses willen muß man viele Städte sehen, Menschen und Dinge, man muß die Tiere kennen, man muß fühlen, wie die Vögel fliegen, und die Gebärde wissen, mit welcher die kleinen Blumen sich auftun am Morgen. Man muß zurückdenken können an Wege in unbekannten Gegenden und an Abschiede, die man lange kommen sah, – an Kindheitstage, die noch unaufgeklärt sind, an die Eltern, die man kränken mußte, wenn sie einem eine Freude brachten und man begriff sie nicht (es war eine Freude für einen anderen –), an Kinderkrankheiten, die so seltsam anheben mit so vielen tiefen und schweren Verwandlungen, an Tage in stillen, verhaltenen Stuben und an Morgen am Meer, an das Meer überhaupt, an Meere, an Reisenächte, die hoch dahinrauschten und mit allen Sternen flogen, – und es ist noch nicht genug, wenn man an alles das denken darf. Man muß Erinnerungen haben an viele Liebesnächte, von denen keine der anderen glich, an Schreie von Kreißenden und an leichte, weiße, schlafende Wöchnerinnen, die sich schließen. Aber auch bei Sterbenden muß man gewesen sein, muß bei Toten gesessen haben in der Stube mit dem offenen Fenster und den stoßweisen Geräuschen. Und es genügt auch noch nicht, daß man Erinnerungen hat. Man muß sie vergessen können, wenn es viele sind, und man muß die hohe Geduld haben, zu warten, daß sie wiederkommen. Denn die Erinnerungen selbst *sind* es noch nicht. Erst wenn sie Blut werden in uns, Blick und Gebärde, namenlos und nicht mehr zu unterscheiden von uns selbst, erst dann kann es geschehen, daß in einer sehr seltenen Stunde das erste Wort eines Verses aufsteht in ihrer Mitte und aus ihnen ausgeht.[3]

Malte Laurids Brigge beginnt sich dem ganzen Leben zu öffnen, dem Entsetzlichen und dem Schönen, dem Gräßlichen und dem Zärtlichen, dem Sterbenden und dem Lebendigen. Dabei stellt sich die Frage, ob er die Spannung dieser Gegensätze ertragen und ihnen letztlich einen persönlichen, schöpferischen Ausdruck verleihen kann. Für Malte vollzieht sich dieser Ausdruck im Schreiben; seine Aufgabe ist es, seine Erfahrungen in etwas Sinnvolles zu verwandeln, sie auszuhalten durch die Aufgabe der Verwandlung.
Maltes Aufzeichnungen enthüllen einen ungeheuren Kampf, um offen zu bleiben für seine Erfahrungen und Würde zu bewahren. Seine Erinnerungen gehen in seine Kindheit zurück, zu den in seiner Familie erlebten Todesfällen und seinen Lieben. Während er innerlich wächst, verschlechtert sich seine äußere Gesundheit. Sein inneres Leiden nimmt zu. Seine Begegnung mit dem Tod wird so mächtig, daß er spürt, wie der Unterschied zwischen ihm und den Sterbenden zusammenbricht. Als er einmal einen stillen Mann mit einem grauen, gespannten Gesicht in sich versunken am Nebentisch sieht, fühlt Malte, wie dieser Mann sich in den Tod zurückzieht, und erkennt, daß der einzige noch verbleibende Unterschied zwischen ihnen der ist, daß er sich noch gegen den Tod wehrt, während der andere »sich nicht mehr wehrte«.[4]
Malte versucht, sich durch Schreiben zu retten. Doch bald beginnt er zu spüren, daß sich auch das Schreiben auflösen wird, daß seine Hand unfähig sein wird, Worte zu schreiben, und daß

die Worte selbst in Sinnlosigkeit zerfallen könnten. Die Gefahr seiner Aufgabe steht ihm eindringlicher vor Augen. Eine seiner eindringlichsten Schilderungen ist die von einem Mann mit einem Tick. Sie zeigt, in welchem Maß ein Mensch mit irgendeiner Abnormalität aus dem Kollektiv herausfällt. Der verzweifelte Versuch, sich anzupassen, endet in der Demütigung, als die Menge in unbarmherziges Gelächter ausbricht.
Wie durch Zufall drängt es Malte, diesem Mann zu folgen, der ein seltsames Hüpfen zu verbergen sucht, indem er so tut, als stolperte er über etwas auf der Straße, und dem es mit Willenskraft beinahe gelingt, das Zucken zurückzuhalten. Aber er ist machtlos. Schließlich kann er das Zucken nicht mehr verbergen, und als die wilde Bewegung über seinen ganzen Körper ausbricht und eine gaffende Menge sich versammelt, geht Malte leer und zerbrochen fort. Denn der Kampf dieses Mannes, um diese Absurdität zu ertragen und sich dagegen zu wehren, symbolisiert Maltes Kampf, den fast unvermeidlichen Sieg der schrecklichen Unzulänglichkeit des menschlichen Daseins auszuhalten. An diesem frühlingshaften Tag war Malte, der eben eine Krankheit überstanden hatte, wie ein Kind hinausgegangen in der Hoffnung, Kinder zu sehen, die fröhlich ihre bunten Segelboote auf dem See schwimmen ließen. Doch statt dessen begegnete er der Demütigung des hüpfenden Mannes. Malte notiert in seinen Aufzeichnungen:

Ich habe um meine Kindheit gebeten, und sie ist wiedergekommen, und ich fühle, daß sie immer noch so schwer ist wie damals und daß es nichts genützt hat, älter zu werden . . . Heute habe ich es nicht erwartet, ich bin so mutig ausgegangen, als wäre das das Natürlichste und Einfachste. Und doch, es war wieder etwas da, das mich nahm wie Papier, mich zusammenknüllte und fortwarf, es war etwas Unerhörtes da.[6]

Diese Erfahrung entspricht der Hoffnungslosigkeit, die viele Menschen während der Wartezeit des Schleiers empfinden.
Die Spannung zwischen seinem kindlichen Glauben und seiner Offenheit dem Dasein gegenüber beginnt, Maltes Geist zu brechen. Verletzlich und unselbständig, ist er nicht in der Lage,

diese Erfahrungen bewußt durchzustehen, vor denen die meisten Menschen fliehen. Rilke glaubte, daß diese Fähigkeit, sich dem Leben zu öffnen und zu leiden, das Schicksal aller Menschen und der Versuch, es auszudrücken und mitzuteilen, die Aufgabe des Künstlers sei. Über die Herausforderung, dem Leben gegenüber offen zu sein, schrieb Rilke:

Erst mußte das künstlerische Anschauen sich so weit überwunden haben, auch im Schrecklichen und scheinbar nur Widerwärtigen das Seiende zu sehen, das, mit allem anderen Seienden, *gilt*. Sowenig eine Auswahl zugelassen ist, ebenso wenig ist eine Abwendung von irgend welcher Existenz dem Schaffenden erlaubt: ein einziges Ablehnen irgendwann drängt ihn aus dem Zustande der Gnade, macht ihn ganz und gar sündig. ....
Ach, wir rechnen die Jahre und machen Abschnitte da und dort und hören auf und fangen an und zögern zwischen beidem. Aber wie sehr ist, was uns begegnet, aus einem Stück, in welcher Verwandtschaft steht eines zum anderen, hat sich geboren und wächst heran und wird erzogen zu sich selbst, und wir haben im Grunde nur *dazusein,* aber schlicht, aber inständig, wie die Erde da ist, den Jahreszeiten zustimmend, hell und dunkel und ganz im Raum, nicht verlangend in anderem aufzuruhen als in dem Netz von Einflüssen und Kräften, in dem die Sterne sich sicher fühlen.[7]

Maltes Schwierigkeit ist nicht das menschliche Versagen, daß er die Ich-Kontrolle über die Welt nicht aufgeben könnte, denn dieses gewöhnlichere Versagen geht dem Tod und den dunklen Aspekten des Selbst und des Daseins aus dem Wege. Malte konfrontiert vielmehr das Entsetzliche des Daseins, aber indem er seine Ich-Grenzen aufgibt, um sehen zu können, wird er von dieser dunklen und dämonischen Seite so überwältigt, daß er nicht imstande ist, seine Identität zu bewahren, und der dunklen Seite des Ganzen anheimfällt. In diesem Stadium befindet Malte sich in der Tiefe eines großen Abstiegs. In einer Aufzeichnung kurz nach seiner Begegnung mit dem Mann mit dem Tick schildert er diese Erfahrung.

Die Existenz des Entsetzlichen ist in jedem Bestandteil der Luft. Du atmest es ein mit Durchsichtigem; in dir aber schlägt es sich nieder, wird hart, nimmt spitze, geometrische Formen an zwischen den Organen; denn alles, was sich an Qual und Grauen begeben hat auf den Richtplätzen, in den Folterstuben, den Tollhäusern, den Operationssälen, unter den Brückenbögen im Nachherbst: alles das ist von einer zähen Unvergänglichkeit, alles das besteht auf sich und hängt, eifersüchtig auf alles Seiende, an seiner schrecklichen Wirklichkeit. Die Menschen möchten vieles davon vergessen dürfen; ihr Schlaf feilt sanft über solche Furchen im Gehirn, aber Träume drängen ihn ab und ziehen die Zeichnungen nach. Und sie wachen auf und keuchen und lassen einer Kerze Schein sich auflösen in der Finsternis und trinken, wie gezuckertes Wasser, die halbhelle Beruhigung. Aber, ach, auf welcher Kante hält sich diese Sicherheit. Nur eine geringste Wendung, und schon wieder steht der Blick über Bekanntes und Freundliches hinaus, und der eben noch so tröstliche Kontur wird deutlicher als ein Rand von Grauen.[8]

Der Kampf des Mannes mit dem Tick ist unser aller Kampf – zur Bewahrung des Zentrums unserer Stärke angesichts unserer Wunden. Manchmal versuchen wir wie der Mann mit dem Tick, diese Wunden zu verbergen und uns dem kollektiven Image anzupassen, doch früher oder später werden wir ertappt und oft gedemütigt. Die Wunden annehmen und lernen, ihnen unsere Heilung abzuringen, ist genau der Boden, auf dem wir lernen müssen, die Seele zu gewinnen. Dies gehört zu den größten Herausforderungen in menschlichen Beziehungen und in der Liebe. Rilke sagt, daß es gerade Maltes Abstieg in den Abgrund des Leidens und der Verzweiflung ist, der den höchsten Aufstieg zur Glückseligkeit hätte ermöglichen können. Dieser Abstieg in den Abgrund ist ein notwendiger Bestandteil der inneren Hochzeit, der Männer und Frauen befähigt, die großen Spannungen einer Seelenbeziehung auszuhalten.

Doch Malte wird, ebenso wie der Mann mit dem Tick, von dem Kampf verzehrt und wendet sich schließlich an seine Mutter, daß sie ihm Frieden gebe. In seiner Rückkehr zu dieser ursprünglichen Offenheit und Verletzlichkeit verliert er sich in der Sehnsucht nach dem Urfrieden und Schutz der Mutter, statt den Kampf auf sich nehmen. Ebenso verlieren auch in anspruchsvollen menschlichen Beziehungen die Partner oft den Mut. Sie sehnen sich nach der bedingungslosen mütterlichen Liebe, nach der Sicherheit des Paradieses. Wenn sie dieser archetypischen Sehnsucht nachgeben, geht die reife Beziehung von Erwachsenen verloren. Natürlich ist in all unseren Erneuerungen eine ständige Rückkehr zu unserer Vergangenheit, unserer Quelle vonnöten. Aber die Rückkehr, die eine Wandlung hervorbringt, muß bewußt sein, so daß Integration stattfinden kann. Es ist das bewußte Annehmen von Leben und Tod, das der Liebe den Weg bahnt.

Das Hauptthema am Ende der Aufzeichnungen ist die Liebe. Die Liebe von Frauen, deren Hingabe so groß ist, daß sie wissen, »daß Gott nur eine Richtung der Liebe ist, kein Liebesgegenstand«[9], wird zum Vorbild für Malte. Sie haben gelernt, loszulassen, den konkreten Geliebten aufzugeben und sich dem Ewigen zu öffnen, so daß ein vollkommenes Opfer, eine Selbsthingabe und schließlich Offenheit stattfinden kann. Denn wie Malte in seiner letzten Eintragung schreibt, lieben heißt lieben lernen, »Lieben ist dauern«.[10]

Rilke war der Auffassung, daß Liebe und das Annehmen des Todes nahe beieinander liegen, weil beide uns zu einer bewußten Beziehung mit dem Seinsganzen führen. Wenn wir versuchen, den Geliebten zu besitzen, verlieren wir die Liebe, weil wir sie in einen endlichen Käfig sperren wollen. Dasselbe gilt für den Tod: Weil wir die Einheit von Leben und Tod nicht zu sehen vermögen und den Tod zu einem Gegenstand der Angst machen, den man sich vom Leib halten und dem man ausweichen muß, haben wir unsere Urbeziehung zu allem Seienden verloren. Rilke schreibt:

> ... aber die Natur wußte nichts von dieser uns irgendwie gelungenen Verdrängung – bluht ein Baum, so blüht so gut der Tod in ihm wie das Leben, und der Acker ist voller Tod, der aus seinem liegenden Gesicht einen reichen Ausdruck des Lebens treibt, und die Tiere gehen geduldig von einem [zum] anderen – und überall um uns ist der Tod noch zu Haus und aus den Ritzen der Dinge sieht er uns zu, und ein rostiger Nagel, der irgendwo aus einer Planke steht, tut Tag und Nacht nichts, als sich freuen über ihn.
> Und auch die Liebe, die zwischen den Menschen die Zahlen verwirrt,

um ein Spiel von Nähen und Fernen einzuführen, in dem wir immer nur so weit einreihen, als wäre das Weltall voll, und nirgends Raum als in uns; – auch die Liebe nimmt nicht Rücksicht auf unsere Einteilungen, sondern reißt uns, zitternd wie wir sind, in ein endloses Bewußtsein des Ganzen hinein. – Die Liebenden leben nicht aus dem abgetrennt Hiesigen; als ob nie eine Teilung vorgenommen worden wäre, greifen sie den ungeheueren Besitzstand ihrer Herzen an, von ihnen kann man sagen, daß ihnen Gott wahrhaft wird und daß der Tod ihnen nicht schadet: *denn sie sind voller Tod, indem sie voller Leben sind.*[11]

Diese Aufgabe, die Malte bevorsteht, ist laut Rilke die unmittelbare, primäre, *ja,* die *einzige* Aufgabe der Menschheit. Dieser Aufgabe war Malte, der sich ihrer so außerordentlich bewußt war, vielleicht nicht gewachsen, obwohl ihm ihre Vision gelang, vor der die meisten schon flüchten. In der letzten Eintragung seiner Aufzeichnungen kämpft er immer noch in der Erkenntnis, daß Geliebtsein Verbrennen heißt und daß die wirkliche Aufgabe darin besteht, über alle Verzweiflung hinaus zu lieben und auszuharren. Er beginnt die mühevolle Arbeit der Liebe und hofft, Gott lieben zu können.

Er hatte den Stein der Weisen gefunden, und nun zwang man ihn, das rasch gemachte Gold seines Glücks unaufhörlich zu verwandeln in das klumpige Blei der Geduld. Er, der sich dem Raum angepaßt hatte, zog wie ein Wurm krumme Gänge ohne Ausgang und Richtung. Nun, da er so mühsam und kummervoll lieben lernte, wurde ihm gezeigt, wie nachlässig und gering bisher alle Liebe gewesen war, die er zu leisten vermeinte.[12]

Obwohl das Buch mit dem Kampf gegen die Verzweiflung endet, war es ein Anliegen Rilkes, daß Malte in einem »aufsteigenden« Sinne verstanden würde und man sich nicht in eine Verzweiflung wie die seine stürzt. Über das Paradox der Aufzeichnungen äußerte Rilke folgendes:

Ich habe schon einmal, vor Jahren, über den Malte jemandem, den dieses Buch erschreckt hatte, zu schreiben versucht, daß ich es selbst manchmal wie eine hohle Form, wie ein Negativ empfände, dessen alle Mulden und Vertiefungen Schmerz sind, Trostlosigkeiten und weheste

Einsicht, der Ausguß davon aber, wenn es möglich wäre einen herzustellen (wie bei einer Bronze die positive Figur, die man daraus gewönne) wäre vielleicht Glück, Zustimmung; – genaueste und sicherste Seligkeit. Wer weiß, ich frage mich, ob wir nicht immer sozusagen an der Rückseite der Götter herantreten, von ihrem erhaben strahlenden Gesicht durch nichts, als durch sie selber getrennt, dem Ausdruck, den wir ersehnen, ganz nah, nur eben hinter ihm stehend – aber was will das anderes bedeuten, als daß unser Antlitz und das göttliche Gesicht in die selbe Richtung hinausschauen, einig sind; und wie sollen wir demnach aus dem Raum, den der Gott vor sich hat, auf ihn zutreten?[13]

Rilke sah in Maltes Verzweiflung einen »seltsamen, dunklen Anstieg in einen fernen und verlassenen Teil des Himmels.«[14] Er schrieb dies im Dezember 1911 vom Schloß Duino, einige Monate, bevor er zu den ersten Versen der *Duineser Elegien* inspiriert wurde. Er war noch in tiefer Verzweiflung, nachdem er nach der Vollendung des *Malte* zwei unfruchtbare Jahre durchgemacht hatte, und stellte sogar den Wert der Arbeit in Frage. Wie war es möglich, daß er nach so viel Arbeit als Antwort auf einen tiefen inneren Ruf seinen Begierden, Gefühlen und Kräften, die er nicht verstehen konnte, noch so sehr ausgeliefert war? Wie so viele von uns, die jahrelang eine sinnvolle Beziehung suchen und an ihren inneren Konflikten arbeiten in der Hoffnung, sie zu finden, verlor er den Mut, als das Ende ihm nicht sichtbar wurde. (Ich machte dieselbe Erfahrung, als ich nach Vollendung von *Töchter und Väter* kein unmittelbares Resultat bekam. Ich mußte lernen, etwas länger zu warten.)
Malte war Rilkes Versuch, sich mit seiner Verzweiflung auseinanderzusetzen. Er mußte Malte untergehen lassen, um seine Seele zu retten, denn er empfand die psychologische Notwendigkeit, seine inneren Zwänge und psychischen Sackgassen zu opfern, um die neue und erlöste Möglichkeit zum Vorschein zu bringen. In *Symbole der Wandlung* weist Jung darauf hin, daß im Entwicklungsprozeß die Gestalt, die das alte Ideal verkörpert, in gewissem Sinne sterben muß und daß dies Todesahnungen in der betreffenden Person hervorruft.

Malte war für Rilke eine solche symbolische innere Gestalt, ein innerer Gesprächspartner, den er viele Jahre konfrontieren mußte und dem er Form und Gestalt zu verleihen hatte. Rilke war der festen Überzeugung, daß Verzweiflung durch Kunst und Dichtung verwandelt und auf diese Weise erlöst werden könne. Er drückte diese Auffassung in »Requiem« aus, einem Gedicht zum Andenken an Wolf Graf von Kalckreuth, einem hoffnungsvollen jungen Dichter, der im Alter von neunzehn Jahren Selbstmord begangen hatte.

O alter Fluch der Dichter,
die sich beklagen, wo sie sagen sollten,
die immer urteiln über ihr Gefühl
statt es zu bilden; die noch immer meinen,
was traurig ist in ihnen oder froh,
das wüßten sie und dürftens im Gedicht
bedauern oder rühmen. Wie die Kranken
gebrauchten sie die Sprache voller Wehleid,
um zu schreiben, wo es ihnen wehtut,
statt hart sich in die Worte zu verwandeln,
wie sich der Steinmetz einer Kathedrale
verbissen umsetzt in des Steines Gleichmut.
Dies war die Rettung. Hättest du nur *ein* Mal
gesehn, wie Schicksal in die Verse eingeht
und nicht zurückkommt, wie es drinnen Bild wird
und nichts als Bild, nicht anders als ein Ahnherr,
der dir im Rahmen, wenn du manchmal aufsiehst,
zu gleichen scheint und wieder nicht zu gleichen –:
du hättest ausgeharrt.[15]

Das Gedicht endet mit den Worten: »Wer spricht von Siegen? Überstehn ist alles.«[16] Wäre Kalckreuth in der Lage gewesen, seine Verzweiflung lange genug auszuhalten – den Schleier zu tragen – um sie durch seine Dichtung zu verwandeln, hätte dieser tragische, vorzeitige Tod, wie Rilke meint, vermieden werden können. Indem er den Malte gestaltete, versuchte Rilke, seiner eigenen Erfahrung Gestalt zu verleihen und sie zu verwandeln, das Leben zu bejahen. Der arme Malte, so schreibt Rilke, habe so tief im Elend begonnen und sei doch, in einem strikten Sinn, zur ewigen Seligkeit gelangt – »er ist ein Herz, das eine ganze Oktave anschlägt: nach ihm sind alle Lieder möglich«.[17]

Nachdem er den *Malte* vollendet hatte, spürte Rilke, daß eine neue Periode seiner Entwicklung begonnen hatte. Er fühlte, daß sein Kampf mit Malte, zusammen mit seinem Ringen um Form, ein fruchtbarer Boden für weiteren dichterischen Ausdruck sein würde. Doch statt dessen folgte die leere, unfruchtbare Periode von zwei Jahren, die ihn noch tiefer in die Verzweiflung trieb. Er reiste, aber sein Herz war nicht dabei. Er sehnte sich in dieser Zeit nach einem Gefährten, spürte aber gleichzeitig, daß dies die Möglichkeit des schöpferischen Werkes stören würde. Insbesondere sehnte er sich nach einer Liebe, die zu geben vermochte, aber nichts zurückerwartete.

Während dieser Periode erstreckte Rilkes Verzweiflung sich auch auf das Gebiet der Kunst. Wie viele Männer und Frauen, die in der Ehe ihre Lebensberufung sehen, in Verzweiflung und Bitterkeit verfallen, wenn diese tiefe Beziehung sich ihnen zu entziehen scheint, so ging es auch Rilke mit dem Schreiben. Einmal äußerte er sogar: »Die Kunst ist überflüssig, kann Kunst Wunden heilen, kann sie dem Tod die Bitterkeit nehmen? Sie stillt nicht die Verzweiflung, sie nährt nicht die Hungrigen, die kleidet nicht die Frierenden.«[18] So wie Liebende den Geliebten loslassen müssen als ein Objekt, das sie kontrollieren und besitzen können, so wie das Biest die Schönheit gehen lassen und die Trennung annehmen muß, so mußte Rilke die Kunst selbst loslassen und sich dem Tod stellen, der das Neue zu eröffnen vermochte.

In diesem Zustand äußerster Leere begab sich Rilke auf ein Schloß auf den felsigen Klippen hoch über Duino an der Adria. Hier hatte er die Einsamkeit und Abgeschiedenheit, die er für seine schöpferische Arbeit brauchte, doch sie brachte auch die Gefahren der Auseinandersetzung mit sich selbst. Ihm blieb nichts anderes übrig, als seine Leere, seine Sehnsucht nach Liebe und sein Versagen am schöpferischen Werk zu konfrontieren. In eine solche dunkle Nacht der Seele hineinzugehen, wie Rilke es um seiner Lebensaufgabe willen aus freien Stücken tat, ist eine der wichtigsten Aufgaben auf der Reise des Menschen. Diese dunkle Nacht kann einem aufgedrängt werden, oder sie wird, seltener vielleicht, freiwillig gewählt, aber auf jeden Fall ist sie der Weg der Wandlung. Und wie die paradoxe Natur des Menschen es vorsieht, ist der Weg abwärts gleichzeitig der Weg aufwärts. Jung erklärt dies folgendermaßen:

Wenn darum irgend ein großes Werk zu tun ist, vor dem der Mann, an seiner Kraft verzweifelnd, zurückweicht, dann strömt seine Libido zu jenem Quellpunkt zurück – und das ist jener gefährliche Augenblick, in dem die Entscheidung fällt zwischen Vernichtung und neuem Leben. Bleibt die Libido im Wunderreich der inneren Welt hängen, so ist der Mensch für die Oberwelt zum Schatten geworden, er ist so gut wie tot oder wie schwerkrank. Gelingt es aber der Libido, sich wieder loszureißen und zur Oberwelt emporzudringen, dann zeigt sich ein Wunder: die Unterweltsfahrt war ein Jungbrunnen für sie gewesen, und aus dem scheinbaren Tod erwacht neue Fruchtbarkeit.[19]

So geschah es auch mit Rilke. An einem stürmischen Tag, als er auf den windigen Basteien des Schlosses von Duino ging, in Gedanken mit einem Brief beschäftigt, den er in irgendeiner praktischen Angelegenheit zu schreiben hatte, hörte er eine Stimme, die ihn im Sturm rief. Die Worte, die er vernahm, wurden die erste Zeile des tiefgründigen lyrischen Zyklus der *Duineser Elegien:* »Wer, wenn ich schriee, hörte mich denn aus der Engel Ordnungen?«

Die quälende Frage in Rilkes Leben, die quälende Frage Maltes wie aller Menschen, die darum ringen, sich in diesem vergänglichen und verwirrenden Dasein an das Leben zu binden, lautet:

Dies, wie ist es möglich zu leben, wenn doch die Elemente dieses Lebens uns völlig unfaßlich sind? Wenn wir immerfort im Lieben unzulänglich, im Entschließen unsicher und dem Tode gegenüber unfähig sind, wie ist es möglich dazusein?[20]

Dieser Schrei ertönt am gewaltigsten in den *Duineser Elegien.*

Als Rilke die Elegien schrieb, war der Erste Weltkrieg bereits Realität. Heute, sieben Jahrzehnte später, steht die Menschheit der Möglichkeit des nuklearen Holocaust, der Vernichtung der ganzen menschlichen Rasse, gegenüber. Der drohenden Realität des Todes – in unserem Leben, in unseren Lieben, in unserer menschlichen Gemeinschaft – sehen wir immer ins Auge, aber wir machen oft einen Bogen um sie. Rilkes bewußter Abstieg, durch den er sich mit diesem tiefen Dunkel unseres Daseins auseinandersetzte, enthüllt uns, die wir ihm zu folgen versuchen, ein flammendes Bekenntnis zum Leben und zur Liebe.

Die *Duineser Elegien* rufen nach dem Schleier, auch dann, wenn man das Gelübde gegenüber dem Mysterium des Lebens, der Liebe und des Todes abgelegt hat. Ohne den Schleier geht das Mysterium verloren und mit ihm die Möglichkeit einer heiligen Hochzeit mit dem Seelengefährten. Denn die Seele geht verloren, wenn das Mysterium entfernt wird. Indem der Schleier das innere Geheimnis bewahrt, gibt er der Seelenhochzeit die geheiligte Zeit und den Raum. Für einen Künstler wie Rilke wird die Hochzeit der Seele mit der göttlichen Muse vollzogen, und das Kunstwerk ist eine Bestätigung der Vereinigung von Himmel und Erde, ein Gelöbnis an das göttliche Schöpfertum. Bei Rilke kam die Ekstase der Hochzeit mit der Inspiration, die in den *Duineser Elegien* und den *Sonetten an Orpheus* gipfelte. Aber Rilke trug den Schleier der Finsternis, als er *Die Aufzeichnungen des Malte Laurids Brigge* schrieb, und während der zehn Jahre, die er danach brauchte, um die *Elegien* hervorzubringen. So wie der Schleier mit seiner Furcht und seinem Zittern, seiner tiefen Verzweiflung angesichts der Realität des Todes für Rilke das Präludium für das ekstatische Gelübde war, so ist es auch bei den Liebenden. Nur wenn der Schleier vorhanden ist, kann er gelüftet werden. Nur dann können wir die göttliche Ekstase erfahren, die der Dichter Rumi schilderte:

> Dies ist Liebe: in einen geheimen Himmel fliegen, jeden Augenblick hundert Schleier fallen lassen. Zuerst das Leben loslassen. Zum Schluß einen Schritt tun ohne Füße.[21]

12 Das Gelübde

Rühmen, das ist's! Ein zum Rühmen Bestellter,
ging er hervor wie das Erz aus des Steins
Schweigen. Sein Herz, o vergängliche Kelter
eines den Menschen unendlichen Weins.

Nie versagt ihm die Stimme am Staube,
wenn ihn das göttliche Beispiel ergreift.
Alles wird Weinberg, alles wird Traube,
in seinem fühlenden Süden gereift.

Nicht in den Grüften der Könige Moder
straft ihn die Rühmung lügen, oder
daß von den Göttern ein Schatten fällt.

Er ist einer der bleibenden Boten,
der noch weit in die Türen der Toten
Schalen mit rühmlichen Früchten hält.

Rainer Maria Rilke
Sonette an Orpheus

In einer Nacht, als ich mich in meinem einsamen Zimmer in Zürich, in der tiefen Verzweiflung des Schleiers befand, retteten die *Duineser Elegien* mir das Leben. Nacht für Nacht hatte ich über meine Wunden nachgegrübelt, über die furchtbaren Ungerechtigkeiten meiner Kindheit und über meine scheinbare Unfähigkeit, das Leben so anzunehmen, wie es war – trotz all der Arbeit, die ich innerlich und äußerlich geleistet hatte, um mich in Bereitschaft für die Seelenbeziehung zu wandeln, die sich mir immer zu entziehen schien. In dieser besonderen Nacht wachte ich um vier Uhr morgens aus unruhigem Schlaf auf, und als hätte jemand ihn für mich bereitgestellt, fiel mein Blick auf einen Band der *Duineser Elegien,* den ich nach Europa mitgebracht, bisher aber nicht zu lesen vermocht hatte. In dieser Nacht las ich ihn vom Anfang bis zum Ende durch und schöpfte Hoffnung aus diesen Gedichten, durch die Rilke seine Verzweiflung in Bejahung verwandelte und auf diese Weise, in der Preisung der Geheimnisse der höheren Macht, ein Gelöbnis feierte. Rilke legte sein Gelübde in voller Kenntnis und Bejahung der Zyklen des Lebens und des Todes ab.

Für mich war das Gelübde ein Schrei aus den Tiefen der Verzweiflung, ein Hochzeitsgesang, der Rilke – und alle diejenigen von uns, die diesen Gesang anstimmen – mit dem Göttlichen vermählt. Jede einzelne Elegie erleuchtet wie ein Kristall eine jeweils verschiedene Ansicht des Gelübdes. In den *Elegien* wird der Schleier des Gelübdes immer wieder für diejenigen gelüftet, die sich die Zeit nehmen, hinzusehen und zu hören.

Wer, wenn ich schriee, hörte mich denn aus der Engel
Ordnungen? und gesetzt selbst, es nähme
einer mich plötzlich ans Herz: ich verginge von seinem
stärkeren Dasein. Denn das Schöne ist nichts
als des Schrecklichen Anfang, den wir noch grade ertragen,
und wir bewundern es so, weil es gelassen verschmäht,
uns zu zerstören. Ein jeder Engel ist schrecklich.
Und so verhalt ich mich denn und verschlucke den Lockruf
dunkelen Schluchzens. Ach, wen vermögen
wir denn zu brauchen? Engel nicht, Menschen nicht,
und die findigen Tiere merken es schon,
daß wir nicht sehr verläßlich zu Haus sind
in der gedeuteten Welt.[1]

Als ich diese Anfangszeilen der *Elegien* las, vernahm ich meine eigene Klage, mein Furcht und Zittern vor dem furchtbaren Paradox von Schönheit und Schrecken in unserem Dasein und dem »dunkelen Schluchzen«, das ich in meiner stummen Verzweiflung verschluckte. Indem Rilke durch diese Gedichte den Schmerz seiner Verwundbarkeit, seine qualvollen Kämpfe auf dem Weg zur Hochzeit mitteilte, vermittelte er mir eine Vision des Gelübdes der Wandlung.

Rilkes Klage über die schreckliche Entfremdung der Menschheit ist an die Engel gerichtet, die Sichtbares in Unsichtbares verwandeln und von uns durch einen ehrfurchtgebietenden Abgrund getrennt sind. Ihr bloßes Sein scheint nicht nur unerreichbar, sondern so überwältigend zu sein, daß es unsere Existenz bedroht. Ein jeder Engel ist schreckich, sagt Rilke, denn es ist die Schönheit, die auf geheimnisvolle Weise das Ganze des Daseins bejaht und manifestiert und ein höheres Maß an Wirklichkeit im Unsichtbaren verbürgt.[2] Vor diesem höheren Weg stehen wir voll Furcht und Zittern. Die *Elegien* können als existentieller Ausdruck dieses ehrfurchtgebietenden Paradoxons – der Hochzeit der Schönheit und des Biestes – betrachtet werden.

Eine Frau, deren dreißigjährige Ehe durch die unerwartete Entdeckung des Biestes in ihrem Ehemann in Frage gestellt worden war, fragte mich, ob irgendein Dichter die Paradoxa in Beziehungen zum Ausdruck gebracht hätte – das verwirrende und unvorhergesehene Schwanken einer Beziehung, die einmal als schön und inspirierend und dann wieder als schreckliche Falle erlebt wird. Sie erfuhr gerade den Abstieg in ihrer Beziehung. Rilkes Bejahung der Notwendigkeit in den *Duineser Elegien,* die paradoxe Hochzeit des Schönen und Schrecklichen im Dasein und den zyklischen Wechsel von Abstieg und Aufstieg in unserem inneren Jahr zu akzeptieren, sprach sie an. As Frau war sie sich des Menstruationszyklus von Abstieg und Aufstieg in ihrem Körper bewußt, und als Naturliebhaberin kannte sie die Zyklen der Erde – daß die grünen Wiesen und Weiden und die Bäume aus einem Boden stammten, der einmal Sumpfland gewesen war und daß diese Gebiete dichten Wachstums durch natürliches Feuer wie Blitzschlag oder Vulkanausbrüche vernichtet werden könnten, die wiederum den Boden durch Nährstoffe erneuern würden, so daß das Wachstum weiterginge. Rilke schaut das Entsetzlichste des Daseins (das »Biest«) an und vermag deshalb die Transzendenz, die Schönheit zu sehen und letzten Endes das ganze geheimnisvolle Paradox von Leben und Tod zu bejahen. Es ist diese äußerste Bejahung, die in einer Seelenbeziehung stattfinden muß.

Rilkes Klage ist wie ein Ausstrecken der Hände, das Wagnis einer Beziehung, eine Reise empor aus den dunklen Tiefen. Im

Verlauf der Elegien treten allmählich die Voraussetzungen für unsere Klage und ihre Verwandlung zutage. Erwartungen und eine possessive Haltung, der Wunsch nach dem Absoluten sind die hauptsächlichen Hindernisse, die uns davon abhalten, das Gelübde abzulegen. Wir haben Erfahrungen von Dauer: ein Baum auf einem Abhang, der gestrige Spaziergang, irgendeine anhaltende Gewohnheit. Aber wir weisen sie von uns und verlieren dadurch das Geheimnis alltäglicher Begebenheiten und damit auch das Geheimnis füreinander. Wir sehnen uns nach dem Ganzen in einem Augenblick, aber wenn es uns in Gestalt der Nacht entgegentritt, sind wir von seinem kosmischen Raum überwältigt und schmerzhaft allein. Selbst Liebende verbergen sich lediglich im anderen vor diesem Schicksal. Wenn wir nur die Leere und Einsamkeit ausdrücken, offen darlegen könnten, vielleicht würden wir dann ins Freie gelangen und in innigen Bezug treten.

Ach, sie verdecken sich nur mit einander ihr Los.
Weißt du's *noch* nicht? Wirf aus den Armen die Leere
zu den Räumen hinzu, die wir atmen; vielleicht daß die Vögel
die erweiterte Luft fühlen mit innigerm Flug.[3]

Wenn wir schauen, warten die Sterne darauf, von uns gesehen zu werden, und durch ein geöffnetes Fenster tönende Geigen warten darauf, daß wir sie hören. Das Dasein, diese mögliche Beziehung, ist uns anvertraut. Doch abgelenkt durch unsere Sehnsucht nach dem Absoluten versäumen wir es, zu diesen Angeboten in Beziehung zu treten und erwarten statt dessen die Personifizierung des Absoluten in einem Menschen, den wir lieben. Diejenigen von uns, die auf den Schattengeliebten oder den Märchenprinzen oder die besondere Prinzessin warten, sehen nicht die täglichen Gaben vor ihren Augen, und so hören wir auf, dem Leben zu vertrauen. Rilke drückte dies folgendermaßen aus:

Ja, die Frühlinge brauchten dich wohl. Es muteten manche
Sterne dir zu, daß du sie spürtest. Es hob
sich eine Woge heran im Vergangenen, oder

da du vorüberkamst am geöffneten Fenster,
gab eine Geige sich hin. Das alles war Auftrag.
Aber bewältigtest du's? Warst du nicht immer
noch von Erwartung zerstreut, als kündigte alles
eine Geliebte dir an?[4]

Wir schauen zu den Liebenden auf als Vorbilder. Doch auch sie sind nicht unsterblich; die Natur ruft sie zurück. Vielleicht erleben Liebende diese Vergänglichkeit am intensivsten, denn wenn das erste Geheimnis der Begegnung verblaßt, erkennen sie allmählich, daß der Geliebte nur ein kurzer Aufschub war. Rilke wendet sich an die Liebenden und fragt:

Liebende, euch, ihr in einander Genügten,
frag ich nach uns. Ihr greift euch. Habt ihr Beweise?
Seht, mir geschiehts, daß meine Hände einander
inne werden oder daß mein gebrauchtes
Gesicht in ihnen sich schont. Das gibt mir ein wenig
Empfindung. Doch wer wagte darum schon zu *sein*?
...
Und doch, wenn ihr der ersten
Blicke Schrecken besteht und die Sehnsucht am Fenster,
und den ersten gemeinsamen Gang, *ein* Mal durch den Garten:
Liebende, *seid* ihrs dann noch? Wenn ihr einer dem andern
euch an den Mund hebt und ansetzt –: Getränk an Getränk:
o wie entgeht dann der Trinkende seltsam der Handlung.[5]

Wir sehnen uns nach dem Ewigen, aber es entzieht sich uns. Rilke meinte, daß wir das Ewige von sich aus kommen lassen sollten, statt es in Besitz nehmen zu wollen, ein zum Scheitern verurteiltes Begehren. Wir müssen lernen, unsere Endlichkeit zu akzeptieren und in ihrem Maß zu leben, statt in der Sehnsucht nach dem Unendlichen zu entschweben. Die Liebe fordert uns heraus, das geheimnisvolle Maß des Liebens im menschlichen Bereich zu lernen. Wir können nicht den ganzen Sinn auf die Götter oder auf einander projizieren. Wir können die Seele des anderen nicht besitzen, aber wir können uns das Geheimnis mitteilen.

Fänden auch wir ein reines, verhaltenes, schmales
Menschliches, einen unseren Streifen Fruchtlands
zwischen Strom und Gestein. Denn das eigene Herz übersteigt uns
noch immer wie jene. Und wir können ihm nicht mehr
nachschaun in Bilder, die es besänftigen, noch in
göttliche Körper, in denen es größer sich mäßigt.[6]

Vielleicht, so deutet Rilke an, ist unsere ganze Auffassung von Liebenden falsch. Vielleicht sollten wir statt dessen den Helden als Vorbild des menschlichen Seins betrachten, denn »es erhält sich der Held, selbst der Untergang war ihm/nur ein Vorwand, zu sein: seine letzte Geburt.«[7] Der Kampf eines jeden Helden bringt einen Sturz und ein Ringen mit den Mächten der Finsternis mit sich, aber gerade im Sturz wird der Held geboren und bleibt bestehen. Ist es nicht dies, das wir anzunehmen lernen müssen: daß Fallen zum Wachstum des Menschen gehört, daß gerade die scheinbare Dunkelheit und Niederlage der Boden ist, dem Früchte entspringen? Der Held nimmt mutig das Dasein auf sich: Beginn und Wandel, die Verantwortung des Wählens, Tuns und Weitergehens. Auf diese Weise werden wir geboren, denn selbst im Mutterschoß gibt es Tausende, die ins Leben drängen, doch der Geburtsakt wird nur mit dem Einen vollzogen, der letztlich handelt und keimt. Der Held ist im Samen, im Geburtsakt selbst, anwesend und steht als Symbol für das Werden des Menschen. Das Gelübde gegenüber einer Seelenbeziehung, das Gelöbnis dem Leben und der Liebe gegenüber bedarf des Helden und der Heldin. Denn das heldenhafte Paar gestattet weder der Zudringlichkeit der Sippe noch den Erwartungen der Gesellschaft, noch dem Trägheitsmoment einer verlockenden Sicherheit, ihre Liebe zu zerstören.

Die wahrhaft großen Liebenden, deren Liebe so groß ist, daß sie den Geliebten vom persönlichen Besitzenwollen befreien, nehmen die Leere heroisch an und wachsen liebend in der Ganzheit des Daseins. Lieben lernen heißt, in einem Doppelbereich leben lernen: in der Spannung zwischen Leben und Tod, zwischen unserem Wünschen und unserem Geben, zwischen ängstlichem Festhalten und dem Loslassen von Erwartungen. Rilke gibt uns die Metapher des bebenden Pfeils und Bogens, um dieser Art des liebenden Transzendierens Ausdruck zu verleihen.

. . . Ist es nicht Zeit, daß wir liebend
uns vom Geliebten befrein und es bebend bestehn:
wie der Pfeil die Sehne besteht, um gesammelt im Absprung
mehr zu sein als er selbst. Denn Bleiben ist nirgends.[8]

Ein solches liebendes Transzendieren erfordert Hinhorchen. So wie »Heilige hörten: daß sie der riesige Ruf/aufhob vom Boden; sie aber knieten,/Unmögliche, weiter und achtetens nicht:/*So* waren sie hörend«[9], so müssen auch wir lernen, zu warten und auf das zu hören, was in der Stille kommmt, anstatt besondere Botschaften oder absolute Antworten zu erwarten. Wenn wir dies vermöchten, könnten wir dem Leben ein Gelöbnis ablegen, statt über die Ungerechtigkeit des Lebens zu trauern.
Aber die Irdischen mutet es seltsam an, nicht zu benennen und zu deuten, nichts Bestimmtes zu begehren, an keine bestimmte menschliche Zukunft zu denken. Das Leben loslassen, sterben, neu anfangen, sich der Leere und des Todes bewußt werden, sie als Bestandteil des Lebens annehmen, sind schwere Aufgaben. Aber das ist es, wonach wir streben müssen: nach dem schrecklichen Geheimnis der Engel, dem ehrfurchtgebietenden Gelübde gegenüber dem Leben und Tod als einer Einheit.
Der Künstler, der Liebende, der Heilige, der Held, die Mutter – jeder, der dem Leben ein Gelübde abgelegt hat – ist der oder die irdische Verlobte des Engels, der Orpheus der *Sonette* Rilkes, derjenige, der in die finstersten Tiefen hinabzusteigen vermag, um das Licht des Lebens zu fördern. Obwohl menschliche Wesen in einzigartiger Weise dieses göttlichen Tuns fähig sind, macht unser scheinbares Bedürfnis, auszusondern, uns vom Ganzen zu trennen, uns blind für die Schönheit unseres himmlischen Gemahls. Und so leben wir, konditioniert durch nicht zur Kenntnis genommenes Leiden, unfähig zur Vereinigung mit dem Engel, dem Wesen, welches das Dasein bejaht und dem Seinsganzen innewohnt, in einem doppelten, spiralenförmig auf- und abfüh-

renden, überwältigenden Bereich. Unfähig, in uns selbst das Göttliche zu erblicken, das unsere Sehnsucht nach Heimat in der Welt erfüllen würde, wollen wir das, was wir suchen, in anderen finden und zu ergreifen und festzuhalten versuchen, was wir nicht besitzen können. Durch die ungeheure Anstrengung, besitzen zu wollen, versäumen wir, den Sinn gerade dessen zu begreifen, was wir beklagen: unserer Leiden, unserer Verluste, unserer Leere und Trennung.

Die *Duineser Elegien* drücken in dichterischer Schau den Weg aus, den Jung »Individuation« nennt: jenen Prozeß, durch den Menschen sich differenzieren und zur Ganzheit gelangen. Die ganze Bedingtheit der menschlichen Reise, sowohl die Unzulänglichkeiten als auch die Ahnungen vom Weg der Wandlung, ist in den *Elegien* intuitiv ergriffen. Sie erhellen unsere Entfremdung und deren Ursache, nämlich daß wir nur einem Teil des Daseins gegenüber offen sind (hauptsächlich der lichten Seite), daß wir uns, mit unserem Ich und seinen Wünschen immer noch identifiziert, an diese beschränkte Möglichkeit klammern und dem Leiden, dem Schmerz und dem Dunkel aus dem Wege gehen, nur um uns frustriert und von unserem Sinnzentrum abgeschnitten wiederzufinden. Aber Individuation, der Prozeß des Person-Werdens, in dem wir offen werden für die Ganzheit des Seins, erfordert ein Aufgeben der Wünsche, die das eigene Dasein einschränken. Dazu gehört auch der Verzicht auf die Flucht vor dem Leiden und die Auseinandersetzung mit der scheinbar finsteren Leere.

Der eigentliche Individuationsprozeß – die *bewußte* Auseinandersetzung mit dem größeren inneren Menschen oder dem eigenen Seelenzentrum – beginnt meistens mit einer Verwundung oder einem Leidenszustand, der eine Art von Berufung darstellt, aber oft nicht als solcher erkannt wird. Das Ich fühlt sich vielmehr in seinem Willen oder Begehren behindert, oder man projiziert das Hindernde nach außen . . . nur eines scheint im allgemeinen fast immer wieder hilfreich: daß man sich dem herannahenden Dunkel zukehrt und dessen verborgene Zielrichtung vorurteilslos und möglichst naiv zu erforschen versucht.[10]

Wenn man zu lernen vermag, allem Seienden offen zu sein, dann kann man den »riesigen Ruf«, »die ununterbrochene Nachricht, die aus Stille sich bildet«[11], vernehmen. Nach Jung ist es genau das, was die Individuation erfordert, nämlich das Hören der inneren Stimme. Doch meistens wird der Ruf zunächst als gefährlich empfunden, als etwas, dem man aus dem Weg gehen muß. Die göttliche Hochzeit ist solch ein Ruf, ebenso wie die Seelenhochzeit, und sie stürzt uns manchmal in Furcht und Zittern, ja, sogar in ein Entsetzen vor dem Schrecknis der Vereinigung am Altar des Göttlichen. Deshalb wollen so viele Paare, die sich der äußeren Hochzeit nähern, im letzten Augenblick davor flüchten. Und manchmal bleibt eine Person allein am Altar zurück. Manche erreichen nie das Hochzeitstor – aus Angst, ihre Identität zu verlieren. Der häufige Traum vom »fehlenden Bräutigam« präsentiert dieses Bild. Deshalb haben schöpferische Menschen manchmal Angst davor, ihre Vision zu verwirklichen.

Wenn wir den Ruf und das Gelübde mit unserem ganzen Wesen annehmen, dann können wir hören, was Rilke hörte: »Daß ich dereinst, an dem Ausgang der grimmigen Einsicht,/ Jubel und Ruhm aufsinge zustimmenden Engeln.«[12]

Eine Seelenhochzeit einzugehen, erfordert die Bereitschaft, den Ruf des schöpferischen Zentrums anzunehmen. Man muß bereit sein, sich auf das Geheimnis des anderen, auf die Ich-Du-Beziehung einzulassen. Bereitschaft kommt aus der Lebenserfahrung, daher, daß man die Reise gemacht und entdeckt hat, was für das eigene Wesen wirklich sinnvoll und zentral ist. Der Abstieg in die Unterwelt bringt dieses Wissen, denn unten in den Tiefen ist man mit dem Wesentlichen des Daseins konfrontiert. Das Loslassen, das sich dort ereignet, verleiht uns die Fähigkeit, unsere ungeheuerlichen und allzu idealistischen Erwartungen aufzugeben. Es lehrt uns, das Unwesentliche zu opfern, damit wir frei werden für die Angebote des schöpferischen Zentrums. Bei zunehmender Bewußtheit und Freiheit, indem wir die unnötigen Rollen und Bilder abstreifen, die unsere eigenständige Entwicklung behinderten, verändern wir uns und wenden uns gegen eine Beziehung, die auf Konventionen und kollektiven Erwartungen, auf einem eingeengten Umkreis der Identität beruht. Wenn die Beziehung Dauer haben soll, muß auch sie einen Wandlungsprozeß durchmachen, einen Abstieg und ein Loslassen. Sie muß ihrer alten Starrheit sterben, so daß sie sich in immer weiteren Kreisen bewegt und dem Partner gestattet, aus seiner schöpferischen Mitte zu leben. Dieser Prozeß setzt voraus, daß beide Partner ihr Leben tief genug hinterfragt haben, um grundlegende Werte und schöpferische Bedürfnisse zu erkennen, so daß beide das Verständnis und die Bereitschaft haben, sich gegenseitig in ihrem jeweiligen schöpferischen Prozeß zu ehren und zu unterstützen. Dies erfordert die Fähigkeit, sich zu trennen, so daß jeder tun kann, was er oder sie benötigt, sowie die Sensibilität, zurückzukehren und den anderen an der Seelenreise teilhaben zu lassen. All dies gehört zum Hochzeitsgelübde.

Das Gelübde zu halten, ist jedoch ein täglicher Kampf, weil es einer ständigen Wandlung bedarf. Erinnern wir uns an das verheiratete Paar, das träumte, daß es immer und immer wieder seiner Trauung beiwohnte. Dasjenige in unserem Wesen, das der Hochzeit entgegensteht, verlangt diese ständige Erneuerung des Gelübdes. Mit den Worten Rilkes: »Dieses heißt Schicksal: gegenüber sein/ und nichts als das und immer gegenüber.«[13]

Im Gegensatz zu den Tieren, die, frei von der Notwendigkeit der bewußten Auseinandersetzung mit dem Tod, im offenen Raum existieren, begegnen wir als bewußte Wesen, denen der Tod immer vor Augen steht, nie dem reinen Raum vor uns. Selbst in der Liebe blicken wir niemals rein in das Offene, denn der Liebende ist immer da, »der die Sicht verstellt«. Für Rilke bedeutet der Raum jenen Bereich, wo der Unterschied zwischen Subjekt und Objekt transzendiert wird, wo Trennung und Begrenzung nicht mehr bestehen, wo »Zeitlosigkeit« erlangt wird. Manchmal betreten Kinder diesen Raum, und manchmal nähern sich ihm Liebende an. Aber die endliche Conditio humana verhindert immer den völligen Eintritt in den offenen Raum. Vielleicht empfinden wir dieses Gegenüber als Mann und Frau am intensivsten: Wir wollen mit dem Geliebten verschmelzen, um die totale Einheit mit allem Seienden zu erleben, und werden doch immer durch unsere Unterschiede in die Vereinzelung zurückgestoßen.

Liebende, wäre nicht der andre, der
die Sicht verstellt, sind nah daran und staunen ...
Wie aus Versehn ist ihnen aufgetan
hinter dem anderen ... Aber über ihn
kommt keiner fort, und wieder wird ihm Welt.
Der Schöpfung immer zugewendet, sehn
wir nur auf ihr die Spiegelung des Frein,
von uns verdunkelt.[14]

Einzig im Mutterschoß erfuhren wir je diese Art der Einheit – die Vereinigung mit dem Mutterleib, nach dem die romantische Liebe sich sehnt. Diese Sehnsucht ist gefährlich, denn Entwicklung erfordert Bewußtsein und Trennung. Insofern wir der romantischen Liebe nachtrauern, scheitern wir, denn Bewußtsein erscheint ihr als Fluch. Denn sobald wir den Mutterschoß verlassen haben, sind wir scheinbar bloße Zuschauer, die sich nie ganz innerhalb oder außerhalb von etwas befinden. Unser Sein ist irgendwie umgedreht, so daß wir immer von dem Abschied nehmen müssen, was wir eben erreicht haben.

Und wir: Zuschauer, immer, überall,
dem allen zugewandt und nie hinaus!
Uns überfüllts. Wir ordnens. Es zerfällt.
Wir ordnens wieder und zerfallen selbst.
Wer hat uns also umgedreht, daß wir,
was wir auch tun, in jener Haltung sind
von einem, welcher fortgeht? Wie er auf
dem letzten Hügel, der ihm ganz sein Tal
noch einmal zeigt, sich wendet, anhält, weilt –,
so leben wir und nehmen immer Abschied.[15]

Wenn wir nur dieses flüchtige Dasein besitzen und von dem, was wir wahrnehmen, immer getrennt, immer gegenüber sind und nie bei jemandem oder etwas verweilen können, »warum dann/ Menschliches müssen – und, Schicksal vermeidend,/ sich sehnen nach Schicksal?«[16] Dies ist der Schrei der Verzweiflung, den ich so oft von meinen Klienten höre. Dies war auch das stumme Schluchzen in meinem Herzen in der Nacht, als ich zum ersten Mal Rilke las, jener Nacht, als die *Elegien* mir Hoffnung gaben. Wie eine Frau, die sich nach einer Seelenbeziehung sehnte, zu mir sagte: »Es richtet mich auf, ein universelles Beispiel wie das von Rilke zu haben, damit ich nicht in meiner Depression steckenbleibe, als gäbe es sonst nichts.«

Rilke weist auf zahlreiche fundamentale Aufgaben hin im Bemühen des Menschen, das Gelübde der Bejahung auf dem Weg zur Hochzeit abzulegen: gegenüber der Sexualität, dem Kampf, der Anpassung, unserer tiefen Gespaltenheit und unserem flüchtigen Dasein.

Im Gegensatz zur reinen Liebe, die keine Gegenliebe fordert, beschwört die leidenschaftliche Liebe »des Blutes Neptun, seinen furchtbaren Dreizack.«[17] Im Aufruhr der sexuellen Ekstase kann die einzelne Frau oder der einzelne Mann zum Symbol aller Frauen und Männer und uralter Schrecken werden, die über die individuelle Person hinausgehen. Rilke sagt, daß unsere Liebe nicht an diese besondere Zeit oder diese besondere Person gebunden ist. Vielmehr tritt unser gesamter Ursprung bei jedem besonderen Anlaß der Liebe hervor. Die Ekstasen der Sexualität, wenn die archetypischen Urkräfte erwachen, können die alten Schrecken der Sirenen, der Medusa, der Hexe, des dämonischen Geliebten hervorrufen, ebenso wie die Seligkeit von Schönheit und Biest.

Meinst du wirklich, ihn hätte dein leichter Auftritt
also erschüttert, du, die wandelt im Frühwind?
Zwar du erschrakst ihm das Herz; doch ältere Schrecken
stürzten in ihn bei dem berührenden Anstoß.
Ruf ihn ... du rufst ihn nicht ganz aus dunkelem Umgang.[18]

So mahnt Rilke den individuellen Mann oder die Frau, die für den Geliebten ein und alles sein möchte, daß in jeder tiefen sexuellen Begegnung nicht nur er oder sie, sondern das ganze Spektrum des

Männlichen oder Weiblichen, ja, bis hin zum Ursprung des Menschlichen zutage tritt. Eine einzige irdische Aufgabe, eine liebevolle Tat während des Tages zu vollbringen, kann eine Hilfe sein, diese Urkräfte auszugleichen und zu gründen, so daß wir in den göttlichen Schöpfungsstrom eintreten können.
Denn trotz des Aufruhrs, den sie hervorruft, indem sie an die tiefsten Schichten unseres Seins rührt und die archetypische Dimension weckt, ist die leidenschaftliche Liebe ein Weg zum Göttlichen. In seinen *Briefen an einen jungen Dichter* schreibt Rilke über die innere Beziehung zwischen Sexualität und Schöpfertum.

In einem Schöpfergedanken leben tausend vergessene Liebesnächte auf und erfüllen ihn mit Hoheit und Höhe. Und die in den Nächten zusammengekommen und verflochten sind in wiegender Wollust, tun eine ernste Arbeit und sammeln Süßigkeiten an, Tiefe und Kraft für das Lied irgendeines kommenden Dichters, der aufstehn wird, um unsägliche Wonnen zu sagen. Und rufen die Zukunft herbei; und wenn sie auch irren und sich blindlings umfassen, die Zukunft kommt doch, ein neuer Mensch erhebt sich ...[19]

Krieg, sei es ein innerlicher oder äußerlicher, betont die Abwesenheit des Liebenden und einen Seelenverlust. Wenn wir dem Machttrieb begegnen – in uns selbst, in einander, in einer Nation – sind Liebe und Schöpfertum bedroht. Wir haben die Tendenz, mit Feindseligkeit darauf zu reagieren, und versuchen, den Ring der Macht festzuhalten.

Uns aber, wo wir Eines meinen, ganz,
ist schon des andern Aufwand fühlbar. Feindschaft
ist uns das Nächste. Treten Liebende
nicht immerfort an Ränder, eins im andern,
die sich versprachen Weite, Jagd und Heimat.[20]

Im Gegensatz zum Machttrieb des Krieges ruft Rilke das Bild des Kindes an, dessen Unschuld und spontane Nähe zum Leben wie zum Tod Offenheit erlaubt. Wer zur Hochzeit gehen will, braucht die reine Gegenwart des Kindes.

Zusammen mit dem Schrecken des Krieges und der verschlossenen Feindseligkeit des Machttriebes müssen wir auch mit unserer irdischen Vergänglichkeit ringen. Rilke verwendet die Metapher wandernder Zirkuskünstler als Symbol für den Seiltanz des Lebens. Wie Akrobaten, angetrieben von einem nie befriedigten Willen, sinnlose Handlungen in einem äußerlichen Auftritt des Scheins und der Anpassung auszuführen, jonglieren und springen wir allzu oft auf einem fadenscheinigen Teppich, während die Zuschauer uns zusehen, bis sie sich gelangweilt abwenden. Wir sind zugleich Zuschauer und Aufführung.

Diese Metapher mag auch die äußerliche Schau so mancher Hochzeit ins Bild rücken, die mit ihrer kollektiven Zurschaustellung von Geld die innere Schönheit der stillen Vereinigung zweier Seelen zerstören kann. Eine Klientin, die ihre Hochzeit vorbereitete, während ich dieses Buch schrieb, kam in Panik zu ihrer Sitzung. Sie war im Begriff, das Gefühl einer Seelenbeziehung zu ihrem Verlobten zu verlieren. Sie war von so vielen Forderungen ihrer Eltern besetzt, die den Bräutigam zwar mißbilligten, doch das Bedürfnis hatten, ihre Freunde und Verwandten mit der erwarteten Kollektivvorstellung von einer Hochzeit und ihrem eigenen Auftreten zu beeindrucken, daß sie beinahe ihre Beziehung zur inneren Hochzeit verlor. Dies ist eine typische Geschichte, die ich oft zu hören bekomme, manchmal vor der Hochzeit und manchmal danach, wenn der öffentliche Auftritt vorbei ist und die innere Beziehung ohne festliche Umrahmung zurückbleibt.

Im Gegensatz zu all dem, was diese Zirkusvorstellung enthält, weist Rilke auf das kleine Mädchen in Picassos Gemälde *Les Saltimbanques* hin, das jungfräuliche Hoffnung, Glauben und Heiterkeit symbolisiert, eine heilende Bejahung, die wir uns erhalten müssen. Dieses Bild der Reinheit und des Friedens inmitten der Vorstellung veranlaßt Rilke zu fragen, wo es in unserem unvollständigen Dasein einen Ort gebe, an dem die quantitative Schau und der Flitter in die unzählbaren goldenen Münzen unserer Seele verwandelt werden können. Gibt es für uns nur einen Ort wie Paris, diesen »unendlichen Schauplatz«, wo der Tod entwertet und das Schicksal auf die Erscheinung eines billigen Winterhuts mit unzähligen Rüschen reduziert ist? Oder gibt es einen Ort, von dem wir noch nichts wissen, wo Liebende, diese Akrobaten der Seele, alles ausdrücken und erreichen können, was sie hier nicht zu zeigen vermögen, wo der Boden unter ihnen von Dauer ist, so daß sie die reine Figur des »Herzschwungs« offenbaren können.

Engel!: Es wäre ein Platz, den wir nicht wissen, und dorten,
auf unsäglichem Teppich, zeigten die Liebenden, die's hier
bis zum Können nie bringen, ihre kühnen
hohen Figuren des Herzschwungs,
ihre Türme aus Lust, ihre
längst, wo Boden nie war, nur an einander
lehnenden Leitern, bebend, – und *könntens* . . .[21]

In diesem Bild bietet Rilke die Hoffnung auf einen heiligen Ort für die göttliche Hochzeit. Aber dieser Ort muß in unserem Inneren verwandelt werden. Wie Rilke sagt: »Sichtbar/ wollen wirs heben, wo doch das sichtbarste Glück uns/ erst zu erkennen sich gibt, wenn wir es innen verwandeln.«[22]

Zuerst müssen wir das finden, was wir in unserem Inneren suchen; erst dann kann die göttliche Hochzeit stattfinden. Wir müssen den Schleier lüften und erkennen, daß alles, was wir auf der Welt bewundern und fürchten, das gesamte Spektrum des Lebens vom Abstoßendsten bis zum Schönsten, vom Fürchterlichsten bis zum Liebenswürdigsten, auch in uns selbst gegenwärtig ist.

Nach Rilke ist die göttliche Hochzeit eine Möglichkeit für jeden Menschen. Deshalb ertönt in den *Elegien* plötzlich der Klang der Lobpreisung! Jetzt können wir, statt zu klagen, das Gelübde der Bejahung aktiv leisten. Das Gelübde manifestiert sich im Ausdruck von Form – durch die Schöpfung eines Kunstwerks, wie es Rilkes Art war, oder durch die Geburt eines Kindes, durch den Aufbau einer Stadt oder einer Kultur oder durch einen Akt der Liebe. All dies ist es wert, selbst dem Engel gezeigt zu werden.

. . . Engel,
dir noch zeig ich es, *da!* in deinem Anschaun
steh es gerettet zuletzt, nun endlich aufrecht.
Säulen, Pylone, der Sphinx, das strebende Stemmen,
grau aus vergehender Stadt oder aus fremder, des Doms.
War es nicht Wunder? O staune, Engel, denn *wir* sinds,
wir, o du, Großer, erzähls, daß wir solches vermochten, mein Atem
reicht für die Rühmung nicht aus. So haben wir dennoch
nicht die Räume versäumt, diese gewährenden, diese
unseren Räume.[23]

Mit dieser Erkenntnis wird die Klage zu einem Preisgesang, und der vorher unerreichbare Engel rückt nun in den Bereich der Verständigung. Aber der Engel darf nicht umworben werden; man darf ihn nicht ergreifen zur Hilfe oder zum Trost. Wenn er begehrt oder gefürchtet wird, kann der Engel sich nicht nahen, denn was immer er sei, er transzendiert das Besitzenwollen. Daher beschließt Rilke die Elegie mit den Zeilen:

. . . Glaub *nicht,* daß ich werbe.
Engel, und würb ich dich auch! Du kommst nicht. Denn mein
Anruf ist immer voll Hinweg; wider so starke
Strömung kannst du nicht schreiten. Wie ein gestreckter
Arm ist mein Rufen. Und seine zum Greifen
oben offene Hand bleibt vor dir
offen, wie Abwehr und Warnung,
Unfaßlicher, weitauf.[24]

Unser Wünschen stößt ihn nur zurück. Um zu empfangen, müssen unsere Hände zwar offen, aber nicht zupackend sein. Eine Freundin von mir, die Sängerin ist, sagte mir, daß sie, wenn sie sich zu sehr an die Ziele ihres Singens klammert und die Freude am Prozeß zu verlieren beginnt, zur Lektüre der *Elegien* zurückkehrt, um ihre Mitte und die Weisheit des Loslassens wiederzugewinnen. Dann denkt sie daran, daß sie nicht singt, um »gut« zu sein, sondern weil sie das Singen liebt!
Wir sind nicht Menschen, um Glück zu erlangen, »diesen voreiligen Vorteil eines nahen Verlusts«,[25] denn Glück ist zu flüchtig und gewöhnlich auf falschen Erwartungen gegründet. Noch sind

Neugier oder Gefühle ausreichend, um ein so schmerzliches Schicksal zu erfordern. Nicht aus diesen Gründen sind wir hier.

Aber weil Hiersein viel ist, und weil uns scheinbar
alles das Hiesige braucht, dieses Schwindende, das
seltsam uns angeht. Uns, die Schwindendsten. *Ein* Mal
jedes, nur *ein* Mal. *Ein* Mal und nichtmehr. Und wir auch
ein Mal. Nie wieder. Aber dieses
ein Mal gewesen zu sein, wenn auch nur *ein* Mal:
irdisch gewesen zu sein, scheint nicht widerrufbar.[26]

Dies ist unsere Ekstase. Als irdische Geschöpfe mit einem bewußten Bezug zum Ewigen werden wir gebraucht, um das Dasein zu preisen. Dies ist zugleich unsere größte Möglichkeit und unsere Aufgabe. Der Akt des ständigen Preisens, des Opferns, des Rühmens des Hier und Jetzt wird für andere zur Brücke auf dem Weg zur Hochzeit. Der Traum der Frau, von der ich im Kapitel über den Schattengeliebten berichtete, veranschaulicht die Schönheit des Menschseins. In dem Traum sagt die Muttergottes zu ihr in ihrer tiefen Verzweiflung:

Du sollst wissen, *daß ich dich um dein körperliches Leben beneide*. Jetzt ist alles geklärt, damit du einen neuen Weg gehen kannst, und du mußt ihn gehen, da meine Göttlichkeit von deinem Menschsein abhängt und davon, daß du das dir bestimmte menschliche Leiden voll und ganz lebst. Wir können unsere Arbeit nicht tun, ohne daß du die deinige tust. Du mußt weitermachen. Dir ist eine Arbeit auferlegt.

Auf der Schwelle zwischen Endlichem und Unendlichem, zwischen Zeitlichkeit und Ewigkeit lebend, besteht unsere Aufgabe darin, von seiten des Endlichen her zu preisen, so wie Rilkes Engel vom Ewigen her preist. Uns obliegt, die Dinge zu preisen, die wir gesehen haben.

Bringt doch der Wanderer auch vom Hange des Bergrands
nicht eine Hand voll Erde ins Tal, die Allen unsägliche, sondern
ein erworbenes Wort, reines, den gelben und blaun

Enzian, Brunnen, Tor, Krug, Obstbaum, Fenster, –
höchstens: Säule, Turm ... aber zu *sagen,* verstehs,
oh zu sagen *so,* wie selber die Dinge niemals
innig meinten zu sein.[27]

Wir, die wir die Macht der Rede besitzen, können mit dem Wort preisen.
Nicht die endlichen Dinge dieser Welt zu würdigen, hieße das Vertrauen verraten, welches das Dasein in uns gelegt hat. Wie Rilke in den *Elegien* immer wieder zum Ausdruck bringt, übersehen wir diese Gabe oft, weil wir mehr erwarten und immer auf das Absolute warten. Vielleicht ist es deshalb nicht unsere Aufgabe, das »Unsägliche« zu rühmen, die absolute Erfahrung, die der Engel weit besser kennt, sondern vielmehr die einfachen Dinge der Erde.
Wir als Erwachsene müssen den Bezug zu den Dingen wieder erlernen, den wir einmal als Kinder besaßen. Die Dinge »bergen« hat eine zweifache Bewegung und Wirkung. Zum einen können wir das äußere Ding in etwas Innerliches verwandeln, das bei uns bleibt und durch das wir mehr über uns selbst erfahren können. Zum anderen können wir unsere Innerlichkeit in einem äußeren Kunstwerk ausdrücken, durch das wir das Geheimnis mit anderen teilen.
Wenn wir ein Ding benennen, was immer es sei, ob Quelle oder Träne, enthüllen wir seine Gestalt und zeigen somit die positive Struktur sogar dessen auf, was auf den ersten Blick als leidvoll erscheint. Auf diese Weise vermögen wir auch dem Dasein etwas zu geben. Denn Rilke verkündet, daß flüchtige Dinge von uns verwandelt werden »wollen« und dazu da sind, daß wir es tun. Die vergänglichen Dinge der Erde bedürfen unser, damit wir ihnen durch den Geist Dauer verleihen, indem wir ihr Dasein im Wort verkünden. Und indem wir ihr Dasein rühmen, werden wir zu einem Teil des Ganzen. Unsere Aufgabe ist es, dem Engel zu zeigen,

wie selbst das klagende Leid rein zur Gestalt sich entschließt,
dient als ein Ding, oder stirbt in ein Ding –, und jenseits

selig der Geige entgeht, – Und diese, von Hingang
lebenden Dinge verstehn, daß du sie rühmst; vergänglich,
traun sie ein Rettendes uns, den Vergänglichsten, zu.
Wollen, wir sollen sie ganz im unsichtbarn Herzen verwandeln
in – o unendlich – in uns! Wer wir am Ende auch seien.[28]

Wenn wir zeigen können, »wie selbst das klagende Leid rein zur Gestalt sich entschließt«, wie Rilke es tat, indem er die *Duineser Elegien* schrieb, dann werden wir den Wendepunkt erkennen, wo Klage zum Preisgesang wird. Desgleichen werden wir begreifen, daß auch unser Leiden Sinn hat und uns die Möglichkeit gibt, diese Aufgabe der Wandlung zu vollziehen. Rilke schrieb einmal, daß die *Duineser Elegien,* die er schließlich einer so großen Verzweiflung abgerungen hatte, ein Zeugnis seien für diese Möglichkeit des Verwandelns von Verzweiflung und daß er hoffe, dies würde anderen eine Ermutigung sein.

Daß ein Mensch, der sich durch das heillose Zusetzen jener Jahre bis in seinen Grund zerspalten gefühlt hatte, in ein Früher und ein damit unvereinliches absterbendes Jetzt: daß ein solcher Mensch die Gnade erfährt, wahrzunehmen, wie in noch geheimerer Tiefe, *unter* diesem aufgerissenen Spalt, die Kontinuität seiner Arbeit und seines Gemüts sich wiederherstellte . . ., scheint mir mehr als nur ein privates Ereignis zu sein; denn es ist damit ein Maß gegeben für die unerschöpfliche Schichtung unserer Natur, und wie viele, die aus dem einen oder anderen Grunde sich zerrissen glauben, dürften aus diesem Beispiel der Fortsetzbarkeit eine eigentümliche Tröstung ziehen.[29]

Haben wir einmal erkannt, daß alle unsere Erfahrungen, sogar die dunklen, vor denen wir meistens fliehen, uns auf dem Weg zur Hochzeit eine Hilfe sind, werden wir fähig sein, das Dasein vorbehaltlos zu preisen, denn wir erkennen, daß sogar das Schrecklichste, der Tod, ein Freund in diesem Unternehmen ist. Daher feiert Rilke das Gelübde in einem Gesang des Annehmens und Rühmens.

Erde, ist es nicht dies, was du willst: *unsichtbar*
in uns erstehn? – Ist es dein Traum nicht,
einmal unsichtbar zu sein? – Erde! unsichtbar!
Was, wenn Verwandlung nicht, ist dein drängender Auftrag?
Erde, du liebe, ich will. Oh glaub, es bedürfte
nicht deiner Frühlinge mehr, mich dir zu gewinnen –, *einer,*
ach, ein einziger ist schon dem Blute zu viel.
Namenlos bin ich zu dir entschlossen, von weit her.
Immer warst du im Recht, und dein heiliger Einfall
ist der vertrauliche Tod.
Siehe, ich lebe. Woraus? Weder Kindheit noch Zukunft
werden weniger... Überzähliges Dasein
entspringt mir im Herzen.[30]

Eine Frau, die ihrem Tod gegenübergestanden hatte und dem möglichen Tod ihres Mannes, der an einer schweren Krankheit litt, sagte mir, daß diese Zeilen Rilkes für sie das Gelübde der Lebensbejahung zum Ausdruck brachten. Mit ihren Worten: »Die Elegien sind mir sowohl Trost als auch Herausforderung.«

Der Akt des Rühmens der Erde und der Verwandlung des Sichtbaren in das Unsichtbare, der Bewahrung des Vergänglichen, ist uns nur möglich, weil wir auf der Schwelle zwischen Vergänglichem und Ewigem stehen. Wenn wir lernen, das Sichtbare in das Unsichtbare zu verwandeln, machen wir die Erfahrung, daß unser Leben in Wirklichkeit einer großen Einheit entspringt – der Hochzeit von Himmel und Erde.

In der symbolischen Erfahrung, die Rilke die Verwandlung des Sichtbaren in das Unsichtbare nennen würde, kehren wir zu diesem Einheitserlebnis zurück. Das ist die Hochzeit! Erich Neumann schildert in seinem Essay »Schöpferischer Mensch und Wandlung« diese symbolische einheitliche Wirklichkeit folgendermaßen:

Das Lebendigwerden der Dinge, einer Landschaft oder eines Kunstwerks ebenso wie ihr »Transparentwerden« ist ihre Verwandlung in das, was wir als Einheitswirklichkeit bezeichnen. ... Deswegen ist die Einheitswirklichkeit nichts Unerfahrbares, sondern sie ist die Welt, welche immer da vom Menschen erlebt wird, wo die mit der psychischen Systemtrennung verbundene Weltpolarisierung von Innen und Außen noch nicht oder nicht mehr vorhanden ist. Sie ist die eigentliche, ganzheitliche Welt der Wandlung, wie sie der schöpferische Mensch erfährt.[31]

Die einheitliche Wirklichkeit kann sich in einer Vielfalt von Erfahrungen offenbaren, in der Natur, in Dingen, in Träumen, in der Liebe und in der Kunst; und wenn dies geschieht, erfahren wir eine Wirklichkeit, die tiefer ist als jene, die wir täglich ergreifen. Die Verwandlung des Sichtbaren in das Unsichtbare stellt uns in diesen einheitlichen Raum, wo wir die Vereinigung des Archetypischen mit dem Konkreten erleben, und so gehen wir auf diese Weise in die Einheit ein. Doch die Einheit, in die wir eintreten, ist nicht diejenige des allbeschützenden Mutterschoßes, der unsere Einzigartigkeit verschlingt. Wir betreten sie auch nicht durch eine regressive Sehnsucht. Sie ist vielmehr die Einheit aller Aspekte des Daseins, eine differenzierte Einheit, die unser bewußtes Annehmen erfordert. In dieser bewußten und endlichen Einheit sind wir die Hinfälligsten und dennoch der Ort, an dem das Sein sich öffnet. Wie Heidegger sagt, besteht unser Wesen darin, »dazusein«, wo das Sein sich öffnet und offenbart, und unsere Aufgabe besteht darin, uns der Offenbarung zu öffnen und zu versuchen, sie durch Ausdruck zu bewahren. Laut Heidegger findet die grundlegende Erfahrung des Sichöffnens dann statt, wenn der Mensch imstande ist, das Geheimnis des Todes in seinem Sein zu akzeptieren und zu bejahen. Denn im Annehmen unseres »Seins-zum-Tode« geben wir unser Verlangen auf, die Wirklichkeit kontrollieren zu wollen, und sind daher in der Lage, das anzunehmen, was sich uns darbietet. Für Rilke hat der Tod dieselbe Bedeutung, und so kann es wirklich sein, daß der Tod »die heiligste Inspiration« ist, jener »freundliche Tod«. Denn der Tod ist die äußerste Wandlung und Schwelle. Wie Rilke in seinem Kommentar über die Bedeutung der *Elegien* schreibt:

Lebens- und *Todesbejahung erweist sich als Eines in den »Elegien«.* Das eine zuzugeben ohne das andere, sei, so wird hier erfahren und gefeiert, eine schließlich alles Unendliche ausschließende Einschränkung. Der Tod ist die uns abgekehrte, von uns unbeschienene *Seite des Lebens:* wir müssen versuchen, das größeste Bewußtsein unseres Daseins zu leisten, das in *beiden unabgegrenzten Bereichen* zu Hause ist, *aus beiden unerschöpflich genährt*... Die wahre Lebensgestalt reicht durch beide Gebiete, das Blut des größesten Kreislaufs treibt durch beide: *es gibt weder ein Diesseits noch Jenseits, sondern die große Einheit,* in der die uns übertreffenden Wesen, die »Engel«, zu Hause sind.[32]

Wenn wir den Tod, diesen letzten »Drachen«, dem wir begegnen müssen und hinter dem sich vielleicht eine »Prinzessin« verbirgt, als unsere innerste Möglichkeit begreifen, damit wir uns der Ganzheit des Daseins stellen und sie akzeptieren können, kann unsere Klage in einen Preisgesang verwandelt werden.

Daß ich dereinst, an dem Ausgang der grimmigen Einsicht,
Jubel und Ruhm aufsinge zustimmenden Engeln.
Daß von den klar geschlagenen Hämmern des Herzens
keiner versage an weichen, zweifelnden oder
reißenden Saiten. Daß mich mein strömendes Antlitz
glänzender mache; daß das unscheinbare Weinen
blühe. O wie werdet ihr dann, Nächte, mir lieb sein,
gehärmte. Daß ich euch knieender nicht, untröstliche Schwestern,
hinnahm, nicht in euer gelöstes
Haar mich gelöster ergab. Wir, Vergeuder der Schmerzen.
Wie wir sie absehn voraus, in die traurige Dauer,
ob sie nicht enden vielleicht. Sie aber sind ja
unser winterwähriges Laub, unser dunkeles Sinngrün,
eine der Zeiten des heimlichen Jahres –, nicht nur
Zeit –, sind Stelle, Siedelung, Lager, Boden, Wohnort.[33]

In diesen Versen bestätigt Rilke, daß die Leiden selbst ein Teil unseres Wachstums sind, eine notwendige Jahreszeit unseres inneren Jahres. Nur dann, wenn wir Leiden und Schmerz nicht als Bestandteil unseres Daseins anzunehmen vermögen, sind wir zum Klagen verurteilt. Und paradoxerweise entdecken wir, sobald wir das Leid annehmen können und es nicht »vergeuden«, daß es unser Wachstum und selbst unsere Freude geheimnisvoll gründet, daß es uns eine Tiefe und Fülle gibt, die wir nicht vorausgesehen haben. Oft sind Menschen »Vergeuder der Schmerzen«, indem sie ihnen durch zahlreiche Ablenkungen aus dem Wege gehen und einen »Trostmarkt« suchen. Rilke stellt die bürgerliche Daseinsweise, die dem Leid aus dem Weg zu gehen sucht, der Lebensweise gegenüber, die mutig der Klage ins Auge sieht. Die erstere nennt er »Leid-Stadt« und schildert das Leben dort: die Leere hinter der Fassade dieses oberflächlichen Seinskarnevals, sein Profitdenken, den Freuden nachjagend und auf Glück hoffend, überfüllt mit immer neuen Zerstreuungen, die den Menschen davon abhalten, sich dem Tod zu stellen. Ein solches Dasein ist einerseits oberflächlich neu und andererseits langweilig und kraftlos – und immer auf der Flucht vor dem Tode.

Unmittelbar dahinter befindet sich jedoch ein Bereich, der echter ist, der instinkthafte Raum, in dem Kinder spielen und Liebende sich lieben. Einige von uns kommen so weit und sehen dann, ein wenig weiter blickend, das Land der Klage. Rilke verwendet die Metapher eines Jünglings, der, von einem Mädchen dieser Gegend angezogen, ihr eine Weile folgt, aber, als sie ihm zeigt, wie weit er gehen muß, kehrt macht, da er ihren wahren Wert nicht begreift. Dies symbolisiert die Haltung derjenigen, die den Wert des Leidens und Sterbens immer noch nicht einsehen, die immer noch Gefangene jener künstlichen Trennung zwischen Freude und Leid sind, zwischen Leben und Tod. Nur diejenigen, die aufgehört haben, diese Trennung zu setzen, können dem Mädchen folgen.

Angelangt im Land der Klage, entdeckt man endlich die reinen Gefühle, emporgehoben aus den Tiefen, aus den Urzeiten, als die Menschen noch ihren eigenen Tod starben im Gegensatz zur modernen Zeit in der Leid-Stadt, wo man dem Tod und allen echten und geheimnisvollen Erfahrungen aus dem Weg geht. Wenn man weitergeht, wird man durch die große Fülle archetypischer Gestalten, die Ursprünge der Menschheit, geführt. Dieses Land beschreibend, äußert eine der Klagen:

– Wir waren,
sagt sie, ein Großes Geschlecht, einmal, wir Klagen. Die Väter
trieben den Bergbau dort in dem großen Gebirg; bei Menschen
findest du manchmal ein Stück geschliffenes Ur-Leid
oder, aus altem Vulkan, schlackig versteinerten Zorn.
Ja, das stammte von dort. Einst waren wir reich. –
Und sie leitet ihn leicht durch die weite Landschaft der Klagen,
zeigt ihm die Säulen der Tempel oder die Trümmer
jener Burgen, von wo Klage-Fürsten das Land
einstens weise beherrscht. Zeigt ihm die hohen
Tränenbäume und Felder blühender Wehmut,
(Lebendige kennen sie nur als sanftes Blattwerk);
zeigt ihm die Tiere der Trauer, weidend ...[34]

Der Eintritt in dieses Land der Klage, »in die Tiefen«, wie Rilke an anderer Stelle sagt, stellt die tiefsten Schichten und Konfigurationen des Menschlichen dar, die verschiedenen archetypischen Gestalten, denen wir alle früher oder später gegenübertreten müssen. Rilke benennt einige dieser »Sterne des Leidlands«: zum Beispiel den »Reiter«, ein Symbol für die Einheit der Menschheit mit ihren Instinkten; den »Weg«, ein Symbol für die Reise durch das Leben, die wir alle antreten müssen; das »Fenster«, ein Symbol für den offenen Eingang, den wir uns in der Welt verschaffen müssen; und schließlich »das klar erglänzende ›M‹, das die Mütter bedeutet«, ein Symbol des schöpferischen Ursprungs aller Dinge.[35]

Doch der Weg führt letztlich sogar über diese besonderen archetypischen Konstellationen hinaus, so daß wir schließlich alle zur Quelle weiter müssen, die uns mit unserem Ursprung konfrontiert, dem Strom, der uns alle trägt. Dann erkennen wir, daß am Ursprung des Leides im Land der Klage ein Strom der Freude entspringt, der die Menschheit eint. Wenn man das erkennt, kann man alle Dinge annehmen, selbst das geheimnisvollste Schicksal.

Wenn diejenigen, die den Tod kennen, uns ihre Erkenntnis durch ein Bild mitteilten, das auch das unsrige ist, würden sie auf die wachsenden Dinge zeigen, die abfallen – wie die Eichkätzchen –, oder auf die fallenden Dinge, die Wachstum bringen, zum Beispiel den Regen.

Aber erweckten sie uns, die unendlich Toten, ein Gleichnis,
siehe, sie zeigten vielleicht auf die Kätzchen der leeren
Hasel, die hängenden, oder
meinten den Regen, der fällt auf dunkles Erdreich im Frühjahr. –
Und wir, die an *steigendes* Glück
denken, empfänden die Rührung,
die uns beinah bestürzt,
wenn ein Glückliches *fällt*.[36]

Mit diesen Zeilen, die bekräftigen, daß auch das »Fallen« voll Freude sein kann und daß es unsere Quelle des Wachstums und des Schöpfertums ist, wenn wir uns letzten Endes in die Tiefe zu fallen erlauben, enden die *Duineser Elegien*. Mit der Vollendung der *Elegien* war die Verwandlung von Rilkes Verzweiflung in die Bejahung vollzogen.[37] Rilke tat, was Malte nicht vermocht hatte: er nahm die gesamte Wirklichkeit an mit all ihren Gegensätzen und Paradoxen, den schrecklichen und zerstörenden Aspekten wie den reinen und inspirierenden. Jetzt konnte er in seiner eigenen, endlichen Weise das vollbringen, was Malte vorgeschwebt hatte: »Lieben ist dauern«.

In diesem äußersten Gelübde dem Dasein gegenüber singt Rilke dem Göttlichen das Hochzeitslied der Seele. Das Hochzeitsgelübde bestätigt die Einheit von Liebe und Tod in einem Gesang an das Leben als ein Ganzes. Selbst das dunkelste Schicksal, der Tod, wird als wesentlicher Teil des Lebens bejaht. Die Elegien enden mit dem Kreislauf des Wachstums, mit dem Bild des Regens, der von den hohen Regenbäumen auf die tiefe, dunkle Erde, den Seinsgrund, fällt, des Regens, der die von Bitterkeit verhärtete Erde erweicht, der mit Tränen fruchtbringender Empfänglichkeit das Sein nährt, der neues Wachstum und das Erblühen unseres Daseins gewährleistet. Als Wanderer auf dem Weg zur Hochzeit können wir uns alle die Hände reichen und im zyklischen Ring der heiligen Hochzeit tanzen und singen.

13 Der Ring der Liebe

Ich lebe mein Leben in wachsenden Ringen,
die sich über die Dinge ziehn.
Ich werde den letzten vielleicht nicht vollbringen,
aber versuchen will ich ihn.

Ich kreise um Gott, um den uralten Turm,
und ich kreise jahrtausendelang;
und ich weiß noch nicht: bin ich ein Falke, ein Sturm
oder ein großer Gesang.

Rainer Maria Rilke
Das Stunden-Buch

Auf dem Weg zur Hochzeit zu sein heißt, dem großen Ring des Geheimnisses, in dem wir leben, Ehre zu erweisen, unsere zyklische Bewegung, die immer weiter wachsenden Ringe unseres Lebens, zu preisen. Wenn ich sehe, wie mein Leben im großen Ring des Geheimnisses tanzt, weiß ich, daß jede Jahreszeit mich mit den Energien begrüßen wird, die ich zur Wandlung brauche, um mein Leben und meine Liebe zu bereichern. Ich weiß, daß ich in meinen persönlichen Zyklen immer wieder zu dem zurückkehren werde, was ich vorher durchlebt habe, und wie schmerzhaft, schrecklich oder dunkel es zur Zeit auch gewesen sein mag, jetzt ist es der reiche Felsen, aus dem ich die kristallenen Visionen meiner Heilkunst schlage. Ich habe erfahren, daß die Wunden meines Lebens zur Quelle des heilenden Zyklus werden. So wie der vibrierende Ring meines Lebens sich in seiner geheimnisvollen Weise aus den Tiefen zu den Höhen bewegt und dann wieder von äußerstem Schmerz zur Ekstase, so kreist auch der Ring in meiner Seelenbeziehung. Auch die Hochzeit hat ihre Abstiege und ihre Wunden, und sie sind die Quelle der Erneuerung und der Energien der Wandlung, so daß der Zyklus eines Lebens, das man mit einem anderen teilt, durch das Miteinander offener und schenkender wird.

Der Ehering symbolisiert die Ganzheit jeder Person und die kosmische Ganzheit, in der beide wohnen. Wenn Liebende einander den Ehering schenken und ihn empfangen, dann ehren sie damit das Gelübde der Bejahung dieses Geheimnisses bis in den Tod. Das Geschenk des Ringes feiert die göttliche Liebe, die größer ist als diese beiden.

Wenn die Ringe, die getauscht werden, jedoch Ringe der Macht sind, dann wird der Hochzeit ihre Gründung im Transzendenten vorenthalten. Statt dessen erleben wir dann all die Frustrationen der Machtspiele und Manipulationen. Es ist das verschlossene Ich, das sich zu einer Ehe ständiger Zwietracht verbindet, die nur in Scheidung und Entfremdung oder in einer Beziehung unter dem Auge einer Hexe oder eines Dracula enden kann. Statt der offenen Großzügigkeit des Wachstums, die man bei einer Seelenhochzeit empfindet, engt der Austausch des Ringes der Macht das Dasein auf etwas quantitativ Zählbares ein (wie die Riesen, den Zwerg Alberich und Wotan in ihrem Verhältnis zum Ring). Nur im Ring der Macht verlangen wir vom anderen, daß er oder sie ihre Mitte aufgibt, oder wir geben die unsere auf, und dies geschieht gewöhnlich aufgrund unserer Ängste und Wünsche, unserer Abhängigkeit, unserer Projektionen und Machtbedürfnisse. Wie Jung sagte: »Wo Liebe herrscht, gibt es keinen Willen zur Macht; und wo der Wille zur Macht vorherrscht, fehlt die Liebe. Das eine ist nur der Schatten des anderen.«[1] Jung weist darauf hin, daß bei der ersten Begegnung und am Anfang einer Beziehung die Projektion ein wesentlicher Faktor der Anziehung ist. Die Projektionen können entweder bewußte Ideale unserer Phantasie sein, von denen wir wünschen, daß unser Partner sie besitze, oder Eigenschaften aus dem Unbewußten, die wir auf den anderen projizieren, aber in Wirklichkeit in uns selbst integrieren müssen. Wenn diese Projektionen vom Partner abzufallen beginnen, kommt es gewöhnlich zu einem Abstieg in der Beziehung, in Form von Depression, Angst oder Zorn darüber, daß der Partner nicht das ist, was wir uns in unserer Phantasie vorgestellt hatten. Dann werden wir gezwungen, nach innen zu blicken und den anderen in uns selbst zu sehen. Wie eine Frau zu mir sagte: »Erst als meine Phantasievorstellungen über meinen Mann zusammenbrachen, begann ich die Möglichkeit der göttlichen Hochzeit in mir selbst zu spüren.«

Wenn die Projektionen vom Partner abzufallen beginnen, oder wenn der Partner sie zurückweist, weil sie nicht dem entsprechen, was er oder sie ist, oder weil sie das Geheimnis des anderen auf eine Rolle oder ein falsches Bild reduzieren, dann beginnt der Machtkampf. Der Ring der Macht wird bedroht, und die gesicherte Identität der Beziehung gerät ins Wanken. Der Durchbruch vom Ring der Macht zum Ring der Liebe erfordert einen Abstieg. Ebenso wie die Wandlung in einem individuellen Leben einen Abstieg erfordert, einen Tod vor der Wiedergeburt, so ist es auch in einer Beziehung. Der schöpferische Prozeß in einem individuellen Leben wie in einer Beziehung wirft uns in einen Ring des Abstiegs und Aufstiegs, einen Ring, der uns von unseren Ich-Projektionen und Plänen fortzieht und uns verzichten läßt auf die Art und Weise, wie wir gewöhnlich uns selbst, die Welt und den anderen betrachten. Eine der Gefahren beim Durchbruch durch den Ring der Macht, wenn man in den Abgrund hinabsteigt, ist die, daß man von den wilden, chaotischen Mächten, die da unten rasen und toben, zerrissen wird. Doch wenn man dieses Risiko nicht auf sich nimmt, riskiert man den Verlust sämtlicher schöpferischen Möglichkeiten des Menschen. Wie Rilke nachdrücklich sagte, ist Mut zu allen Aspekten des Daseins, selbst zum »Unerhörten«, wesentlich für die Reise des Menschen, für die Suche nach einer Seelenbeziehung. Er schreibt:

Wir müssen unser Dasein so *weit,* als es irgend geht, annehmen; alles, auch das Unerhörte, muß darin möglich sein. Das ist im Grunde der einzige Mut, den man von uns verlangt: mutig zu sein zu dem Seltsamsten, Wunderlichsten und Unaufklärbarsten, das uns begegnen kann. Daß die Menschen in diesem Sinne feige waren, hat dem Leben unendlichen Schaden getan; die Erlebnisse, die man »Erscheinungen« nennt, die ganze sogenannte »Geisterwelt«, der Tod, alle diese uns so anverwandten Dinge, sind durch die tägliche Abwehr aus dem Leben so sehr hinausgedrängt worden, daß die Sinne, mit denen wir sie fassen könnten, verkümmert sind. Von Gott gar nicht zu reden. Aber die Angst vor dem Unaufklärbaren hat nicht allein das Dasein des einzelnen ärmer gemacht, auch die Beziehungen von Mensch zu Mensch sind durch sie beschränkt . . . Aber nur wer auf alles gefaßt ist, wer nichts, auch das Rätselhafteste nicht, ausschließt, wird die Beziehung zu einem anderen als etwas Lebendiges leben und wird selbst sein eigenes Dasein ausschöpfen.[2]

Nur wenn wir die chaotischen, irrationalen Kräfte in den Tiefen unseres Wesens konfrontieren, werden wir imstande sein, sie in etwas Produktives zu verwandeln, und, wichtiger noch, nur dann werden wir ihnen in einem anderen begegnen können. Wir müssen dem Dracula und der Hexe in unserem eigenen Inneren ins Auge sehen können, dem Sog des dämonischen Geliebten, den Begrenzungen des Märchenprinzen und der besonderen Prinzessin, bevor wir die Tiefe einer Seelenhochzeit zu finden vermögen. Dies war die Reise, die Rilke in seinem Leben unternahm, und aus dem Ring des Abstiegs in die Leere des Zentrums entstanden die *Duineser Elegien* und die *Sonette an Orpheus,* die das Leben ekstatisch preisen. Das Zentrum, das seinen Ich-Wünschen als eine Leere erschien, war das Zentrum der Wandlung und Geburt, und die Quelle ihres Ursprungs war der Bezug zur Mitte jenes Bereichs, dessen Tiefe und Einfluß wir mit den Toten und den künftigen Generationen teilen. Die Sonette drücken den Eintritt in diese große Einheit, jene »offene Welt« aus, den Ring, der die beiden Bereiche des Lebens und des Todes umfaßt. Was Rilke über die Schöpfung der *Elegien* und der *Sonette* sagte, schildert gleichzeitig das, was für den Durchbruch durch den Ring der Macht zum Ring der Liebe nötig ist.

Zwei innerste Erlebnisse waren für ihre Hervorbringung entscheidend: Der im Gemüt mehr und mehr erwachsene Entschluß, das Leben gegen den Tod hin offen zu halten, und, auf der anderen Seite, das geistige Bedürfnis, die Wandlungen der Liebe in dieses erweiterte Ganze anders einzustellen, als das im engeren Lebenskreislauf (der den Tod einfach als das Andere ausschloß) möglich war.[3]

Rilke geht auf seine Auffassung von Tod und Liebe näher in einem Brief ein, den er nach der Vollendung seiner beiden Werke schrieb und in dem er festhält, daß der Tod nicht im Gegensatz zur Liebe stehe, sondern vielmehr dem Wesen der Liebe innewohne. Denn die Liebe nimmt das Dasein als Ganzes an, einschließlich des Todes, und der Liebesakt selbst ist eine Art von Tod insofern, als er ein Loslassen von Kontrolle und Besitzenwollen erfordert, einen Tod des Ich, ein Opfer des Ringes der Macht. Die Liebe verlangt, daß man seine vorgefaßten Begriffe und Ansprüche an den anderen und das Universum aufgibt und alles akzeptiert, was auf einen zukommt, das Ganze. Der Weg vom Ring der Macht zum Ring der Liebe ist der Weg der Geduld, das Warten auf die Möglichkeit, die Vision zu verwirklichen, das Aushalten der Spannung der Gegensätze von Innen und Außen, das immerwährende Streben, sie zu vereinigen. Rilke hielt das Warten für wesentlich für den schöpferischen Prozeß der Liebe und des Lebens, für das äußerste Opfer, die Hingabe an die Gnade.

Lassen Sie Ihren Urteilen die eigene stille, ungestörte Entwicklung, die, wie jeder Fortschritt, tief aus innen kommen muß und durch nichts gedrängt oder beschleunigt werden kann. *Alles* ist austragen und dann gebären. Jeden Eindruck und jeden Keim eines Gefühls ganz in sich, im Dunkel, im Unsagbaren, Unbewußten, dem eigenen Verstande Unerreichbaren sich vollenden lassen und mit tiefer Demut und Geduld die Stunde der Niederkunft einer neuen Klarheit abwarten: das allein heißt künstlerisch leben: im Verstehen wie im Schaffen.
Da gibt es kein Messen mit der Zeit, da gilt kein Jahr, und zehn Jahre sind nichts. Künstler sein heißt: nicht rechnen und zählen, reifen wie der Baum, der seine Säfte nicht drängt und getrost in den Stürmen des Frühlings steht ohne die Angst, daß dahinter kein Sommer kommen könnte. Er kommt doch. Aber er kommt nur zu den Geduldigen, die da sind, als ob die Ewigkeit vor ihnen läge, so sorglos still und weit. Ich lerne es täglich, lerne es unter Schmerzen, denen ich dankbar bin: *Geduld* ist alles![4]

So ist es auch mit der Liebe – sie bedarf der Geduld, daß der andere sich wandelt, daß man selbst sich wandelt und daß die Beziehung ein Ganzes wird.

Wenn in einer Seelenhochzeit die Liebenden die Ringe tauschen, bekräftigen sie damit den offenen Ring der Liebe, die Ganzheit des anderen und ihrer Beziehung im größeren Zyklus des Daseins. Die Ekstase des Ringtausches ist jenes offene Schenken, das einen in so reiner Weise hinaushebt über den engen Kreis der zwanghaften Ichkontrolle in die orgasmische Energie, die in sich ständig erweiternden Seinssphären schwingt. Dies ist der ekstatische Ring, den Marc Chagall in so vielen seiner Bilder zum Ausdruck brachte. Chagalls Vision der Liebe, im Symbol des Liebespaares, das mit den anderen Wesen der Schöpfung durch den Raum schwebt, bejaht das gesamte Dasein, das Schreckliche wie das Schöne. Doch wie er sagt, die zentrale Farbe ist die Liebe:

Trotz der Unruhen unserer Welt habe ich die Liebe zum inneren Leben, in dem ich erzogen wurde, und zur Hoffnung des Menschen auf die Liebe bewahrt. In unserem Leben gibt es eine einzige Farbe, wie auf der Palette eines Malers, die dem Leben und der Kunst Sinn verleiht. Das ist die Farbe der Liebe. Ich sehe in dieser Farbe der Liebe alle Eigenschaften, die Leistung auf jeglichem Gebiet ermöglichen. Ich habe oft das Wort »Chemie« in der Malerei verwendet. Diese Chemie kann es auch im Leben selbst geben. Ich frage mich oft, warum in dieser großartigen Natur der Mensch sich oft so grausam zeigt. Ich frage mich, wie das möglich sein kann neben einem Mozart, Beethoven, Shakespeare, Giotto, Rembrandt und so vielen anderen, sowie den bescheidenen, ehrlichen Handwerkern, die die Kathedralen, Denkmäler, Kunstwerke geschaffen haben, und diejenigen, die alle die Dinge erfunden haben, die unser Leben verbessern und erleichtern. Ist es möglich, daß mit all diesen neuen Mitteln der Meisterschaft der Mensch unfähig ist, sich selbst zu meistern? Das ist für mich etwas, das ich nicht zugeben will. Man darf nicht in der äußeren Natur, sondern man muß im eigenen Inneren suchen, wo der Schlüssel zur Harmonie und zum Glück liegt. Er ist in unserer Hand. Alles, was ich zu schaffen versucht habe, ist eine schwache Antwort auf diese Herausforderung. Die Kunst, die ich seit meiner Kindheit geübt habe, hat mich gelehrt, daß der Mensch fähig ist zur Liebe und daß die Liebe ihn retten kann. Dies ist für mich die wahre Farbe, die wahre Substanz der Kunst. Es ist so natürlich wie ein Baum oder ein Stein. Alle meine Werke, hier und dort, sind Spiegelungen dessen, was ich gesehen habe wie in einem Himmel, und was ich jeden Tag in meiner Seele empfunden habe. Ich habe versucht, mir all dies im Herzen zu bewahren.[5]

Wenn Liebende miteinander in das Zentrum des Ringes der Liebe springen, dann verleiht die Mitte des offenen Raumes ihnen die Möglichkeit zu fliegen, wie wir in so vielen von Chagalls Gemälden sehen können. Zeit und Raum sind nicht mehr der Uhr oder dem Meßstab unterworfen; sie sind zyklische Muster eines Ablaufs, Schwingungen von Energie. Zeit und Raum im offenen Ring der Liebe sind die Große Ganzheit der immerwährenden Dauer – das Tao. In diesem Ring der Ganzheit, in diesem unaufhörlichen Seinsprozeß, werden Abstieg und Aufstieg auf verschiedene Weise erlebt. Eine Geschichte in dem alten, ehrwürdigen taoistischen Buch des Chuang-tzu veranschaulicht diese unterschiedliche Einstellung. Ein alter Mann schwamm in einem reißenden Fluß und spielte in den wirbelnden Stromschnellen, als er plötzlich in die Tiefe gerissen wurde. Konfuzius und seine Schüler sahen ihn und eilten hin, um ihn zu retten. Doch da stand der alte Mann aufrecht am Ufer, strahlend und unverletzt. Als Konfizius ihn fragte, wie er in dem reißenden Strom inmitten der Steine mit dem Leben davongekommen sei, antwortete der Alte: »Ach, ich weiß, wie man in einen absteigenden Strudel hineingehen muß und wie man in einem aufsteigenden wieder hochkommt.«[7] Dieser Mann hatte gelernt, sich im Tao zu bewegen, indem er mit all seinen Sinnen die Energieströme in der fließenden Welle von Zeit und Wandlung erfaßte. Er hatte gelernt, in Harmonie mit dem großen Ring des Geheimnisvollen zu leben. Da er loszulassen vermochte, konnte er sowohl mit den absteigenden wie mit den aufsteigenden Strömungen schwimmen. Dies ist die Art der Bewegung, die eine Liebesbeziehung erfordert, und im Taoismus symbolisieren die Liebenden die Harmonie zwischen Himmel und Erde durch die Einheit von *Yin* und *Yang*, den oszillierenden weiblichen und männlichen Energien des Universums, aus denen die Bewegung des Tao gewebt ist.

Im Taoismus sind die Menschen die Mittler, deren Bestimmung es ist, die schwingenden Energien des Himmels und der Erde zu harmonisieren. In ihrer erotischen Vereinigung schenken die Liebenden einander die Energie ihrer besonderen Sexualität –

jeder Mann und jede Frau gibt von seiner oder ihrer und empfängt vom anderen die gegensätzliche sexuelle Energie, um ein Ganzes zu werden. Die Gaben, die das menschliche Liebespaar in ihrer Hochzeit der gegensätzlichen Geschlechtsenergien austauscht, spiegeln die Hochzeit, die in jedem Individuum durch innere Meditation und die große kosmische Hochzeit von Himmel und Erde statttfindet, die die geheimnisvolle Bewegung des Tao hervorbringt. Da das Tao, die Große Ganzheit, sich in jeder Person spiegelt, kann die göttliche Hochzeit der gegensätzlichen Energien, die sich in diesem erhabenen Rätsel der Seinsbewegung vereinigen, in jedem Individuum in der Beziehung der Liebenden stattfinden, sowie in der kosmischen Schöpfung. Die göttliche Hochzeit des Tao ist ein ekstatisches Ereignis, das sich in drei Sphären ereignen kann – in der inneren Hochzeit, in der äußeren Hochzeit der Liebenden und in der Hochzeit von Himmel und Erde. Es ist diese göttliche Hochzeit, die sich in jeder großen Kunst ausdrückt. Die großen Künstler stimmen sich durch ihre persönliche göttliche Hochzeit im Inneren auf die göttliche Hochzeit des Tao ein, die sie in ihren schöpferischen Werken offenbaren und feiern. Chagall schildert mit folgenden Worten, wie seine Bilder die Hochzeit von Himmel und Erde zum Ausdruck bringen:

> ... so gut ich es vermochte, habe ich im Laufe meines Lebens – obwohl ich manchmal den Eindruck habe, daß ich ein ganz anderer bin, daß ich in einer Nacht, sagen wir, zwischen Himmel und Erde geboren wurde, daß die Welt für mich eine große Wüste ist, in der meine Seele umherwandelt wie eine Fackel – diese Bilder gemalt, entsprechend diesem fernen Traum. Ich wollte sie in diesem Haus zurücklassen, damit die Menschen hier einen gewissen Frieden finden mögen, eine Spiritualität, ein religiöses Gefühl, ein Lebensgefühl. Für mich stellen diese Malereien nicht den Traum eines einzelnen Volkes, sondern der gesamten Menschheit dar.[7]

Wenn wir die Bewegungen der Natur betrachten, nehmen wir einen wunderbaren Hochzeitsring wahr, einen transzendenten Ring, der in heiterer Gelassenheit jeglichen Wandel enthält. Wir sehen, wie der Ring der Natur sich in der Hochzeit zwischen Himmel und Erde durch die Bewegung des Kreislaufs des Wassers offenbart. Die Sonne am Himmel zieht das Wasser der Erde aus den Ozeanen, Flüssen und Seen empor. Wenn der Wind die wasserhaltige Luft in kreisenden Wolken und im Nebel zur Sonne emporweht, kühlt die Luft bei ihrem Aufstieg in größere Höhen ab, und so wird der Regen geboren, der in den Wäldern und Graslandschaften der Erde auf den Boden fällt. Wenn dann die Bäume des Waldes Feuchtigkeit in die Luft ausatmen, beginnt der große Kreislauf des Wassers von neuem und steigt wiederum zum Himmel auf, wird in Regen oder Schnee verwandelt und fließt in endlosem Zyklus zur Erde hinunter. Die Hochzeit entspringt im Baum, dem Baum des Lebens, wenn Himmel und Erde das Gelübde ihrer Vereinigung ablegen. Und manchmal erblicken wir die Ekstase ihrer Vermählung im Regenbogen, dem ekstatischen Farbbogen, der Himmel und Erde verbindet. Wenn wir uns der Hochzeit von Himmel und Erde anschließen, fühlen wir die Lebensenergie, den *Élan vital* des Daseins. Wie in jeder Seelenhochzeit tritt die Vitalenergie in mancherlei Weise zutage – in der freudigen, jungen Frühlingssonne, die durch das Gitterwerk des Laubes im Walde strömt oder die zauberhaften Wiesenblumen zum Leuchten bringt, im Regenschleier, im zornigen Donnergrollen und den Tränen der sommerlichen Stürme, in den kalten Winden, die die reifen rotgoldenen Blätter im Herbst fortwehen, im Frieden des sanften Schnees, der leise zu Boden fällt und den Kreislauf des Ringes von neuem vertieft.

Wie im Kreislauf der Natur so ist es auch mit dem Kreislauf unserer Lebens und unserer Liebesbeziehungen. Der romantische Frühling verheißt, wie in der magischen Liebe von Tristan und Isolde, die ekstatische Vereinigung, welche die Uhrzeit und den meßbaren Raum übersteigt. In dieser Liebe springen und fliegen wir im Wunder der Ganzheit. Wir lieben, wir schaffen, wir schweben empor mit unseren göttlichen Visionen. Ohne den Frühling, ohne die großzügige Verheißung von Hoffnung, Liebe, Glauben und Kreativität, würden unser Leben und unsere Liebe in der öden Routine der praktischen Dinge verdorren. Wir brauchen den Frühling, und der Frühling braucht uns, damit wir ihn sehen und den Gesang des Daseins anstimmen. Doch schon im Frühling liegt die Notwendigkeit des Todes beschlossen, denn der Frühling selbst entstand aus dem Tod des Winters. So ist es auch mit Tristan und Isolde. Ihre Bereitschaft, füreinander zu sterben, symbolisiert den Wandel einer neuen Zeit des Lebens und der Liebe. Der Frühling jubelt in seiner Schönheit und Wonne, wenn alles ausschlägt, verwandelt sich dann plötzlich in die reife, üppige, blühende Frucht des Sommers, die wechselhafte Witterung von Regen und Sturm und die heiße, solide Sonne, die wir erleben, wenn unser Leben und unsere Liebe mehr Tiefe bekommen, die unsere Tränen des Leids und der Trennung, des Zorns über Gegensätze und Unterschiede und die erneuerten Freuden der Wiedervereinigung aufnimmt. Im Sommer empfinden wir den Grund unserer Liebe und Schöpferkraft; wir kosten seine Früchte und lernen, daß dieser Prozeß von uns verlangt, eine Weile loszulassen und eine Zeit der Rast zum Reifwerden und Nähren einzulegen, eine tiefe, stille Zeit der Schwangerschaft. Der Herbst kündigt uns diese Zeit an und zeigt uns das Paradox des Lebens – die üppigen roten und goldenen Farben der Blätter unseres Lebens, den Segen der tiefen Schönheit des Nachsommers, zusammen mit dem Absterben dieser Fülle im künftigen Winterschlaf, der Trennungszeit der Einsamkeit, die wir alle für die Erneuerung brauchen. In Beziehungen, in unserem individuellen Leben und in der Natur ist der Winter unseres Daseins jene Zeit des stillen Raumes von Glauben und Treue zum Ring, in dem das neue Sein sich auf wunderbare Weise im Dunkel versammelt, um im Frühjahr wieder zu erstehen und uns in Erstaunen zu setzen, wenn der ganze Ring noch einmal seinen Kreislauf tanzt.

Anhang

Anmerkungen

Zu Kapitel 1: Durch die Wälder

1. Die »geharnischte Amazone« ist ein Ausdruck, den ich in *Töchter und Väter. Heilung und Chancen einer verletzten Beziehung* verwendet habe zur Beschreibung eines archetypischen Lebensmusters, in dem die Frau sich mit der männlichen Seinsweise identifiziert, als defensive Reaktion zur Kontrolle des Lebens, meist als Kompensation für einen schwachen Vater. Das gegensätzliche Verhaltensmuster ist »das ewige Mädchen« *(puella)*, eine Seinsweise, die aus Schwäche und Passivität heraus erfolgt. Vier Formen des ewigen Mädchens sind: »das Püppchen«, das sich, um dem Partner zu gefallen, seinen Projektionen anpaßt; »das Mädchen aus Glas«, das sich vom Leben zurückzieht in eine innere Welt der Phantasie; »die Höhenfliegerin«, die ständig unterwegs ist von einer Möglichkeit zur anderen; und »die Außenseiterin«, die auf eine selbstzerstörerische Art gegen die Konvention rebelliert. Vier Formen der geharnischten Amazone sind: »der Superstar«, die Frau, die durch Erfolg und Leistung das Leben zu kontrollieren versucht; »die pflichtbewußte Tochter«, die über Gehorsam und Konformität Kontrolle behalten will; die »Märtyrerin«, die über unmäßige Selbstverleugnung die Kontrolle behält; und »die Kriegerkönigin«, die über offensiven Kampf das Leben kontrolliert.

Zu Kapitel 2: Der Märchenprinz und die besondere Prinzessin

1. Martin Buber, »Ich und Du«, in: *Die Schriften über das dialogische Prinzip* (Lambert Schneider, Heidelberg 1954), S. 8.
2. Ebd., S. 37.
3. Rainer Maria Rilke, *Briefe an einen jungen Dichter* (Insel-Verlag, Frankfurt a. M. 1958), S. 35.

Zu Kapitel 3: Der Schattengeliebte

1. M. Esther Harding beschrieb den »Schattengeliebten« in ihrem Buch *Der Weg der Frau* (Rhein-Verlag, Zürich 1939), S. 60–101. Sie untersucht diese archetypische Gestalt als Aspekt des Animus oder der männlichen Seele im Inneren der Frau, entsprechend dem Aspekt der Sirene oder der Anima des Mannes, während ich dagegen dieses Phänomen in allen Menschen sehe. Als Jung die psychischen Strukturen des Menschen schilderte, jene universellen Archetypen, die das Leben jeder Person beherrschen, stellte er fest, daß der Entwicklungsprozeß vor allem die Bewußtwerdung des gegengeschlechtlichen inneren Aspekts bedeutete – für den Mann das Weibliche und für die Frau das Männliche. Darüber hinaus faßte er den gegengeschlechtlichen Aspekt als Gleichnis oder Sinnbild der Seele auf. Als solches ist es das Bindeglied zum Reich des Unbewußten, das Schöpferkraft, aber auch Gefahr enthält. Daher ist die Integration dieses Elementes wesentlich für jeden Menschen und eine Brücke zur Kreativität der Person. Beim Mann spiegelt die Anima oder weibliche Seele jedes Element der Weiblichkeit; wenn er ihr daher bewußt begegnen will, muß der Mann sich sowohl dem Schrecken der Frau sowie ihren Segnungen öffnen. Darüber hinaus ist jede individuelle Frau für den Mann Trägerin all der vielfältigen Aspekte der Weiblichkeit und reflektiert die vielen Facetten seiner weiblichen Seele. Wenn er nie erkennt, daß diese faszinierenden Aspekte, denen er in jeder Frau begegnet, in Wirklichkeit Teile seiner selbst sind, wird er sich zu jeder Frau, der er begegnet, sowohl hingezogen fühlen, als auch Angst vor ihr haben, da er das, was in ihm selbst ist, auf sie projiziert. Es braucht in der Tat großen Mut und Heroismus, um den dunklen Aspekten der Frau im Inneren zu begegnen, aber nur dann, wenn ein Mann sich dieser Aufgabe verantwortungsvoll stellt, wird er Zugang bekommen zu seiner eigenen Kreativität, zur Unabhängigkeit und zur Freiheit, zu der äußeren Frau in eine echte Beziehung zu treten. Dasselbe gilt für die Frau. Sie muß dem inneren Mann begegnen und sich in allen Dimensionen mit ihm auseinandersetzen, bevor sie wirklich frei ist, eine Beziehung zu einem männlichen Partner einzugehen.
2. Richard Wagner, »Der fliegende Holländer«, in: *Die Musikdramen* (Hoffmann und Campe, Hamburg 1971), S. 193.
3. Ebd., S. 195.
4. Ebd., S. 185.
5. Ebd., S. 187.
6. Ebd., S. 188.

7. Elizabeth Barrett Browning, *Sonette aus dem Portugiesischen* (Musarion Verlag, München 1920), S. 57 (26. Sonett).
8. Richard Wilhelm (Übers.), *I Ging. Das Buch der Wandlungen* (Eugen Diederichs, Düsseldorf–Köln 1970), S. 200, 588.
9. Ebd., S. 586.
10. Ebd., S. 587f.
11. George Balanchine und Francis Mason, *101 Stories of Ballet* (Doubleday and Co., New York 1975). S. 468.

Zu Kapitel 5: Der dämonische Geliebte

1. Bram Stoker, *Dracula* (W. Heyne, München 1984), S. 33 (Die dt. Übers. weicht vom Original ab. Anm. d. Übers.).
2. Ebd., S. 32f.
3. Ebd., S. 149.
4. Die gekürzte deutsche Fassung enthält diese Passage nicht (Anm. d. Übers.).
5. Ebd., S. 222 (in der dt. Fassung stark gekürzt. Anm. d. Übers.).
6. Ebd., S. 225.
7. Ebd., in der dt. Fassung nicht enthalten (Anm. d. Übers.).
8. Program Notes. *Dracula*. Aufgeführt in San Francisco, Januar–Februar 1985.
9. *Dracula* (nicht in der dt. Fassung. Anm. d. Übers.).
10. Ebd., (nicht in der dt. Fassung. Anm. d. Übers.).
11. Adaptiert von Peter S. Beagle, *The Last Unicorn* (Ballantine Books, New York 1968), S. 176f. Diese Frau adaptierte das Gedicht, indem sie alle Wörter männlichen oder weiblichen Geschlechts umkehrte.
12. Stephen Crane, »The Heart«, in: *Modern American Poetry, Modern British Poetry,* hrsg. von Louis Untermeyer (Hartcourt, Brace and Co., New York 1950), S. 153.
13. Rupert Brooke, »The Hill«, in: Ebd., S. 322.
14. D. H. Lawrence, »A Young Wife«, in: Ebd., S. 288.
15. Rupert Brooke, »The Busy Heart«, in: Ebd., S. 325.

Zu Kapitel 6: Der Ring der Macht

1. Richard Wagner, »Die Walküre«, in: *Die Musikdramen* (Hoffmann und Campe, Hamburg 1971), S. 649.
2. Richard Wagner, »Siegfried«, in: *Die Musikdramen,* S. 738.
3. Richard Wagner, »Götterdämmerung«, in: *Die Musikdramen,* S. 775.

4. Ebd., S. 779f.
5. Ebd., S. 800.
6. Ebd., S. 812.
7. Ebd., S. 897f.

Zu Kapitel 7: Zur Lichtung

1. Wendell Berry, *Standing by Words* (Northpoint Press, San Francisco 1983), S. 205.
2. Ernest Hemingway, »Schnee auf dem Kilimandscharo«, in: *49 Stories* (Rowohlt, Hamburg 1951), S. 65.
3. Ebd., S. 62.
4. Ebd., S. 80.
5. Ebd., S. 57.
6. Denise Levertov, »An Embroidery«, in: *News of the Universe: Poems of Twofold Consciousness* (Sierra Club Books, San Francisco 1980), S. 148f.

Zu Kapitel 8: Der fehlende Bräutigam oder die Frau in Schwarz

1. Siehe Sylvia Brinton Pereras einsichtsvolle und ausführliche Analyse in *Der Weg zur Göttin der Tiefe: Die Erlösung der dunklen Schwester: eine Initiation für Frauen*. Ansata, Interlaken 1986).
2. Wim Wenders, Sam Shepard, *Paris, Texas* (Road Movies/Greno, Berlin 1984), S. 84f.
3. Ebd., S. 87.
4. Ebd., S. 95.
5. Ebd., S. 97.
6. Wim Wenders in: *Film Quarterly,* Winter 1984/85, S. 5.
7. Rilke, *Briefe an einen jungen Dichter,* S. 39.
8. Ebd., S. 42f.

Zu Kapitel 9: Die Schönheit und das Biest

1. Andrew Lang (Hrsg.), *The Blue Fairy Book* (Dover Publications, New York 1965), S. 108.
2. Ebd., S. 109.
3. Ebd., S. 114.
4. Ebd., S. 115.
5. Ebd., S. 118.
6. Ebd.

7. Rilke, *Briefe an einen jungen Dichter,* S. 35f.
8. Keith Thompson, »What Men Really Want: A New Age Interview with Robert Bly«, in: *New Age,* Mai 1982, S. 30ff.
9. Rainer Maria Rilke, *Duineser Elegien,* in: *Gesammelte Gedichte* (Insel-Verlag, Frankfurt a. M. 1962), S. 470 (8. Elegie, Z. 1–13).
10. Ebd., S. 471 (8. Elegie).
11. Rainer Maria Rilke, »Der Panther«, in: *Gesammelte Gedichte,* S. 261.
12. Francis Thompson, »The Hound of Heaven«, in: *Collins Albatross Book of Verse,* hrsg. von Louis Untermeyer (William Collins Sons and Co., London 1968), S. 492f.

Zu Kapitel 10: Die göttliche Hochzeit

1. C. G. Jung, *Die Psychologie der Übertragung* (Walter Verlag, Olten–Freiburg 1973), S. 46.
2. E. O. James, *Marriage and Society* (Hutchinson's University Library, London 1952), S. 67, 68, 109, 110.
3. Jung, *Die Psychologie der Übertragung*, S. 96.
4. Martin Heidegger, »Wozu Dichter?«, in: *Holzwege, Gesammelte Werke* V (Vittorio Klostermann, Frankfurt a. M. 1977), S. 274f.
5. Wendell Berry, *Standing by Words,* S. 205.

Zu Kapitel 11: Der Schleier

1. Rainer Maria Rilke, *Die Aufzeichnungen des Malte Laurids Brigge* (Insel-Verlag, Frankfurt a. M. 1958), S. 9.
2. Ebd., S. 14.
3. Ebd., S. 24f.
4. Ebd., S. 59.
5. Ebd., S. 75–80.
6. Ebd., S. 72f.
7. Rainer Maria Rilke, *Gesammelte Briefe in sechs Bänden* (Insel-Verlag, Leipzig 1936–39), Bd. 2, S. 432–435. (Brief an Clara Rilke vom 19. Oktober 1907).
8. *Die Aufzeichnungen des Malte Laurids Brigge,* S. 82f.
9. Ebd., S. 262.
10. Ebd.
11. Rilke, *Gesammelte Briefe,* Bd. 4, S. 90f. (An L. H., 8. November 1915).
12. A.a.O., 270.

13. Rilke, Ebd., S. 86f.
14. Ebd., Bd. 3, S. 158 (An Lou Andreas-Salomé, 28. Dezember 1911).
15. Rainer Maria Rilke, *Gesammelte Gedichte,* S. 419.
16. Ebd., S. 420.
17. *Gesammelte Briefe* Bd. 6, S. 84 (An Anton Kippenberg, Karfreitag 1910).
18. Zitiert in Eudo C. Mason, *Rainer Maria Rilke* (Vandenhoeck & Ruprecht, Göttingen 1964), S. 82.
19. C. G. Jung, *Symbole der Wandlung,* Gesammelte Werke V, S. 376.
20. Rilke, *Gesammelte Briefe,* Bd. 4, S. 86 (An L. H., 8. November 1915).
21. Jeláludden Rumi, *The Ruins of the Heart,* (Threshold Books, Putney, Vt. 1981), S. 25.

Zu Kapitel 12: Das Gelübde

1. Rainer Maria Rilke, *Duineser Elegien,* S. 441 (1. Elegie).
2. Ebd., Der »Engel« der *Elegien* ist nicht mit dem Engel des Christentums zu verwechseln. Rilke erläutert die Bedeutung des Engels in einem Brief an seinen polnischen Übersetzer Witold von Hulewicz: »Der Engel der Elegien ist dasjenige Geschöpf, in dem die Verwandlung des Sichtbaren in Unsichtbares, die wir leisten, schon vollzogen erscheint.« Der Engel der *Elegien* ist das Wesen, das die Erkenntnis einer höheren Wirklichkeit im Unsichtbaren verbürgt. Deshalb ist er uns »schrecklich«, weil wir, die ihn lieben und verwandeln, noch auf das Sichtbare angewiesen sind.
3. Ebd.
4. Ebd., S. 442.
5. Ebd., S. 447 (2. Elegie).
6. Ebd., S. 448.
7. Ebd., S. 442.
8. Ebd., S. 443.
9. Ebd.
10. Marie-Louise von Franz, »Der Individuationsprozeß« in: *Der Mensch und seine Symbole* (Walter Verlag, Olten–Freiburg 1968). S. 166f.
11. *Duineser Elegien,* S. 443.
12. Ebd., S. 477 (10. Elegie).
13. Ebd., S. 471 (8. Elegie).
14. Ebd., S. 470f.
15. Ebd., S. 472.
16. Ebd., S. 473 (9. Elegie).

17. Ebd., S. 449 (3. Elegie).
18. Ebd., S. 449 f.
19. Rilke, *Briefe an einen jungen Dichter,* S. 23.
20. *Duineser Elegien,* S. 453 (4. Elegie).
21. Ebd., S. 461 (5. Elegie).
22. Ebd., S. 467 (7. Elegie).
23. Ebd., S. 468 (7. Elegie)..
24. Ebd.
25. Ebd., S. 473.
26. Ebd.
27. Ebd., S. 474 (9. Elegie).
28. Ebd., S. 475.
29. Rilke, *Gesammelte Briefe,* Bd. 5, S. 376 (An Arthur Fischer-Colbrie, 18. Dezember 1925).
30. *Duineser Elegien,* S. 476.
31. Erich Neumann, »Der schöpferische Mensch und die Wandlung«, in: *Der schöpferische Mensch* (Rhein-Verlag, Zürich 1959), S. 32 f.
32. Rilke, *Gesammelte Briefe,* Bd. 5, S. 371 f. (An Witold von Hulewicz, 13. November 1925).
33. *Duineser Elegien*, S. 477 (10. Elegie).
34. Ebd., S. 479 f.
35. Ebd., S. 481.
36. Ebd., S. 482.
37. Nachdem Rilke lange Zeiten der Leere durchlitten hatte, in denen die dichterische Inspiration sich ihm versagte, empfing er schließlich die plötzliche Eingebung, die ihm die Vollendung der *Duineser Elegien* ermöglichte. Mit ihnen zugleich kam, völlig überraschend, ein weiterer Zyklus von Gedichten, die *Sonette an Orpheus,* bestehend aus 55 Gedichten jubelnder Tonart – wahre Preisgesänge.

Zu Kapitel 13: Der Ring der Liebe

1. Zitiert in: C. G. Jung, *Psychological Reflections* (hrsg. von Jolande Jacobi, Princeton University Press, Princeton, N. J. 1971), S. 99.
2. Rilke, *Briefe an einen jungen Dichter,* S. 44 f.
3. Rilke, *Gesammelte Briefe,* Bd. 5, S. 230 f. (An Nanny von Escher, 22. Dezember 1923).
4. *Briefe an einen jungen Dichter,* S. 17.
5. Marc Chagall, *Chagall by Chagall* (Harrison House, New York 1982), S. 195.
6. Philip Rawson und Laszlo Legeza, *Tao: The Eastern Philosophy of Time and Change* (Thames & Hudson, London 1973), S. 11.
7. *Chagall by Chagall,* S. 189.

Dank

Als ich mich im Prozeß der Niederschrift dieses Buches befand, wurde mir die Hilfe vieler Menschen zuteil. Ich möchte allen Dank sagen, insbesondere meinen Klienten, den Teilnehmern an Workshops und den Freunden, die mir so freimütig ihre Träume, Visionen und Lebensgeschichten mitteilten. Ganz besonders danke ich Keith Chapman, dem Seelenfreund, der mich durch seine Liebe, seine schöpferischen Erkenntnisse, durch Aussprachen und seine Hilfe bei der Überarbeitung inspirierte und ermutigte, dieses Buch zu schreiben. Ferner danke ich Emily Hilburn Sell, der Lektorin von Shambhala Publications, meiner »redaktionellen Hebamme« und »Analytikerin«, die mir durch ihren einfühlsamen, intuitiven Eros, durch ihre Ideen und redaktionellen Vorschläge bei der Geburt dieses Buches zur Seite stand. Stephanie Silva danke ich dafür, daß sie das Manuskript ins Reine schrieb und während des ganzen Ablaufs treu bei der Stange blieb, sowie für ihre wertvollen Erkenntnisse. Ich danke den Freunden und Kollegen, die das Manuskript lasen und dazu Stellung nahmen: Marjorie Foster, Donald Sandner, Harold Booth, Janine und Steve Hunter, Cindy Verson, Phyllis Kenevan und Lara Newton-Ruddy; Helmut Barz, der mich in die Welt Rilkes einführte, sowie Marjorie und Gordon Foster, deren fünfundvierzigjährige Seelenehe eine Quelle der Hoffnung und Inspiration für mich war.